Stefan Witzany

Macht Breakdance Kinder stark?

Stefan Witzany

Macht Breakdance Kinder stark?

Eine empirische Untersuchung zum Einfluss von Breakdance im Schulsport auf physische und psychosoziale Ressourcen

Würzburg
University Press

Dissertation, Universität Bayreuth
Kulturwissenschaftliche Fakultät, 2019
Gutachter: Prof. Dr. Peter Kuhn (Universität Bayreuth),
             Prof. Dr. Olaf Hoos (Julius-Maximilians-Universität Würzburg)

Impressum

Julius-Maximilians-Universität Würzburg
Würzburg University Press
Universitätsbibliothek Würzburg
Am Hubland
D-97074 Würzburg
www.wup.uni-wuerzburg.de

© 2020 Würzburg University Press
Print on Demand

Coverdesign: Michael Buchta
Vorderseite: dance-310022_1280.png Clker-Free-Vector-Images/pixabay.com,
Rückseite: dance-2791806_1920.png mohamed_hassan/Pixabay.com, Pixabay License

ISBN 978-3-95826-136-5 (print)
ISBN 978-3-95826-137-2 (online)
DOI 10.25972/WUP-978-3-95826-137-2
URN urn:nbn:de:bvb:20-opus-198491

Vorwort

"Tanzen – wäh!", ruft einer der Jungen spontan lauthals. „Das ist doch was für Mädchen!" Auch wenn es längst im Lehrplan steht und Gegenstand der Sportlehrer*innenausbildung ist, fristet das Tanzen im Jungensportunterricht nach wie vor ein Mauerblümchendasein. Jungen im Grundschulalter tanzen zwar im privaten Umfeld gern spontan zu Musik, doch bereits in diesem Alter hindert ihr Rollenselbstverständnis sie daran, in der Schule zu tanzen. Dieses Phänomen verstärkt sich mit dem Eintritt in die Pubertät und löst sich erst wieder auf, wenn die Jugendlichen den so genannten Tanzkurs absolvieren. Hier finden dann auch Jungen zu ihrer kindlichen Leidenschaft zurück und können sich zu ganz erstaunlichen Tänzern entwickeln. Der Film „Billy Elliot – I Will Dance" verarbeitet diesen Kontext auf beeindruckende Art und Weise. Hier wird der Lebens- (und Leidens-) Weg eines jungen Menschen in der englischen Arbeiterklasse beschrieben, der sich entgegen allen Widrigkeiten das klassische Ballett erschließt und zu einem großen Künstler heranreift.

Eine andere Form des Tanzens – Breakdance – ist in den frühen 1970er-Jahren als Ausdruck der Hip-Hop-Bewegung unter afroamerikanischen Jugendlichen in New York entstanden und erlebt heute einen Push, den wenige so erwartet haben: Die Vollversammlung des Internationalen Olympischen Komitees (IOC) hat für eine Aufnahme von Breakdance ins Programm der Olympischen Spiele 2024 in Paris gestimmt. Die Hip-Hop-Tanzform dürfte damit in Paris ihre olympische Premiere feiern. Bereits 2018 gehörte Breakdance bei den Olympischen Jugendspielen 2018 in Buenos Aires zum Programm. Offensichtlich wollen die Verantwortlichen des IOC nun auch den großen Olympischen Spielen einen deutlicheren urbanen Touch verleihen, in dem sie nicht nur Skateboarding und Freestyle BMX, sondern auch Breakdance eine Chance geben.

Die Fachliteratur nimmt an, dass die in dieser Tanzform geforderte individuelle athletische Männlichkeit – „style" – und die typischen „battles", in denen Jungen „miteinander gegeneinander" tanzen, eine friedliche, respektvolle Alternative zur physischen Gewalt der Straßengangs ermöglichte. Herr Witzany sieht hier einen Ansatzpunkt für die pädagogische Wendung des Breakdance im Schulsport gegeben: Die Mischung aus Athletik, Individualität und Kommunikation im Breakdance stellt für ihn ein lohnenswertes Lehr-/Lern- und Forschungsfeld dar. Mit seiner Studie erschließt er erstmals dieses Feld und damit gelingt ihm schließlich dieses lesenswerte Buch, das ich nicht nur spezifisch interessierten Fachkolleg*innen empfehle, sondern auch und insbesondere Sportlehrern – hier meine ich tatsächlich meine männlichen Kollegen – ans Herz lege.

Prof. Dr. Peter Kuhn

Zusammenfassung

Diese Arbeit geht der Frage nach, ob Breakdance Kinder stark macht. Die Studie überprüft, ob ein halbjähriges Breakdance Training in der Schule im Rahmen von Sport nach 1 bei Kindern Veränderungen in physischen und psychosozialen Parametern bewirkt. Im ersten Kapitel der Arbeit wird der Forschungsrahmen abgesteckt. Neben der Problemstellung und dem Erkenntnisinteresse wird die Sportart Breakdance beschrieben, das Forschungsgebiet Kindheit in der Sportpädagogik wird dargelegt, Sozialisation, (Selbst-)Bildung und Erziehung im Sport sowie die Entwicklung von physischen und psychosozialen Ressourcen werden erörtert. Nach dem Aufarbeiten des Forschungsstandes werden am Ende des ersten Kapitels die Fragestellungen der Studie formuliert. Im zweiten Kapitel wird die Methodik der empirischen Untersuchung vorgestellt. Hierbei werden sowohl theoretische Präzisierungen, Vorüberlegungen, das Design der Studie sowie die Forschungsmethode dargelegt. Am Ende des Kapitels folgt eine Beschreibung des Settings, der Stichprobe und die Erläuterung des Unterrichtkonzeptes. Als Vergleichsgruppen dienen Kinder, die eine weitere Sport-AG besuchen (Aktiv-Kontrollgruppe) und Kinder, die keinen organisierten Sport ausüben (Null-Kontrollgruppe). Es werden quantitative Methoden (motorische Tests, schriftliche Befragung) im Längsschnitt als auch qualitative Verfahren (mündliche Befragung) im Querschnitt am Ende des Untersuchungszeitraums eingesetzt. Die wesentlichen Ergebnisse werden im dritten Kapitel dargestellt. Es zeigt sich, dass die (Schul-)Sportart Breakdance im vorliegenden Setting sowohl die Koordination, insbesondere die Koordination unter Präzisionsdruck, als auch Kraftleistungen, insbesondere die Schnellkraft in den Beinen, sowie die Kraftausdauer in den oberen Extremitäten verbessern kann. Grundlegende Wirkung im psychosozialen Bereich zeigt sich bei der sportartspezifischen Selbstwirksamkeit. Nach Auswertung der mündlichen Befragungen fördert Breakdance die Selbstwirksamkeit der Kinder und trägt bei ihnen zu einer positiven Einstellung und Haltung sowie gesteigerter Zuversicht und Leistungsfreude bei. Des Weiteren zeigt die Studie, dass die Kinder subjektiv eine Verbesserung der Kraftverhältnisse und der Schnellkraft wahrnehmen. Schlussfolgerungen sowohl für die Praxis als auch für weitere Forschungsarbeiten werden im fünften Kapitel gezogen. Wesentliche Erkenntnisse beschreiben die Sportart Breakdance als eine weitere Möglichkeit, im Schulsport dem Prinzip der „absichtlichen Unabsichtlichkeit" gerecht zu werden. Längerfristige wissenschaftliche Untersuchungen wären wünschenswert, da Forschungslücken v. a. in der Frage der andauernden Wirksamkeit der Effekte aufgetreten sind. Weiterer Forschungsbedarf ergibt sich aus dem Setting der Studie. Die Intervention wurde nur in einer Breakdance-Gruppe durchgeführt, daher wäre eine Untersuchung in weiteren Schulsport-AGs Breakdance empfehlenswert.

Inhaltsverzeichnis

1 Forschungsrahmen

In diesem Kapitel werden zuerst (Abschnitt 1.1) das Problem und das Erkenntnisinteresse entwickelt. Anschließend (Abschnitt 1.2) wird der Bezug zur Sportart Breakdance beschrieben. Zunächst soll geklärt werden warum die Sportart Breakdance als sinnvolle Tanzform erworben werden kann, um im weiteren Verlauf entsprechende Hintergründe zu erläutern. In Abschnitt 1.3 wird das Forschungsgebiet Kinder im Horizont der Entwicklungsaufgaben, Jungen sowie Sozialisations-, Erziehungs- und Bildungsbeiträgen dargestellt. Im vierten Abschnitt werden physische und psychosoziale Ressourcen, welche potentiell durch die Tanzform Breakdance gefördert werden können, thematisiert. Anschließend wird der aktuelle Forschungsstand aufgearbeitet und vergleichbare Studien vorgestellt. Im letzten Abschnitt des ersten Kapitels werden Schlussfolgerungen für die empirische Untersuchung sowie die Fragestellungen der Studie präzisiert.

1.1 Problemstellung und Erkenntnisinteresse

Im Lehrplan Plus in Bayern ist das sportliche Handlungsfeld „sich körperlich ausdrücken und Bewegungen gestalten/Gymnastik und Tanz" (ISB, 2017) verankert. Im früheren Lehrplan für Schulen war die Sportart „Gymnastik und Tanz" zwar bereits vorhanden, allerdings in Bayern nur im Lehrplan Sport weiblich als verbindlich festgelegt. Mittlerweile wird im Lehrplan Plus für Realschulen in Bayern das zuvor genannte Handlungsfeld auch für Jungen als verbindlich genannt. Die Tanzform Breakdance wird in der 6. Jahrgangsstufe als Beispiel für eine Umsetzung des Handlungsfeldes „sich körperlich ausdrücken und Bewegungen gestalten/Gymnastik und Tanz" beschrieben. Aktuelle Studien belegen allerdings, dass das allgemeine Interesse im Bereich Tanz bei Jungen als eher überschaubar gilt. So zeigt sich in der Studie von Fong Yan (2018), dass lediglich 20 % männliche Tänzer an einer Untersuchung zur Auswirkung eines Tanzprogrammes auf die körperliche Gesundheit beteiligt waren. In Schulen tritt dem Thema Tanz bei Jungen oft eine kritische Haltung entgegen. Schneiders Äußerungen (2006) zum Thema „Tanz in Schulen" sollen dies unterstreichen: „Die Mädchen pflegten den obligatorischen Jazztanz im Gymnastikunterricht, die Jungen wurden in ihrem Sportunterricht damit nicht behelligt" (Schneider, 2006, S. 39). Auch Vernon bestätigt, dass das allgemeine Interesse für eine Tanzausbildung bei Männern als durchaus überschaubar bis gering ist. Beim Eignungstest Tanz an den Hochschulen bewerben sich im Schnitt 150 Mädchen und lediglich vier Jungen (Schneider, 2006, S. 138). In den Schulen zeigt sich allerdings, dass Jungen im Grundschulalter oft noch völlig ausgelassen tanzen, dies meist im Sekundarbereich I jedoch zunehmend verloren geht. Dies mag an der Selbstwertentwicklung im beginnenden Jugendalter liegen. Studien beschreiben diesbezüglich die allgemeine Überschätzung von Kindern, insbesondere von Jungen in jüngerem Kindesalter (Butler, 2005, vgl. Gerlach & Brettschneider, 2013). In der Pubertät erreicht das Selbstwertgefühl dann allerdings seinen Tiefpunkt (Gerlach & Brettschneider, 2013, S. 126). Dies mag die im Sekundarbereich I zunehmend kritische Haltung von Jungen dem Tanz gegenüber erklären, da es sich beim Tanz um einen ästhetisch-darstellenden Bereich handelt. Bedenkt man hingegen die dem Tanz zugeschriebenen Bildungsdimensionen sowie die zahlreichen positiven Äußerungen zum Tanz wird hier eine Diskrepanz zwischen der auf der einen Seite gehemmten Haltung dem Tanz gegenüber und der auf der anderen Seite positiven Wirkung von Tanz deutlich. Roscher (2017) nennt „die Möglichkeit zur Differenzierung der Wahrnehmung und der Bewegungsqualität" als besonderes Bildungspotential (Roscher, 2017, S. 222). Des Weiteren wird dem Tanz der „Aspekt der Verständigung über gemeinsames Bewegungshandeln in einem nicht-kompetitiven Bereich" als wesentlich zugeschrieben (ebd.) sowie der „Aspekt der Entfaltung der persönlichen Neigungen, Ideen und des Könnens" (ebd.). Bildungsrelevante Möglichkeiten entstehen durch „Modifizierung des Könnens durch die Steigerung der Bewegungsqualität" und „das Verweilen im Augenblick über Formen der Improvisation hinaus für die Präsenz in choreographierten Bewegungen" (ebd.).

Einige normative Äußerungen, die dem Tanz zugeschrieben werden:

- „Tanzen fördert die motorische Koordination" (Gulden, 2011, S. 9).
- In Beiträgen über den „Rhythmus in Sport und Musik" wird von der Sinnhaftigkeit des Tanzes und der „Idee einer Gemeinsamkeit der rhythmischen Strukturen in der Bewegung (Sport) und im Klang (Musik)" (Reuter, 2010, S. 22) berichtet.
- „Tanzen ist eine Form, den kindlichen Bewegungsdrang auszuleben. Tanzen macht Spaß, denn es ermöglicht den Kindern, selbstbestimmt und eigenständig neue Bewegungsformen zu erforschen – mal auszuprobieren wie es ist auf einem Bein zu stehen oder sich wie ein Kreisel zu drehen." (Schneider, 2006, S. 9).

Ein Erkenntnisinteresse entsteht nun zum einen durch die Frage ob – wenn dem Tanz Bildungsdimensionen zugeschrieben werden – diese nicht auch dem Breakdance zugeschrieben werden können.

Zum anderen entsteht es durch vorwissenschaftliche Beobachtungen, dass trotz der oft gehemmten Haltung dem Tanz gegenüber der Bereich Breakdance v. a. im späten Kindesalter zunehmend Zuspruch erhält. Die Teilnehmerzahlen bei Tanzwettbewerben zeigen, dass Breakdance von Jungen als Tanzform mittlerweile zunehmend akzeptiert und angenommen wird. Beim „battle of the year" nehmen überwiegend Jungen in den jeweiligen Tanzgruppen teil. Weitere vorwissenschaftliche Beobachtungen und Beiträge stellen zum einen den hohen Aufforderungscharakter von Breakdance dar, zum anderen erklären sie Breakdance als Einstieg in die Bewegung zur Musik. So schreibt Keim (2002): „Ziel von Breakdance ist die Umwandlung von Aggressivität in Kreativität" und „Breakdance bietet einen weiteren Weg zur Auseinandersetzung mit Rhythmus, Kraft, Koordination und Beweglichkeit" (Keim, 2002, S. 144).

Robitzky (2000) erklärt: „Ein starker Bauch ist Voraussetzung für jeden Tänzer" (Robitzky, 2000, S. 122) und „[s]tarke Arme sind wichtig, um beim Footwork höher zu stehen" (Robitzky, 2000, S. 123). Hinzu kommt, dass Jungen die Neigung zu dynamischen Bewegungsaktionen, innovativem Verhalten und freiheitlichem Handeln zugeschrieben wird. Ergänzend sei das von Regeln abweichende Verhalten, welches Potentiale für die Förderung von Selbstvertrauen, Selbstsicherheit, Mut und Autonomie beinhaltet, erwähnt (Strobel-Eisele, 2015). Es entsteht somit die Frage, inwiefern sich Breakdance eignet als Tanzform im Handlungsfeld „sich körperlich ausdrücken und Bewegungen gestalten/Gymnastik und

Tanz" im Rahmen eines erziehenden Sportunterrichts erworben zu werden. Prohl (2012) formuliert das „Prinzip der absichtlichen Unabsichtlichkeit" (Prohl, 2012, S. 79). Bildung kann nicht direkt produziert werden, sondern nur durch Lehr-Lern-Gestaltung ermöglicht werden. Kann also dem Breakdance der – wie von Roscher (2017) dem Bereich Tanz zugesprochenen – Aspekt der „Entfaltung der persönlichen Neigungen, Ideen und Könnens" ebenfalls zugeschrieben werden und spricht die Tanzform Breakdance Schüler an, die vielleicht Bereiche aus anderen sportlichen Handlungsfeldern nicht ansprechen?

In einer Untersuchung zur (Schul-)Sportart Judo (Liebl, 2013) wurden die Wirkungen auf physische und psychosoziale Ressourcen untersucht. Hierbei konnten im Rahmen der quantitativen Untersuchung Verbesserungen in der Kraftausdauer sowie in den koordinativen Fähigkeiten nachgewiesen werden. Positive Entwicklungen im psychosozialen Bereich konnten ebenfalls zum Teil nachgewiesen werden. Zur (Schul-)Sportart Breakdance gibt es bisher allerdings keine Untersuchung zur Wirkung auf physische und psychosoziale Ressourcen.

In der Studie „Macht Breakdance Kinder stark?" werden Effekte und Wirkungen von Breakdance wissenschaftlich untersucht. Zum einen um zu betrachten, ob die zahlreichen Äußerungen und Bildungspotentiale, die dem Tanz zugesprochen werden, auch auf die Tanzform Breakdance übertragbar sind. Zum anderen um zu untersuchen, ob Breakdance Alltagsanforderungen und Entwicklungsaufgaben fördern kann.

Nach Gerlach und Brettschneider (2004) unterliegen Kinder zwischen 6–12 Jahren bestimmten typischen Alltagsanforderungen und Entwicklungsaufgaben[1]. Nach Sygusch (2007, S. 11; vgl. Liebl, 2013, S. 14) sind primär diejenigen Aspekte bedeutsam, die eine Stärkung der physischen und psychosozialen Ressourcen bewirken, denn diese können „ihrerseits einen Beitrag zur Bewältigung von Alltagsanforderungen und Entwicklungsaufgaben" leisten (ebd.). Daher lauten die Fragestellungen der vorliegenden Studie:

Fördert der Schulsport Breakdance

- die physische Entwicklung von Kindern?
- die psychosoziale Entwicklung von Kindern?

1.2 Breakdance

Wie in Abschnitt 1.1 beschrieben, stellen vorwissenschaftliche Beiträge und Beobachtungen Breakdance als Einstieg in die Bewegung zur Musik dar. Außerdem zeigt die zunehmende

---

[1] Nach Brettschneider und Gerlach (2004; vgl. Liebl, 2013, S. 14) sind dies:
- körperliche Geschicklichkeit, die für Spiele notwendig sind zu erwerben;
- positive Einstellung zu sich als wachsendem Organismus gewinnen;
- lernen, mit Alltagsgenossen auszukommen;
- geschlechtertypisches Rollenverhalten einüben;
- Gewissen, Moral und Wertprioritäten aufbauen;
- Einstellungen gegenüber sozialen Gruppen und Institutionen entwickeln;
- kognitive Konzepte und Denkschemata für den Alltag entwickeln;
- grundlegende Fertigkeiten im Lesen, Schreiben und Rechnen entwickeln;

Anzahl an Jungen, die Breakdance betreiben oder betreiben möchten, dass hier eine Umsetzung in den Schulen wünschenswert wäre. Daher soll in diesem Abschnitt zunächst eine Einordnung der Tanzform Breakdance in den Lehrplan sowie den Schulunterricht erfolgen, warum Breakdance als Inhalt des sportlichen Handlungsfeldes *„sich körperlich ausdrücken und Bewegungen gestalten/Gymnastik und Tanz"* erworben werden kann. In diesem Zuge werden hierfür wesentliche Aspekte und Elemente des Breakdance beschrieben. Anschließend wird Geschichtliches zur Sportart Breakdance dargestellt, um im folgenden Abschnitt den theoretischen Hintergrund zum wissenschaftlichen Forschungsgebiet zu beschreiben.

1.2.1 Breakdance in der Schule

Zunächst erfolgt ein kurzer Überblick über den Lehrplan Plus in Bayern. An den Mittelschulen, Realschulen und Gymnasien untergliedert sich dieser in die fünf Lehrplankapitel „Bildungs- und Erziehungsauftrag", „übergreifende Bildungs- und Erziehungsziele", „Fachprofile", „grundlegende Kompetenzen" sowie „Fachlehrpläne". Zusätzlich gibt es an den Grund- und Förderschulen die „Leitlinien" (ISB, 2017). Diese umfassen sowohl den Bereich der Elementar- als auch den der Primarpädagogik (ISB, 2017). Im Kapitel „Bildungs- und Erziehungsauftrag" werden Ziele der jeweiligen Schulart, Schüler und Unterricht, Entwicklungsperspektive, Schulgemeinschaft und Übergänge der jeweiligen Schulart beschrieben. In den übergreifenden Bildungs- und Erziehungszielen werden grundlegende Kompetenzen wie „Alltagskompetenz", „Gesundheitsförderung" oder „soziales Lernen" aufgeführt, die sich nicht zwischen den jeweiligen Schularten unterscheiden.

Im Fachprofil Sport wird das Kompetenzstrukturmodell beschrieben, welches sich in die zwei stets miteinander verknüpften „prozessorientierten Kompetenzen" und die „inhaltsbezogenen Kompetenzen" gliedert (ISB, 2017). Letztere werden in den vier Gegenstandsbereichen „sportliche Handlungsfelder", „Gesundheit und Fitness", „Freizeit und Umwelt" sowie „Fairness/Kooperation/Selbstkompetenz" erworben. Sportliche Handlungsfelder gliedern sich in die Bereiche „Laufen, Springen, Werfen/Leichtathletik", „sich im Wasser bewegen/Schwimmen", „Spielen und Wetteifern mit und ohne Ball/kleine Spiele und Sportspiele", „sich an und mit Geräten bewegen/Turnen und Bewegungskünste", „sich körperlich ausdrücken und Bewegungen gestalten/Gymnastik und Tanz" (ISB, 2017). Die Prozessbezogenen Kompetenzen sind „leisten", „gestalten", „spielen", „wahrnehmen, analysieren, bewerten", „entscheiden, handeln, verantworten" und „kooperieren, kommunizieren, präsentieren" (ISB, 2017).

Breakdance lässt sich dem sportlichen Handlungsfeld *„sich körperlich ausdrücken und Bewegungen gestalten/Gymnastik und Tanz"* zuordnen. Hier werden Kompetenzen in Form von „Tanzschrittkombinationen mit einfachen Drehungen, auch mit akrobatischen Elementen, aus unterschiedlichen Kulturen und Stilrichtungen, z. B. „Breakdance", beschrieben (ISB, 2017).

Auch in die übergeordneten Bildungs- und Erziehungsziele *„Gesundheitsförderung"*, *„kulturelle Bildung"*, *„soziales Lernen"*, *„Werteerziehung"* (ISB, 2017) lässt sich die Sportart Breakdance einordnen. Die ständigen Ausführungen von Top Rocks, welches tänzerische Bewegungen mit speziellen Fußbewegungen im Stand sind, und das Üben von Powermoves, akrobatische Drehbewegungen, bedürfen einer hohen konditionellen und koordinativen Anforderung. Schüler trainieren hier nicht nur schnellkräftige Bewegungen, sondern erwerben für sie neue, noch ungewohnte Bewegungen, wie z. B. Isolations, was sich sicherlich positiv auf das Erziehungsziel „Gesundheitsförderung" auswirkt, da hier koordinativ anspruchsvolle Bewegungen erworben werden. Durch die andauernde Bewegung zur Musik werden Kinder gefordert, einen Musikgeschmack zu etablieren. Außerdem wird beim Erwerb von Top Rocks (z. B. beim Salsa Rock) die Herkunft und der Einfluss der lateinamerikanischen Kultur thematisiert und deutlich, welches das übergeordnete Bildungs- und Erziehungsziel „kulturelle Bildung" erfüllt. Beim Gestalten von Gruppenchoreographien wird v. a. das Bildungs- und Erziehungsziel „soziales Lernen" und „Werteerziehung" gefördert. Kinder sind gefordert miteinander in Beziehung zu treten und zu kommunizieren, v. a. bei der Entscheidung über die Wahl und den Schwierigkeitsgrad der Gruppenchoreographie. Letztlich soll jeder Schüler integriert werden können, sodass ein erfahrener Schüler bereit sein muss, zugunsten eines Anfängers einen geringen Schwierigkeitsgrad der Gruppenchoreographie zu akzeptieren. Dass sich Breakdance anbietet, den zuvor beschriebenen Bildungszielen des Fachs Sport gerecht zu werden, zeigen im Folgenden die Aspekte und Elemente von Breakdance.

1.2.2 Wesentliche Aspekte des Breakdance

Um zu untersuchen, inwiefern Breakdance zur Förderung der (v. a. psychischen) Alltags- und Entwicklungsaufgaben beitragen könnte, werden an dieser Stelle wesentliche Aspekte des Breakdance beschrieben. Diese sind Individualität, Tanz vs. Akrobatik, Kommunikation, gegenseitiger Respekt und „battles" (Rode, 2016).

- Individualität: Laut Rode (2016) ist es üblich, dass jeder Tänzer versucht, seinen eigenen „Style" – was so viel bedeutet wie „seinen eigenen Ausdruck" – zu finden (Rode, 2016). Jede „genormte" Bewegung lässt laut Robitzky (2000) genügend Freiraum, seinen eigenen individuellen Stil einzubauen.
- Tanz vs. Akrobatik: Es steht immer wieder zur Diskussion, wie hoch der Anteil an akrobatischen Elementen in der Tanzart Breakdance sein sollte oder sogar sein muss, damit es den „Normen" entspricht. Nach wie vor entstehen hier Diskussionen. Einig ist man sich jedoch darüber, dass der Bezug zur Musik stimmig sein sollte, d. h. die Bewegungen rhythmisch und zum Tempo der Musik passend ausgeführt werden sollten (Rode, 2016).
- Gegenseitiger Respekt: Laut Rode (2016) ist dies einer der wichtigsten Begriffe in der Hip-Hop-Kultur. In der Außenwelt fordern die Tänzer Anerkennung und Respekt für sich als Menschen und für ihre Kunstform. In der eigenen Welt erwarten die Tänzer gegenseitige Wertschätzung und Respekt für die eigenen Leistungen.
- Battles: Dieses „friedliche Bekämpfen" des Gegners ist eine für den Breakdance typische Erscheinungsform. Selbstbehauptung, Kräftemessen und Rivalitäten werden innerhalb der Hip-Hop-Kultur möglichst konstruktiv genutzt. Battles sind in jedem Hip-Hop-Genre ein Mittel, sich Respekt und einen hohen Status innerhalb der Gemeinschaft zu verschaffen (Rode, 2016, S. 168). Ob ein Breakdancer sich

mehr den akrobatischen Elementen oder mehr den tänzerischen Elementen im Stand (Top Rocks) verbunden fühlt, bleibt ihm selbst überlassen. Eine gute Performance im Stand, die mit Witz, Kreativität und Betonungen zur Musik erfolgt, kann oftmals mehr Wirkung und Respekt liefern als der Versuch zu schwere Powermoves umzusetzen, die misslingen.

- Kommunikation: Kommunikation wird als Verständigung untereinander und mit der Außenwelt als besonders wichtig empfunden (Rode, 2016. S. 152). Video-Live-Mitschnitte von Hip-Hop-Jams oder privaten Trainingsvideos, in denen Tänzer ihr Repertoire zeigen, sind untereinander sehr begehrt. Durch den Austausch dieser selbstproduzierten Videos wird ein weit verzweigtes Kommunikationsnetz geschaffen (Rode, 2016. S. 163). Da Breakdance gerade in den Anfangszügen ein schwer zu erlernender, aber dennoch sehr motivierender Sport ist, werden unter den Tänzern viele Tipps und Tricks weitergegeben. Tänzer lernen voneinander.

1.2.3 Elemente des Breakdance

Um die Wirkung von Breakdance auf Alltags- und Entwicklungsaufgaben zu betrachten, müssen im Weiteren die der Tanzform Breakdance innewohnenden charakteristischen Einzelelemente beschrieben werden.

- „Top Rocks": Toprocking beschreibt generell das Tanzen im Stehen, wie es auch oft im Hip-Hop zu sehen ist. Hauptaugenmerk sind die Beinarbeit mit ihren vielen „Kicks" und gleichzeitigen „Slides" des Standbeines (Kimminich, 2003).
- „Brooklyn Rock" („Uprock"): Dies ist im Wesentlichen auch ein Top Rock. Hier handelt es sich eher um eine kleine Ergänzung, die in einen Tanzschritt eingebaut wird. Der „Gegner" wird hierbei durch provokante Gestik und Mimik herausgefordert, ein Körperkontakt ist völlig untersagt. Der Ursprung liegt in Brooklyn (Kimminich, 2003).
- „Down Rocks": „Footworks" oder auch „Downrocking" sind Bewegungen am Boden. Der sog. „Sixstep" ist die Basis sämtlicher „Footworks". Die Kombination mehrerer „Footworks" (Beinarbeit) nennt man ein „Set" (Zusammenstellung diverser Schritte und Bewegungen). Hierbei kommt es auf Kreativität, Originalität und Präzision der ausgeführten Schritte an. Ans Ende eines solchen „Sets" wird ein sog. „Freeze" („eingefrorene" Haltung) gesetzt (Kimminich, 2003).
- „Freeze": Bezeichnet das Einnehmen einer bestimmten Pose und das Verharren in dieser, um Akzenten der Musik zu entsprechen. Einige wichtige „Basic Freezes", welche ein jeder Tänzer beherrschen sollte, sind der „Chairfreeze", der „Babyfreeze" und „Airfreeze", häufig ein einhändiger Handstand (Aykut, 2009).
- „Powermoves": Darunter versteht man akrobatische Bewegungen und Drehungen, welche diesen Tanz populär gemacht haben. Aufgrund ihrer Dynamik sehen sie sehr spektakulär und faszinierend aus (Robitzky, 2000). Die wichtigsten „Powermoves" sind laut Robitzky (2000):
  o „Headspin" (Kopfdrehung)
  o „Backspin" (Drehung auf dem Rücken)

- o „Windmill" (auch Helicopter genannt)
- o „Ninty Nine" (das Drehen auf einer Hand im Handstand)
- o „Flares" (übernommen aus dem Bodenturnen – Thomaskreisel/Flanken)
- o „Airflares" (oder auch als „Twist" bezeichnet, eine volle Umdrehung um die eigene Körperachse, wobei man von einem schrägen Handstand ausgehend in die Luft springt, um dann wieder auf beiden Händen zu landen)
- „Floats": Rotieren des ganzen Körpers bei abgestützten Ellenbogen im Bauchbereich (Kimminich, 2003)
- „Swipes": Hierbei werden die Hände und Beine am Boden aufgesetzt, der Rücken zeigt zum Boden. Es wird um die Körperbreiteachse gedreht, wobei die Arme vorausdrehen, und Beine und Hüfte folgen (Kimminich, 2003).

Für die Einordnung der Sportart in den Forschungskontext wird im weiteren Verlauf die Entstehung von Breakdance sowie die Begrifflichkeit „Breakdance" betrachtet.

1.2.4 Entstehung von Breakdance

„Breaking" oder „B-Boying" ist der im Kollektiv der New Yorker Bronx entstandene Tanz der Hip-Hop-Kultur (Rode, 2016. S. 97). Dieser Tanzstil wurde vom brasilianischen Kampftanz Capoeira und vom Jazztanz der 40er Jahre beeinflusst und weist akrobatische und vom Bodenturnen inspirierte Elemente auf. Darüber hinaus prägten ihn schon zuvor existierende Tanzstile wie der Charleston oder der Boogie-Woogie (Robitzky, 2000). Exemplarisch für die Art und Weise, wie man sich beim Breakdance bewegt, kann der Tanz zu „get on the good foot" von James Brown aus den späten 60er Jahren genannt werden (Rode, 2016, S. 98).

Die Figur „Running Man" wird von Rode (2016) als eine der Inspirationsquellen für den erst später betitelten „Breakdance" genannt. Eine Vorstellung von der Intention des Breakdance vermitteln folgende Zitate von James Brown aus den Jahren 1976 und 1977, zu dessen Musik schon die frühesten Breakdance Tänze stattgefunden haben: „Egal wie düster die Lebenssituation auch aussehen mag, die Freude an Musik und Tanz kann sie einem nicht verderben" und „Tanz und Musik machen das Leben lebenswert und sind der Ausgleich zum oft wenig erfreulichen Alltag" (James Brown, zit. nach Rode, 2016. S.99). Diese Einstellung hat den Breakdance maßgeblich geprägt, sodass er heute als ein Tanz, der sich aus den verschiedensten Kulturen, Tanzstilen und den unterschiedlichsten Elementen innerhalb dieses Tanzes zusammensetzt, angesehen werden kann (Rode, 2016).

1.2.5 Breakdance oder B-Boying?

„B-Boying" ist der ursprüngliche Begriff für Breakdance, womit die Abkürzung des Begriffes „break boys" gemeint ist (Robitzky, 2000, S. 13). Hintergrund für diese Begrifflichkeit liegt in der musikalischen Analyse der zugrundeliegenden Musik: Die DJs spielten eine Sequenz eines Stückes sich wiederholend ab („beat juggling"), so dass diese Sequenzen – auch

„Breaks" genannt – zu einem Instrumentalstück umfunktioniert wurden. Jugendliche afro-amerikanischer und puerto-ricanischer Herkunft führten akrobatische Bewegungen und Drehungen auf diese Musikstücke aus und bekamen dadurch den Namen „Breakboys". Abgekürzt entstand so der Begriff „B-Boys" und „B-Girls" (Rode, 2016, S. 100). Hierdurch erklärt sich auch der Einfluss des lateinamerikanischen Tanzes Mambo mit seinen vielen kleinen „Twists" und Schrittkombinationen einschließlich diffiziler Rhythmik. Diese sind im B-Boying erkennbar (Rode, 2016).

Aufgrund der von Kriminalität geprägten sozioökonomischen Lage der Ghettos von New York in den späten Sechzigerjahren entstand laut Robitzky (2000) eine Alternative zu den Straßenkämpfen: eine Auseinandersetzung zweier Rivalen in Form eines „Tanzkampfes" (Robitzky, 2000). Durch die Entstehung dieser „battles" konnten sich nun zwei rivalisierende Gruppierungen ohne Körperkontakt miteinander messen (Robitzky, 2000).

Mitte der 70er Jahre formierten sich laut Robitzky (2000) die ersten wirklichen Tanzgruppen. Exemplarisch seien hier die „Zulu Kings" und die „Rock Steady Crew" genannt. Hier stand, so Robitzky (2000) der darstellende Tanz im Focus, und nicht wie bisher das gegenseitige Rivalisieren aufgrund unterschiedlicher Gruppenzugehörigkeit. Im Laufe der folgenden Jahre wurden laut Rode (2016) zunehmend immer mehr friedliche „battles" veranstaltet, die einen immer größer werdenden Stellenwert in der Hip-Hop-Szene erhielten. Bis heute, so Rode (2016), prägen diese „battles" einen großen Teil der Breakdance-Kultur. Mittlerweile geht es dabei laut Rode (2016) nicht um das Rivalisieren aufgrund unterschiedlicher ethnischer Herkunft, sondern um den eigentlichen sportlichen Wettkampf in Form des darstellenden Tanzes.

1980 erschienen die ersten Dokumentationen über Breakdance, was einen starken Anstieg der Popularität dieses Tanzstils zur Folge hatte (Robitzky, 2000). 1983 erschien der Film „Flashdance". In diesem wurde erstmals eine kurze Breakdance-Szene der Tanzgruppe „Rock Steady Crew" gezeigt (Robitzky, 2000). Das Breakdance-Fieber stieg anschließend durch medienwirksame Wettbewerbe und Sendungen zunehmend an (Robitzky, 2000). In Deutschland erreichte diese Trendwelle laut Robitzky (2000) ihren Höhepunkt unter anderem durch einen Werbeauftritt der „New York City Breakers", der „Rock Steady Crew" und der „Magnificent Crew" bei einer Werbesendung für den Film „Beatstreet". Sendungen wie das ZDF-Format „Breakdance – mach mit, bleib fit" entstanden (Robitzky, 2000, S. 20).

Kurzzeitig nahm in den 80er Jahren die Breakdance-Euphorie jedoch wieder stark ab. Diesem Abwärtstrend entgegen wirkte allerdings die im Jahr 1990 gestartete Veranstaltung „battle of the year". Die Breakdance Wogen schlugen in den Jahren 1997/1998 extrem hoch. Dies war u. a. den Musikclips wie „RUN DMC vs. Jason Nevins – it´s like that", „Music-instructor – Supersonic" oder den „Southside Rockers – Rock on" zu verdanken (Robitzki 2000, S. 119). Überall in den Medien tauchten laut Robitzky (2000), wie schon zu Beginn der 80er Jahre, Breakdancer auf. Bis zum heutigen Tag hält sich dieser Trend stabil.

1.3 Kinder

In diesem Abschnitt wird zunächst auf die Forschungsgebiete „Kindheit in der Sportpädagogik" (Abschnitt 1.3.1), „Jungen" (Abschnitt 1.3.2) und „Entwicklungsaufgaben" (Abschnitt 1.3.2.3) im Horizont der Persönlichkeitsentwicklung eingegangen. Darauf folgend wird in den weiteren Abschnitten das der Arbeit zugrundeliegende theoretische Sozialisationsmodell erläutert. Daran anknüpfend werden Beiträge zum aktuellen Forschungsstand der Erziehung und (Selbst-) Bildung referiert.

Zur Orientierung wurden die Autoren Neuber (2015), Kaufmann (2015), Strobel-Eisele (2015), Schmidt (1997, 2002), Brettschneider und Gerlach (2004), Hurrelmann & Bründel (2002), Grundmann (2009), Burrmann (2008), Hapke (2017), Hurrelmann (2002), Kuhn und Laging (2018), Laging (2018), Prohl (2010), Prohl und Ratzmann (2018), Sygusch (2007), Büchner und Fuhs (1999) sowie Kuhn, Liebl und Leffler (2018) herangezogen.

Der Abschnitt 1.3 bietet zum einen eine theoretische Grundlage für die vorliegende Untersuchung. Zum anderen wird hier aber auch sukzessive aufbauend von Abschnitt 1.3.1 „Kindheit in der Sportpädagogik", über Abschnitt 1.3.2 „Jungen" und 1.3.3 „Sozialisation im Sport", über den Abschnitt 1.3.4 „Erziehung im Sport" bis hin zu Abschnitt 1.3.5 „(Selbst-) Bildung im Sport" dargestellt, inwiefern aktuelle Forschungsbeiträge die Forderung einer „fachdidaktischen Konsequenz, den Perspektivenwechsel vom Doppelauftrag des Erziehenden Sportunterricht zum Auftrag der Förderung von (Selbst-)Bildung im Sportunterricht" begründen (Kuhn, Leffler & Liebl, 2018, S. 23). Im Anschluss daran wird der Bildungsgehalt von Breakdance erörtert.

1.3.1 Kindheit in der Sportpädagogik

1.3.1.1 Sport und Bewegung als Kinderkultur

Beim Beschäftigen mit dem Thema Kindheit unter sportpädagogischer Perspektive begegnet man häufig dem Namen Werner Schmidt. Die Gedankenfiguren Schmidts beziehen sich auf die Thesen der Verinselung, der Verhäuslichung, der Vereinsamung und der Versportlichung der kindlichen Lebenswelten (Brettschneider, 2004). Teilweise werden die gesellschaftlichen Modernisierungsprozesse überwiegend als Verlust- und Verfallsgeschichte gedeutet und zu wenig die Chancen der Modernisierung und die damit verbundene Optionsvielfalt gesehen (Brettschneider, 2004, S. 22). Die Sichtweise und Bewertung sportlicher Aktivität ist zwar uneinheitlich, es lassen sich aber drei Diskussionsstränge identifizieren (Brettschneider, 2004, S. 25):

- Sport und Bewegung werden als wichtige Elemente der Kinderkultur gesehen.
- Die Rolle des Sports wird im Zusammenhang der Selbstständigkeitsentwicklung der Kinder diskutiert.
- Es wird der Frage nach der sozialen Ungleichheit und den daraus resultierenden Partizipationschancen der Kinder am Kulturgut Sport nachgegangen.

Sporttreiben gilt als Leitwert der Kindheit, als kindspezifische Altersnorm, einer der wichtigsten Lebensbereiche heutiger Kindheit (Strzoda & Zinnecker, 1996; vgl. Brettschneider & Gerlach, 2004, S. 25). Dabei gehören zu den Aktivitätsmustern von Kindern sowohl die informellen Sport- und Bewegungsaktivitäten als auch der im Sportverein organisierte Sport (Brinkoff & Sack, 1999; vgl. Gerlach & Brettschneider, 2004, S. 25). Nach Büchner und Fuhs (1999) ermöglicht die Teilhabe an der Kindersportkultur einen Zuwachs an lebensstil-, körper-, und sportbezogenen Qualifikationen, den Erwerb von Kompetenzen, mit Erfolgen und Misserfolgen umgehen zu können und die Fähigkeit zu Selbstkontrolle und Selbstregulation (Büchner & Fuhs, 1999; vgl. Gerlach & Brettschneider, 2004, S. 26). Weitere Schlüsselqualifikationen werden hier geschult, was zu einer Vergewisserung des Selbst und damit zur Entwicklung eines positiven Selbstwertgefühls führt.

1.3.1.2 Kinder als Mitgestalter ihrer Entwicklung

Nach Gerlach und Brettschneider (2004) sind Kinder zunehmend gezwungen, die Gestaltung der eigenen Entwicklung selbst in die Hand zu nehmen. Durch die Vorverlagerung von Entwicklungsaufgaben und weiteren gesellschaftlichen Anforderungen von der Jugend in die Kindheit sind Kinder mehr denn je gefordert, sich eigenständig neue Lebensentwürfe zu gestalten und zu entwickeln (Gerlach & Brettschneider, 2004, S. 29). In der Literatur findet man vor allem drei Annahmen, die sich in die beschriebene These einordnen (Hurrelmann & Bründel, 2002; vgl. Gerlach & Brettschneider, 2004, S. 29):

- Die moderne Sozialisations- und Kindheitsforschung geht davon aus, dass sich die Persönlichkeitsentwicklung als Wechselspiel von Anlage und Umwelt vollzieht. Damit ist zum Ausdruck gebracht, dass der Raum für Entwicklungsmöglichkeiten des Kindes durch die genetische Ausstattung abgesteckt wird. Ob, wie und wann die Anlagefaktoren aktiviert werden, hängt in starkem Maße von den Umweltbedingungen ab, die entwicklungsfördernd oder -hemmend wirken können. Anlage- und Umweltbedingungen überlagern sich in vielfältiger Weise.
- Die zweite Grundannahme leitet sich aus der ersten ab. Persönlichkeitsentwicklung setzt die ständige Auseinandersetzung des Kindes mit seiner inneren und äußeren Realität voraus. Dabei bezieht sich die innere Realität auf die genetische Veranlagung des Kindes, seine körperliche Konstitution, seine emotionale und psychische Ausstattung. Die äußere Realität umfasst die soziale und materielle Umwelt von den informellen Gruppen über die politischen Organisationen bis zu den physikalischen Umweltbedingungen. Dabei beansprucht die Art und Weise, wie diese Auseinandersetzung stattfindet, für jedes Kind Einmaligkeit. In Abschnitt 1.3.3.2 und 1.3.3.3 wird daran anknüpfend – in Anlehnung an Burrmann (2008) – das Modell der sportbezogenen- und Breakdance-bezogenen Sozialisation entwickelt.
- Die dritte Grundannahme betont noch einmal den produktiven Charakter der Realitätsverarbeitung und die aktive Rolle des Kindes in diesem Prozess, der letztlich auf seine kreative Passung der individuellen körperlichen und psychischen Anlagen mit den äußeren Lebensbedingungen abzielt: eine gelungene Entwicklung der kindlichen Persönlichkeit. Mit dieser Auffassung vom Individuum als (Mit-)Gestalter der eigenen Entwicklung sind Chancen für das Kind verbunden. Zugleich sind aber auch Entwicklungsrisiken impliziert, die immer dann drohen, wenn die individuellen Kompetenzen nicht ausreichen, um das Entwicklungspotential angemessen zu aktivieren. Bevor der Prozess der Sozialisation, Erziehung und (Selbst-)

Bildung weiter beschrieben wird, folgt eine Darstellung über das Forschungsgebiet Jungen.

1.3.2 Jungen

1.3.2.1 Jungen als „Beweger"

Jungen wird von Regeln und Erwartungen abweichendes bzw. sozial auffälliges Verhalten zugeschrieben. Dieses birgt vermeintlich Gewinne im Blick auf die Förderung von psychosozialen Kompetenzen wie Selbstvertrauen, Selbstsicherheit, Mut und Autonomie (Strobel-Eisele, 2015, S. 197). Zusätzlich werden Jungen Neigungen zu dynamischen Bewegungserfahrungen, Freude am Risiko und Spaß an Regelverletzungen zugesprochen. Dadurch erfahren sie sich als „Beweger", als Aktivisten und nehmen soziale Sanktionen in Kauf (Strobel-Eisele, 2015, S. 197). Wer Regeln in Frage stellt oder verzögert, kultiviert andere Eigenschaften als Anpassung, Folgsamkeit oder Fürsorge. Jungen nutzen diese Potentiale teilweise sehr intensiv und erleben sich dabei als frei und unabhängig bzw. als autonom und willensstark (ebd.). Hierbei handelt es sich bei den geschilderten Verhaltensweisen um eine Altersphasenthematik. Der überwiegenden Mehrheit gelingt es jedoch, sich in soziale Beziehungen und berufliche Karrieren zu integrieren (ebd.). Im Rahmen der Aufforderung, Jungen sollen über sich selbst sprechen, wurden von der Forscherin bei der Auswertung der Interviews die Kategorien „Bewegung", „Spaß", „Risiko" und „bewusste Regelübertretung" gebildet. In Kaufmanns Praxisprojekt „Jungenförderung durch Bewegung, Spiel und Sport" (2015) wird der Präsenz einer männlichen Lehrkraft eine besondere Rolle beschrieben. Sie sind für die Jungen nicht nur Vorbilder, von denen sie sich nicht abgrenzen brauchen, sondern mit denen sie sich positiv identifizieren können (Kaufmann, 2015, S. 259). Die leibhaftige Auseinandersetzung mit einem Mann scheint für viele Jungen einen besonderen Wert zu besitzen.

Nach Blomberg und Neuber (2015, S. 336) darf man Jungen beim Sport Selbstorganisation- und Selbstregulierungskräfte zutrauen und sie auch „einfach mal machen lassen". Aufgrund des von Jungen häufig einseitig leistungs- und wettkampforientierten Ausübens von Sport ist eine achtsame Haltung von pädagogischen Fachkräften sowie eine systematische Arbeit an Risikokompetenz von Jungen denkbar. Eine bewegte Schule wäre in besonderem Maße auch eine Schule für Jungen, in der im Optimalfall eine Vernetzung kommunaler Bildungsakteure (also Vernetzung von Eltern und insbesondere Väter, Lehrkräften, Erzieher/Innen) stattfindet. Jungen in der Pubertät scheinen im Allgemeinen zufriedener zu sein als Mädchen in vergleichbarem Alter. Insgesamt weist der Forschungsstand zu sportbezogenen Interventionen zur Jungenförderung allerdings noch Lücken auf.

1.3.2.2 Variablenmodell im Sport zur Förderung von Jungen

Das Variablenmodell im Sport wurde von Neuber (2015) in Anlehnung an Winter und Neubauer (2001) formuliert. Das Ursprungsmodell weißt kaum Bezüge zum Sport auf, und wurde daher zum Variablenmodell im Sport weiterentwickelt. Hier werden acht Spannungsfelder gelingendem Jungeseins erklärt, z. B. Konzentration und Integration, Präsentation und Selbstbezug oder Leistung und Entspannung (Neuber, 2015). Ausgangspunkt des Konzeptes ist also ein komplementäres Verständnis von Männlichkeit bzw. Jungesein, das sowohl aktive, leistungsbezogene als auch passive reflexive Aspekte integriert. Es geht hierbei eindeutig um Stärken und Wünsche und weniger um Defizite und Probleme, die Jungen haben bzw. machen (Neuber, 2015).

Die Begriffsfelder werden hier ausdrücklich bewegungs- und körperbezogen definiert. Die Themenfelder ergeben sich sowohl aus dem Modell von Winter und Neubauer als auch aus der sportpädagogischen Theorie und Praxis. Darüber hinaus bestehen Parallelen zu den Bewegungsfeldern des Sportunterrichts (Neuber, 2015. S. 153). Im Folgenden wird das Variablenmodell nach Neuber (2015, S. 154 ff.) zusammengefasst dargestellt.

- *Gewinnen und Verlieren*
  Für viele Jungen ist das Gewinnen eine wichtige Rolle. Im Hinblick auf die Förderung von Jungen ist es nötig, das Leisten und Wettkämpfen zu variieren, zu relativieren und je nach Zielgruppe auch zu reflektieren.
- *Kooperation und Konkurrenz*
  Auf den ersten Blick scheinen Jungen sehr konkurrenzorientiert zu sein. Jungen, die sich in Konkurrenzsituationen nicht gut durchsetzen können, ziehen sich aus Wettbewerbssituationen zurück und können von dominanteren Jungen schnell zum Außenseiter erklärt werden. Kooperationssituationen treten oft beim gemeinsamen Bauen oder in einer Sportmannschaft auf. Kooperation und Konkurrenz werden oft selbstverständlich miteinander verknüpft. Demnach beschreiben „Kooperieren, Wettkämpfen und sich Verständigen" soziale Interaktionsformen, die für viele Jungen selbstverständlich sind. Für eine Förderung von Jungen ist es wichtig, dass sie beide Seiten kennenlernen. Konkurrenzorientierte Jungen müssen lernen sich im Team auch einmal zurückzunehmen, für schüchterne Jungen ist es dagegen eine Herausforderung auch einmal den Ton anzugeben. Es gilt: Ein fairer Wettkampf kann genauso spannend und schön sein, wie eine gelungene Kooperationsaufgabe im Team.
- *Sensibilität und Kraft*
  Jungen wird unterstellt, sie könnten Ihre Kraft nicht richtig dosieren. Spaßwettkämpfe gehören für viele Jungen zum Alltag. Sollten Rangeleien ausufern, können diese zu ernsthaften Prügeleien werden. Andere Jungen haben allerdings Angst vor körperlichen Auseinandersetzungen, und werden aufgrund ihrer ruhigen Art oftmals von Lehrkräften übersehen. Raubeinigen Jungen tut es meist gut zu erfahren, dass sie sich auch sanft und vorsichtig bewegen können. Ruhige Jungen sollten dagegen erleben dürfen, wie befreiend es sein kann, mal richtig „auf die Pauke" zu hauen. Manche Aufgaben erfordern Fingerspitzengefühl, in anderen wiederum muss Kraft und Stärke eingesetzt werden, um zum Ziel zu kommen. Das ist im Sport genauso wichtig wie im „richtigen" Leben!
- *Spannung und Entspannung*
  Jungen stehen scheinbar ständig unter Spannung – immer in Bewegung, immer in Aktion, immer „unter Dampf". Tatsächlich ist Hyperaktivität ein überwiegend

männliches Phänomen. Es gibt aber auch Jungen, die antriebslos, lustlos und schlapp sind. Während die einen kaum zu bremsen sind, fällt es schwer, die anderen überhaupt zu motivieren. Viele Jungen strotzen geradezu vor Energie, sind neugierig und tatendurstig, immer bereit sich für eine Sache einzusetzen – wenn es sie interessiert. Gleichzeitig können sie aber auch entspannt sein, sich zurücknehmen und über ihr Tun nachdenken. Für die Förderung von Jungen bieten sich daher eine ganze Reihe an Anknüpfungspunkten. Die Muskelspannung ist kein rein körperliches Phänomen. Entsprechend ist es sinnvoll, den rhythmischen Wechsel und die Vielfalt psycho-physischer Spannungszustände erlebbar zu machen. Über die vielfältigen Spannungswechsel können die Jungen Erfahrungen mit der Spannungsmittellage, der „Wohlspannung" sammeln.

- *Wagnis und Risiko*
  In diesem Merkmal muss unterschieden werden zwischen dem objektiven Risiko, z. B. bei der Gefahr sich bei einer Kletterpartie zu verletzen, und dem subjektiven Wagnis, das ein Junge eingeht, wenn er z. B. zum ersten Mal vom Dreimeterturm springt. Was für den einen langweilig ist, empfindet der andere als große Herausforderung. Sowohl andauernde Unter- wie auch Überschätzung sind dabei nicht förderlich. Hilfreich ist dagegen eine realistische Einschätzung der eigenen Fähigkeiten. In der Jungenförderung werden daher Situationen mit unsicherem Ausgang angeboten, in denen sich Jungen ausprobieren können. Das Erkennen eigener Grenzen – nicht das Überschreiten – gehört zu den zentralen Aufgaben einer bewegungsorientierten Jungenförderung. Unterschiedliche Schwierigkeitsgrade von Aufgaben können hier hilfreich sein. Wagnissituationen bedürfen aber zudem der Auswertung – sonst verpufft das Erlebnis als spannendes „Highlight" ohne Folgen.
- *Nähe und Distanz*
  Jungen haben Schwierigkeiten, Nähe zuzulassen – so lautet ein gängiges Vorurteil. Kleine Jungen umarmen sich jedoch mit Begeisterung, es sind vor allem die älteren Jungen, die körperliche Nähe und Berührungen in Alltagssituationen oft vermeiden. Während in der Jungenförderung die einen erfahren, wie gut es tun kann, sich nahe zu kommen und sich gegenseitig zu bestärken, erproben die anderen die „richtige" Distanz, z. B. als Angreifer im Handball. Körperberührungen und Nähe sind ein intimes Thema, bei dem die Grenzen jedes Einzelnen respektiert werden müssen. Die Atmosphäre in der Gruppe spielt daher bei Bewegungs- und Spielformen zu Nähe und Distanz eine entscheidende Rolle.
- *Regeln anerkennen und Regeln überschreiten*
  Jungen nehmen soziale Erwartungen oft nicht zur Kenntnis oder setzen sie nur zögerlich um. Nicht selten verstoßen Jungen auch ausdrücklich gegen Regeln, die von Eltern oder Lehrkräften aufgestellt werden. Andererseits legen Jungen Wert auf die „Anerkennung von Regeln", wenn es um die „Wahrung ihrer Rechte" geht. Spiel und Sport eignen sich in besonderem Maße, den Umgang mit Regeln zu üben. Jungen können erfahren, dass ein Sportspiel nur läuft, wenn sich alle an die Spielregeln halten. Andererseits gibt es Situationen, in denen Regeln durchbrochen werden müssen, z. B. wenn bei der Bewegungsaufgabe keine herkömmliche Lösung gefunden werden kann. Besonders spannend wird es, wenn Regeln erst gefunden

werden müssen, damit es spielbar wird. In solchen Situationen wird deutlich, dass Regeln „soziale Vereinbarungen" sind, die man im gegenseitigen Einvernehmen auch ändern kann.

- *Ausdruck und Präsentation*
  Auf den ersten Blick scheinen sich Jungen nur für funktionale Sportarten zu interessieren – mit möglichst wenig Aufwand möglichst viel Erfolg erzielen. Auf den zweiten Blick trifft dieses Vorurteil jedoch nicht zu. In Bewegungs- und Sportsituationen äußern Jungen ihre Gefühle, wie Freude, Begeisterung, Trauer und Wut, unmittelbar und kaum verstellt. Gerade in Sportspielen sind sie mit „Leib und Seele" dabei – kein Fußballspiel ohne emotionale Beteiligung. Allerdings kommt hier nicht selten ein gewisses Maß an „Show" hinzu. Sie präsentieren ihre Siegerposen wie die „Großen" im Fernsehen und sind dabei ebenso cool wie die erwachsenen Profis. Die Gratwanderung zwischen authentischem Ausdruck von Gefühlen und bewusster Präsentation vor einem Publikum bietet also interessante Ansatzpunkte für die Förderung von Jungen. Für eine Förderung von Jungen ist also beides wichtig: sich in Spielsituationen wie im „wahren" Leben seiner Gefühle gewahr werden und sie ausdrücken können, aber auch vor einem Publikum präsentieren können.

Inwiefern eignet sich also Breakdance für eine Förderung von Jungen nach dem Prinzip der „absichtlichen Unabsichtlichkeit"? (Prohl, 2012).

Um eine weitere theoretische Fundierung zu bieten, werden im Folgenden Entwicklungsaufgaben referiert, bevor Modelle zur Sozialisation beschrieben werden.

1.3.2.3 Entwicklungsaufgaben

Das Konzept der Entwicklungsaufgaben wurde von Havighurst (1972), Coleman (1980) und Oerter (1982) entwickelt und klassifiziert allgemeine Anforderungen, die spezifisch für bestimmte Lebensphasen sind. Es wurde bereits in 1.1 kurz erläutert. Es erscheint trotzdem in diesem Gliederungspunkt der Arbeit, da es – nach Meinung des Autors – zwar allgemein für Kinder gilt, aber daher auch auf Jungen bezogen werden kann. Dreher und Dreher (1985) nennen für Kinder zwischen 6 und 12 Jahren folgende Entwicklungsaufgaben (1985, S. 59; vgl. Brettschneider & Gerlach, 2004, S. 79):

- Erlernen körperlicher Geschicklichkeit, die für gewöhnliche Spiele notwendig ist
- Aufbau einer positiven Einstellung zu sich als einem wachsenden Organismus
- Lernen mit Altersgenossen zurechtzukommen
- Erlernen eines angemessenen männlichen oder weiblichen Rollenverhaltens
- Entwicklung grundlegender Fertigkeiten im Lesen, Schreiben und Rechnen
- Entwicklung von Konzepten und Denkschemata, die für das Alltagsleben notwendig sind
- Entwicklung von Gewissen, Moral und einer Werteskala
- Erreichen persönlicher Unabhängigkeit
- Entwicklung von Einstellungen gegenüber sozialen Gruppen und Institutionen

Nach Brettschneider und Gerlach (2004) durchlaufen nicht alle Heranwachsenden gleichzeitig die einzelnen Sequenzen in denen bestimmte Aufgaben im Vordergrund stehen.

Die frühe oder späte Bewältigung der Aufgaben sagt auch nichts darüber aus, welche Konsequenzen dies für die weitere Entwicklung der Persönlichkeit hat. Die Bewältigung der Entwicklungsaufgaben ist somit sowohl Produkt als auch Prozess der Formung der kindlichen Persönlichkeit. Entwicklungs- und Persönlichkeitspsychologen halten die Entwicklung von Selbstwertgefühl und Selbstkonzept für den entscheidenden Motor der Persönlichkeitsentwicklung und -stabilisierung über die Lebensspanne. In den folgenden Abschnitten wird erörtert werden, inwiefern eine Unterstützung der Entwicklungsaufgaben durch die Tanzform Breakdance unter sozialisatorischen Gesichtspunkten erfolgen könnte.

1.3.3 Sozialisation im Sport

In diesem Abschnitt wird ein Überblick über den Begriff Sozialisation gegeben. Hierbei wird Bezug zu den Autoren Grundmann (2009), Hurrelmann (1986; 2002), Burrmann (2008), sowie Prohl (2010; 2018), Prohl und Ratzmann (2018) sowie Laging (2018) genommen. Anschließend wird das Modell der sportbezogenen Sozialisation beschrieben, und im Anschluss das der Arbeit zugrundeliegende „Model der Breakdance-bezogenen Sozialisation" erarbeitet.

1.3.3.1 Überblick und Sozialisation als aktive Auseinandersetzung

Um das Modell der Breakdance-bezogenen Sozialisation zu erörtern wird zunächst ein Überblick über die Begriffe Sozialisation, Erziehung und Bildung gegeben sowie der Zusammenhang dieser beschrieben. Eine Orientierung gab hier Grundmann (2009).

Nach Grundmann (2009) wird mit dem Begriff „Sozialisation" der ganz allgemeine anthropologisch fundierte Sachverhalt der sozialen Gestaltung von Sozialbeziehungen und der Tradierung sozialen Handlungswissens beschrieben (Grundmann, 2009, S. 61). Grundmann (2009) beschreibt in der Begriffstriade „Sozialisation – Bildung – Erziehung" zum einen Prozesse der sozialen Integration von Individuen in die Gesellschaft. Zum anderen beinhalten die Begriffe Bildung und Erziehung die sich daraus ergebende Aneignung und Weitergabe von kulturellem Wissen und persönlichen Handlungsbefähigungen für die gesellschaftliche Teilhabe (ebd., S. 61). Bildung und Erziehung können also als Teilmenge der Sozialisation beschrieben werden und auf die inhaltliche Gestaltung von Sozialisationsprozessen bezogen werden (ebd., S. 62).

Anders formuliert kann also mit dem Begriff der Erziehung „die Etablierung sozial erwünschter Eigenschaften von Personen durch Bezugspersonen" umschrieben und mit dem Begriff der Bildung die „Kultivierung von Handlungswissen" beschrieben werden (ebd., S. 61).

In der Literatur findet man bzgl. Sozialisation, Erziehung und Bildung häufig die Begrifflichkeiten „zum", „im" und „durch". Nach Prohl (2018) ist die Perspektive „zum" Sport betitelt als „Bewegungsbildung", welche als „qualitativ strukturierter Erfahrungsprozess" aufzufassen ist (Prohl, 2010, S. 163 ff.). Geht es nach Gerlach und Brettschneider (2008) um eine Entwicklung von sportartspezifischen Fähigkeiten und Fertigkeiten, fordert Prohl in diesem Zusammenhang die drei Perspektiven „strukturierter Erfahrungsprozess", „freiwillige Zumutung eines Allgemeinen" sowie den „individuellen Wert der erworbenen Bewegungskompetenz für das Bildungssubjekt" (Prohl & Ratzmann, 2018).

Laging hingegen als Vertreter eines relationalen Bildungsverständnisses[2] lässt sich nicht „reduzieren" auf die Fokussierung einer Seite „zum" Sport. Er vertritt die Theorie der „dialektischen Verschränkung der Einheit von objektiver und subjektiver Welt" (Laging, 2018, S. 328). So sollen laut Laging (2018) „Basiskonzepte" (ebd. S. 329), also „Ordnung gebende Inhaltsfelder" (ebd., S. 329) kreiert werden, anhand derer die „Sache mit Hilfe von Kernideen und Schlüsselfragen eine Ordnung für die Auseinandersetzung der Lernenden mit der Sache bietet" (ebd., S. 329). So beschreibt er am Beispiel „Spielen", dass „Schülerinnen und Schüler begreifen, warum welche Spielidee welche Regeln braucht, und was passiert, wenn man diese verändert" (ebd., S. 332).

Treffender hierfür ist eher die Formulierung „Bildung im Sport", worum es in Abschnitt 1.3.5 geht. Im Bildungsverständnis Prohls (2018) gegenüber der Perspektive „durch" Sport geht es klar um die Ausbildung der Allgemeinbildung im Sinne Klafkis. Zuvor beschriebenes soll verdeutlichen, dass es schwierig ist, eine klare „Trennungslinie" zwischen den einzelnen „Perspektiven" zu bilden, da ein sporttreibender Mensch, Sport immer in Auseinandersetzung unter verschiedensten Blickwinkeln treibt. Im weiteren Verlauf des Abschnitts geht es um diesen Auseinandersetzungsprozess.

Sozialisation als aktive Auseinandersetzung

Laut Hurrelmann (1986) spielen bei Prozessen der Persönlichkeitsgenese eine aktive Auseinandersetzung mit den sozialen und dinglich materiellen Lebensbedingungen eine entscheidende Rolle (Hurrelmann. 1986, S. 14). Allerdings ist für ihn grundlegend, soziale Praxen des Zusammenlebens erst hervorzubringen, auf die sich die Persönlichkeitsentwicklung dann darauffolgend bezieht.

Laut Grundmann (2009) ist für Sozialisation essentiell, dass „Menschen miteinander interagieren, und sich in Ihrem Handeln wechselseitig aufeinander beziehen" (Grundmann, 2009, S. 63). Angliedernd an Hurrelmanns Formel des „produktiv realitätsverarbeitenden Subjekts" lässt sich Sozialisation inhaltlich aus der Perspektive der Individuen (mit ihren Bedürfnissen nach sozialer Bindung und individueller Anerkennung), sowie aus der Perspektive der Bezugsgruppe (mit ihren spezifischen Wertschätzungen für ein bestimmtes Verhalten) und damit aus der Perspektive der Gesellschaft (die auf eine stabile Ordnung angewiesen ist) bestimmen (Hurrelmann, 2002, S. 93).

Nach Grundmann (2009, S. 64) baut Sozialisation also auf den drei genannten „Säulen" auf:

- *Sozialisation aus der Perspektive der Akteure*
  Hier werden die Prozesse beschrieben, die einen Menschen befähigen, am sozialen Leben teilzuhaben und an dessen Entwicklung mitzuwirken.

---

[2] Auf die unterschiedlichen Ansätze eines Bildungsverständnisses „(Selbst-)Bildung im Sport" wird in Punkt 1.3.5 genauer eingegangen.

- *Sozialisation aus der Perspektive der Bezugsgruppe*
  Hier wird das beabsichtigte oder unbeabsichtigte Zusammenwirken von sozialen Gruppen und Institutionen ausgedrückt, die zur sozialen Einbindung des Einzelnen und zum gemeinschaftlichen Wohlergehen beitragen.
- *Sozialisation aus der Perspektive der Gesellschaft*
  Aus der Perspektive der Gesellschaft entsteht Sozialisation aus der Existenz zwischenmenschlicher Beziehungen sowie dem Willen zu deren Weiterentwicklung.

1.3.3.2 Modell der sportbezogenen Sozialisation

Zuvor wurde Grundmanns Darstellung (2009) des „produktiv realitätsverarbeitenden Subjekts" (Hurrelmann, 2002) erläutert. In Erweiterung an Hurrelmanns Formel skizziert Burrmann (2008) das Modell zur sportbezogenen Sozialisation. Die hier dargestellte Vorstellung von „Sozialisation als ständige Auseinandersetzung" (Burrmann, 2008) soll der Studie als theoretische Grundlage dienen. Das Modell von Burrmann (2008) schließt sich der These von „Sozialisation als ständige Auseinandersetzung" an und stellt dar, inwiefern Sport einen Beitrag zu einer physischen und psychosozialen Entwicklung leisten kann.

- Laut Hurrelmann (2006) wird angenommen, dass Sozialisation ein ständiger Auseinandersetzungsprozess zwischen „innerer" (körperliche, sportmotorische Voraussetzungen) und „äußerer" Realität (soziale, kulturelle, ökonomische, ökologische Grundstrukturen der Gesellschaft) ist.
- In Burrmanns Modell grenzt der Aspekt „Lebenslagen" einen Bereich ab, in welchem Kinder ihre Lebensführung entwickeln und ihre sportlichen Engagements verfolgen (Burrmann, 2008, S. 24).
- Im Blickfeld „Entwicklungsaufgaben" stehen die gesellschaftstypischen Alltagsanforderungen und Entwicklungsaufgaben der Kinder. Diese wurden in Abschnitt 1.3.2 beschrieben. Außerdem geht es hier um deren Unterstützung durch physische und psychosozialen Ressourcen (ebd., S. 24).
- Der Sektor „Lebensführung" stellt die Begegnung der Kinder mit diesen Entwicklungsaufgaben dar. Hier werden Bereiche wie Musik- oder Sportengagement genannt und ihre zeitliche Strukturierung inbegriffen (ebd, S. 24).
- Diese können entweder synchron (zeitgleiches Engagement von Musik- und Sportengagement innerhalb einer bestimmten Lebensphase) oder diachron (zeitlich aufeinander folgendes Engagement, erst nachdem z. B. das Musikengagement beendet ist, wird mit dem Sportengagement begonnen) stattfinden (ebd., S. 24).

Die Anpassungen an die Auseinandersetzung mit Alltags- und Entwicklungsaufgaben führt zu einer Veränderung der inneren und äußeren Realität. Diese Veränderung findet statt durch die Anpassungen physischer und psychosozialer Dispositionen.

Die Frage, ob Breakdance einer Förderung der Entwicklung eines Menschen „absichtslos und nebenbei" (Grupe, 1975), oder wie es Klafki fordert, einer „Bildung... als Selbstbestimmungs-, Mitbestimmungs- und Solidaritätsfähigkeit" (Klafki, 1985, S. 17) bietet, wird in den folgenden beiden Abschnitten 1.3.4 und 1.3.5 weiter präzisiert.

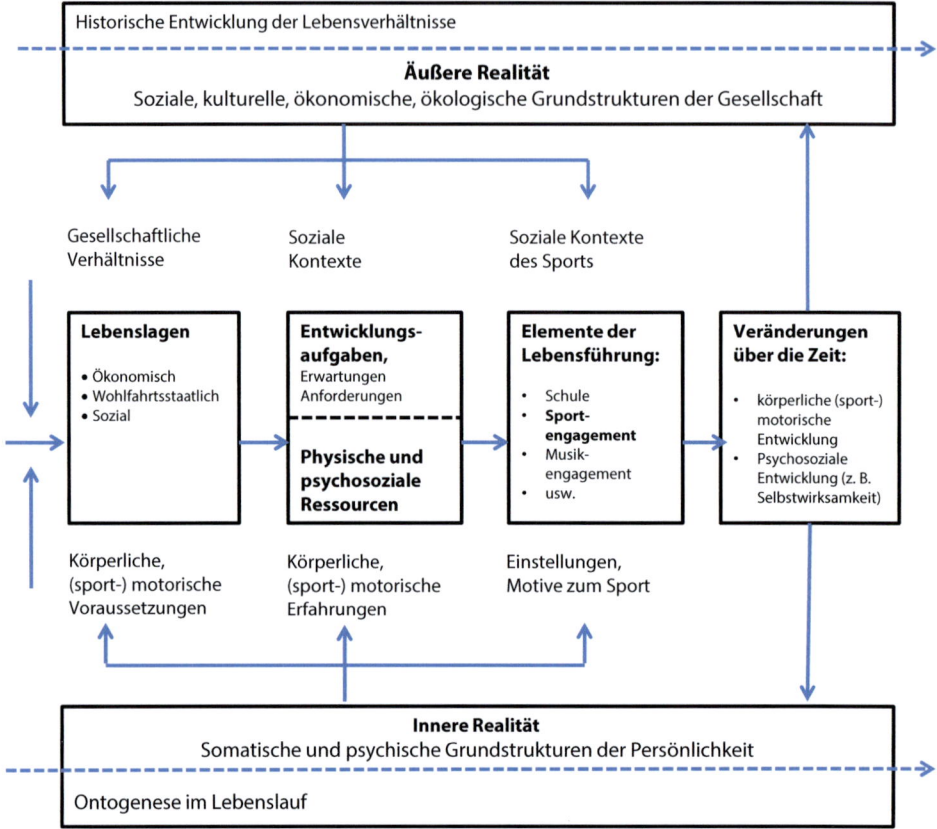

Abbildung 1: Modell der sportbezogenen Sozialisation (Burrmann, 2008, S. 24)

Zunächst wird auf Basis der in 1.2. beschriebenen Aspekte und Elemente von Breakdance das „Modell der sportbezogenen Sozialisation" zum „Modell der Breakdance-bezogenen Sozialisation" weiterentwickelt, in Anlehnung an die Forschungsarbeit von Liebl (2013). In diesem Fall wurde das Modell von Burrmann (2008) auf die Sportart Judo übertragen.

1.3.3.3 Modell der Breakdance-bezogenen Sozialisation

Die Grundannahme des Modells ist identisch mit der des Modells der sportbezogenen Sozialisation. Die These, dass sich Sozialisation in ständiger Auseinandersetzung mit der inneren (Person) und äußeren Realität (Umwelt) vollzieht, ist auch hier gegeben. Die „innere Realität" bilden motorische, körperliche und Breakdance-typische Voraussetzungen, sowie Erfahrungen und Einstellungen zum Breakdance. Die „äußere Realität" setzt sich zusammen aus sozialen Kontexten, gesellschaftlichen Verhältnissen und Breakdance typischen Kontexten im Besonderen.

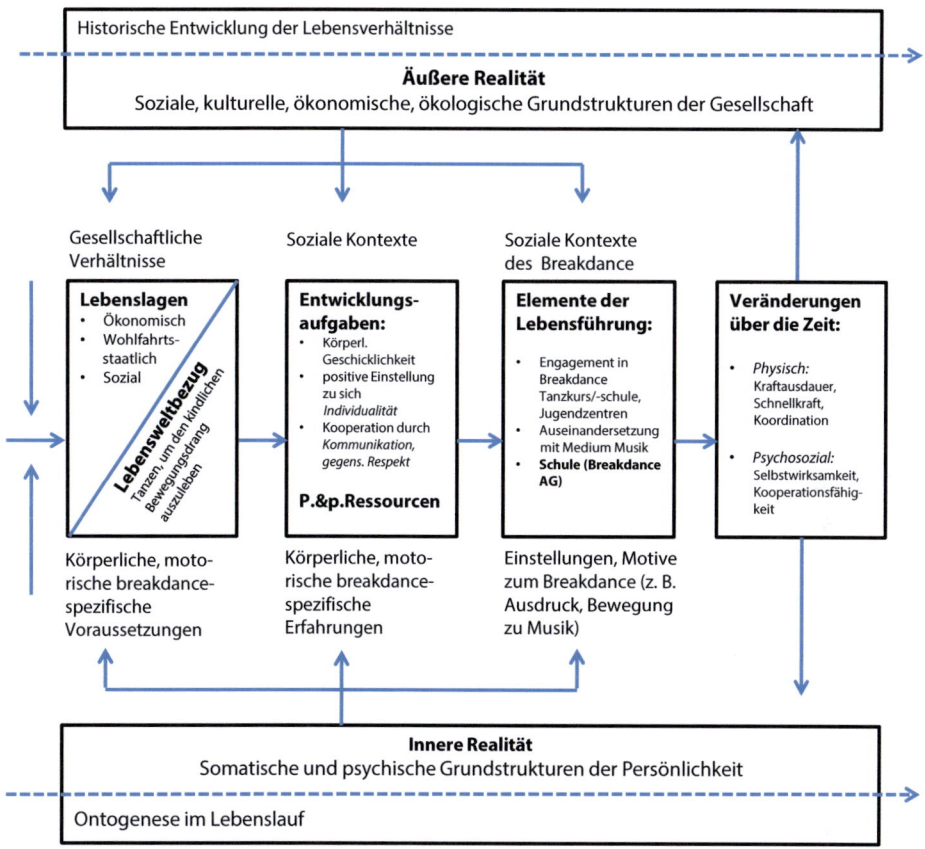

Abbildung 2: Modell der Breakdance-bezogenen Sozialisation in Anlehnung an Burrmann (2008)

Lebenslagen:

Hier wird der gesellschaftliche Rahmen abgebildet, innerhalb dessen Kinder ihre Lebensführung entwickeln, und das damit verbundene Sportengagement (Burrmann, 2008, S. 24). Hierbei spielt der Lebensweltbezug des jeweiligen Sportengagements eine wichtige Rolle. Elementar für eine längerfristige Aufrechterhaltung des Sportengagements ist der Bezug zur Lebenswelt bzw. zur „inneren Realität". Der Bezug liegt hier in der Sache an sich: Kinder tanzen gerne, trauen sich mit zunehmendem Alter jedoch immer weniger dies zu tun. Breakdance bietet hier eine gute Möglichkeit Bewegungsrepertoire an Bewegung zur Musik zu erwerben. Siehe Abschnitt 1.1: „Tanzen fördert die motorische Koordination" (Gulden, 2011, S. 9). „Tanzen ist eine Form, den kindlichen Bewegungsdrang auszuleben. Tanzen macht Spaß, denn es ermöglicht den Kindern, selbstbestimmt und eigenständig neue Bewegungsformen zu erforschen, „mal auszuprobieren wie es ist auf einem Bein zu stehen oder sich wie ein Kreisel zu drehen..." (Schneider, 2006, S. 9), „Jungen neigen zu sozial auffälligem und von Regeln abweichendem Verhalten, was Gewinne im Hinblick auf die Förderung von psychosozialen Kompetenzen (...) birgt" (Strobel-Eisele, 2015).

Entwicklungsaufgaben:
Im Blickfeld „Entwicklungsaufgaben" stehen die gesellschaftstypischen Alltagsanforderungen und Entwicklungsaufgaben der Kinder. Diese können durch physische und psychische Ressourcen unterstützt werden.

Im Breakdance enthaltene Entwicklungsaufgaben können dies

- der Ausbau von physischen und psychosozialen Ressourcen sein. Im Bereich der physischen Ressourcen können dies körperliche Geschicklichkeit im Sinne des Aufbaus von Kraft (insbesondere durch den Aspekt „*Tanz vs. Akrobatik*", und Weiterentwicklung der Koordination durch Erweiterung des Bewegungsrepertoires durch Bewegung zur Musik (durch den Erwerb von *Top Rocks, Down Rocks, Powermoves* und *Freezes*) sein.
- Im Bereich der psychosozialen Ressourcen können dies der Aufbau einer positiven Einstellung zu sich selbst im Sinne des Aufbaus an Selbstwirksamkeit durch den personalen Aspekt des im Breakdance beinhalteten Aspekts „*Individualität*" und durch die Möglichkeit der Initiierung von „*Battles*" sein, innerhalb derer friedlich miteinander tänzerisch „gekämpft" wird.
- der Aufbau an Kooperationsfähigkeit, Gewissen und Moral durch den im Breakdance beinhalteten sozialen Aspekt „*Kommunikation*" und den sozialen Aspekt des „*gegenseitigen Respekts*", siehe Abschnitt 1.2.6.

Zusätzlich kann hier das Variablenmodell im Sport (Neuber, 2015) integriert werden: Der Aufbau an Selbstwirksamkeit und der Kooperationsfähigkeit kann gefördert werden durch die im „Variablenmodell im Sport" (Abschnitt 1.3.2) beschriebenen Begriffspaare, die den Breakdance zugehörigen Aspekten „*Individualität*", „*Battles*", „*Kommunikation*", „*gegenseitiger Respekt*" zugeordnet werden können. Hierbei geht es um das Finden der entsprechenden Balance, was als weitere Entwicklungsaufgabe für die Jungen interpretiert werden kann:

1. Gewinnen und Verlieren
2. Kooperation und Konkurrenz
3. Sensibilität und Kraft
4. Spannung und Entspannung
5. Wagnis und Risiko
6. Nähe und Distanz
7. Regeln anerkennen und Regeln überschreiten
8. Ausdruck und Präsentation

Lebensführung:
Kinder begegnen diesen Anforderungen, Entwicklungsaufgaben und Erwartungen im Schulkontext AG Breakdance. Dieses bildet nur ein Element ihrer Lebensführung ab. Weitere Elemente können Musikengagement, andere sportliche Betätigungen, Freizeit, usw. sein.

Veränderungen über die Zeit:
Es kann angenommen werden, dass es über die Zeit, durch die Auseinandersetzung mit Entwicklungsaufgaben, Erwartungen und Anforderungen innerhalb des Schul-Breakdance zu Anpassungen bzw. Entwicklungen physischer (Schnellkraft, Kraftausdauer, Koordination) und psychosozialer (Selbstwirksamkeit, Kooperationsfähigkeit) Ressourcen kommt.

Nach dem Forschungsstand anderer Studien zur Wirkungsforschung im Tanz ist eine Steigerung der Selbstwirksamkeit zu erwarten (Pavicic, 2011; Reichel, 2016; Volk, 2014).

Bezogen auf Breakdance gibt es noch keine Studien zur Wirkungsforschung, außerdem noch keine Studien, die sich gezielt mit dem (Schul-)Sport Breakdance beschäftigt haben. Daher können diesbezüglich kaum belastbare Aussagen getroffen werden. Diese Forschungslücke soll mit der vorliegenden Untersuchung geschlossen werden.

An dieser Stelle werden die möglichen Entwicklungen der physischen und psychosozialen Ressourcen formuliert:

Mögliche Entwicklungen im Bereich der Koordination:
Aufgrund der Notwendigkeit, sich möglichst schnell an sich ständig verändernde Situationen im „Battle" aber auch im Einzel- sowie Gruppentanz anzupassen, fördert Breakdance die Koordination bei Präzisionsaufgaben (insbesondere die Gleichgewichtsfähigkeit). Aufgrund von Prägnanz und expressivem Ausdrucks fordert Breakdance die Koordination unter Zeitdruck.

Mögliche Entwicklungen im Bereich der konditionellen Fähigkeiten:
Breakdance fördert die Kraftausdauer in den oberen Extremitäten und im Rumpfbereich aufgrund des hier geforderten konditionellen Anforderungsprofils einer hohen Ermüdungswiderstandsfähigkeit bei lang andauernden Kraftleistungen, aufgrund der häufigen Belastungswiederholungen. Außerdem fördert Breakdance die Schnellkraft in den Beinen, aufgrund der in dieser Sportart geforderten Ausführungsgeschwindigkeit in den Beinen.

Mögliche Entwicklungen im Bereich der Kooperationsfähigkeit:
Breakdance fördert die Kooperationsfähigkeit durch die situativ vorherrschende Perspektivenübernahme, Kommunikationsfähigkeit und soziale Verantwortung.

Mögliche Entwicklungen im Bereich der Selbstwirksamkeit:
Es ist durch die Grundsätze der Individualität, der Kommunikation, des gegenseitigen Respekts, des Tanzes vs. Akrobatik und der damit verbundenen prozessorientierten, alternativen Bewertung eine Relativierung von Misserfolgen beim Lernen und Umsetzen von Powermoves möglich.

Breakdance fördert die allgemeine Selbstwirksamkeit durch die Bereitschaft zur Bewältigung von größerer Anstrengung und Ausdauer, durch eine größere strategische Flexibilität bei der Suche nach Problemlösungen, sowie einer realistischeren Einschätzung der Güte der eigenen Leistung.

1.3.4 Erziehung im Sport

Im folgenden Abschnitt werden verschiedene Positionen und Ansätze einer Erziehung im Sport dargestellt sowie Gemeinsamkeiten und Gegensätze herausgearbeitet. Im ersten Teil geht es um Darstellung des Ansatzes von Grundmann (2009), bevor im zweiten Teil des Abschnitts die zwei grundlegenden „Schulen" erziehenden Sportunterrichts erläutert werden. Anschließend wird ein Überblick bezüglich derer Gemeinsamkeiten und Unterschiede herausgearbeitet. In Anlehnung an Hapke (2016) orientiert sich dieser Abschnitt an den Autoren der konzeptionellen Ansätze Kurz (1992; 2000a; 2010) sowie Balz (1997; 2011b; 2011c), Neumann & Balz, (2011), als auch an den Arbeiten von Prohl (2008; 2012a; c).

1.3.4.1 Erziehung unter kritischer Perspektive nach Grundmann

Grundmann betrachtet Erziehung unter zwei Perspektiven:

Zum einen dient Erziehung nach Grundmann (2009) v. a. dazu, die wechselseitigen Handlungsbezüge gezielt zu beeinflussen. Bezugspersonen versuchen Heranwachsende mit den Regeln des Zusammenlebens in konkreten Bezugsgruppen vertraut zu machen (Grundmann, 2009, S. 65).

In Anlehnung an Brezinka (1990) wird Erziehung definiert als „Handlungen, durch die Menschen versuchen, das Gefüge der psychischen Dispositionen anderer Menschen in irgendeiner Weise dauerhaft zu verbessern oder seine als wertvoll erachteten Bestandteile zu erhalten, oder die Erhaltung von Dispositionen die als schlecht bewertet werden, zu verhüten" (Brezinka, 1990, S. 95; vgl. Grundmann, 2009, S. 66).

Zum anderen wird diese „sozialisatorische Praxis" erweitert um den Aspekt der Selektion: Lehrer oder Bezugspersonen „selektieren" Individuen nach Kriterien ihrer Befähigung. Allerdings findet nach Grundmann diese Selektion nicht nach konkreten Handlungsbezügen statt, sondern aus den [vermeintlichen; Anm. d. Verfassers] Verwertungsmöglichkeiten, die mit dem Erwerb von Fähigkeiten verbunden sind (Grundmann, 2009, S. 67). Als Beispiel nennt er die schulische Bildung, da hier nicht übergreifend, sondern auf spezifisches Handlungswissen abgezielt wird. Da nach Grundmann (2009) Erziehung unter sozialisatorischen Gesichtspunkten den konkreten Handlungsanforderungen und Gestaltungsprozessen des Zusammenlebens folgt, kann sie nicht als generalisierbarer Optionsraum zur Förderung Heranwachsender verstanden werden (Grundmann, 2009, S. 67). Begründet wird dies durch den „Zwang", die „konkrete Förderungsbedürftigkeit" von Auszubildenden zu benennen (Grundmann, 2009, S. 67). Nach Grundmann wird im Alltag bei Prozessen des „Erziehens" ein konkretes Ziel im Vorfeld durch den „Ausbilder" selektiert und festgelegt, und weniger nach normativen Leitbildern, wie dem Versuch einer sinn- und verantwortungsvollen Handlungsanleitung für ein glückliches Leben, erzogen. Aus der Differenz dieser normativen Erziehungsziele und sozialer Wirklichkeit zeigt sich, wie Erziehung in und durch gesellschaftliche Institutionen instrumentalisiert wird.

1.3.4.2 Konzeptioneller Ansatz nach Kurz, Balz und Neumann

Dargestellt werden von den Autoren die sechs Sinnperspektiven „Leistung", „Spannung", „Eindruck", „Gesundheit", „Ausdruck", „Miteinander". Diese beziehen sich zum einen auf individuelle Handlungsmuster, die mit dem Sport verknüpft werden können, als auch auf pädagogische Möglichkeiten des Sports. Des Weiteren soll hiermit ein Repertoire von Vorschlägen für die Unterrichtsgestaltung angeboten werden.

Ziel ist es, die Schüler handlungsfähig zu machen. „Handlungsfähigkeit im Sport" meint hier vor allem die „Fähigkeit, die vorgefundenen und angebotenen Formen des Sports auf ihre Sinnhaftigkeit zu prüfen und in ein individuelles Lebenskonzept einzuordnen (Kurz, 1992, S. 16). Bezogen auf die Sportarten bedeutet dies für Kurz, eine Sportart unter verschiedenen Perspektiven auszulegen und zwar so, dass die für eine Sportart möglichst treffenden Sinnperspektiven ausgewählt werden. Darüber hinaus sollen auch noch einzelne sportliche Aktivitäten mit unterschiedlichen Sinnperspektiven belegt werden. Als Beispiel nennt er hier das ausdauernde Laufen mit den Sinnperspektiven Leistung (auf Zeit laufen) und Körpererfahrung (z. B. Schwitzen). (Kurz, 1992, S. 17). Die Weiterentwicklung zu den „pädagogischen Perspektiven auf den Sport in der Schule" findet aufgrund der Kritik statt, die Sinnperspektiven und der Ansatz der Handlungsfähigkeit im Sport basiere nicht auf einer einheitlichen sportpädagogischen Theorie. So formuliert Kurz aufgrund der fünf Ausgangspunkte „Ausgang vom Gegenstand Sport", „Ausgang vom individuellen Sinn", „Ausgang von der Bildungsidee oder von der Bedeutung der Bewegung", „Ausgang von verbreiteten Entwicklungsproblemen oder von Entwicklungsaufgaben", „Ausgang von den Aufgaben der Schule" (Kurz, 2000, S. 15) den Doppelauftrag des Schulsports. Scherler (2008) spricht von „Erziehung zum Sport" und „Erziehung durch Sport" (Scherler, 2008, S. 91).

Der Doppelauftrag geht somit in seinen Forderungen hinsichtlich seiner pädagogischen Reichweite über den Erziehungsauftrag der Handlungsfähigkeit im Sport hinaus, da die Schülerinnen und Schüler hier in Ihrer Persönlichkeitsentwicklung auch für andere Lebensbereiche außerhalb des Sports weitergebracht werden sollen, was deutlich auch auf eine formale Bildungsidee verweist (Hapke, 2016, S. 22).

Die Weiterentwicklung der pädagogischen Perspektiven erschließt, inwiefern sportliche Aktivität pädagogisch wertvoll sein kann, bzw. inwiefern Sportunterricht die Entwicklung Heranwachsender fördern kann und zielt darauf ab, was für Schülerinnen und Schüler das pädagogisch Wertvollste ist (Kurz, 2000, S. 25):

- Wahrnehmungsfähigkeit verbessern, Bewegungserfahrungen erweitern
- sich körperlich ausdrücken, Bewegungen gestalten
- etwas wagen und verantworten
- das Leisten erfahren, verstehen und einschätzen
- kooperieren, wettkämpfen und sich verständigen
- Gesundheit fördern, Gesundheitsbewusstsein entwickeln

Zusätzlich wird von Kurz der Ansatz der Mehrperspektivität aufgegriffen. Mehrperspektivische Gestaltung des Sportunterrichts unterscheidet zwischen dem Prinzip der pädagogischen Aufmerksamkeit und dem Prinzip der didaktischen Akzentuierung. Die pädagogische Aufmerksamkeit der Sportlehrkraft ist nach Kurz (2000a) unter jeder Perspektive und bei jedem Inhalt immer gefordert, pädagogische Perspektiven sollen didaktisch akzentuiert werden, um Sportunterricht planen, durchführen und auswerten zu können (Hapke, 2016, S. 23). Kurz formuliert neben der Mehrperspektivität zwei weitere Prinzipien zur Gestaltung erziehenden Sportunterrichts: „Verantwortlichkeit fördern" zielt auf Selbstbestimmung, „Gegenwart erfüllen" auf eine längerfristige Bindung an den Sport ab (Kurz, 2000).

Balz und Neumann orientieren sich an Kurz, und führen diesen Ansatz konstruktiv fort: Sie reflektieren die Konzeption eines mehrperspektivischen Ansatzes vor dem bildungstheoretischen Ansatz eines erziehenden Sportunterrichts nach Herbart, legen die pädagogischen Perspektiven als Bildungskategorien aus, diskutieren das Problem der adäquaten Auswahl von Perspektiven und stellen weiterführende methodische Überlegungen an. Balz und Neumann formulieren einen Doppelauftrag des Sportunterrichts, der integrativ verfolgt, und nicht einseitig verfolgt werden darf (Balz, 1997a, vgl. Hapke, 2016, S. 24). Schüler sollen einerseits für Bewegung begeistert werden, andererseits soll Schülern die Frage nach der verantwortbaren Anwendung und der lebenspraktischen Bedeutung des Sports gestellt werden (Neumann, 2004, S. 123). Die Autoren sind in Anlehnung an Klafki der Meinung, dass sich Sache bzw. Objekt (Sport) und Subjekt (Mensch) wechselseitig erschließen (Balz, 2011b, S. 185). Daher werden die pädagogischen Prinzipien von ihnen als Bildungskategorien ausgelegt: eine „dritte Position" – nämlich erziehender Sportunterricht – vermittelt zwischen „Sache" und „Subjekt", welche „kategoriale Bildung" anstrebt. Anhand dieser „Kategorien" soll die wechselseitige Erschließung von Subjekt und Objekt erfolgen. Diese Bildungskategorien lassen sich an den pädagogischen Perspektiven nachvollziehen.

Zum Problem der adäquaten Auswahl der Perspektiven fordern Balz und Neumann (2013; 2015), dass zwar Ausgangspunkt sportunterrichtlicher Planungen die sechs Sinnperspektiven nach Kurz sein sollen, darüber hinaus zusätzlich weitere pädagogisch begründbare Perspektiven miteinfließen sollen. Als weiterführende methodische Überlegungen fordern Balz und Neumann, dass auch unerwartete bzw. Schülerperspektiven mit in den Unterricht einfließen können (Balz, 2010, S. 93). Somit werden weitere Prinzipien zur Gestaltung des Sportunterrichts eingeführt:

- Unter dem *Prinzip der mehrperspektivischen Aufmerksamkeit* geht es darum, den Focus weg von den Unterrichtsinhalten zu lenken und mehr in Richtung der thematischen Gestaltung unter verschiedenen Perspektiven zu denken (Balz, 2010, S. 93).
- Unter dem Prinzip einer *mehrperspektivischen Thematisierung* sollen Unterrichtsinhalte unter einer ungewohnten Perspektive akzentuiert werden (ebd., S. 93).
- Das Prinzip der *mehrperspektivischen Kultivierung* meint die Verbindung zwischen Sportunterricht und außerunterrichtlichen Angeboten wie Schulfesten, oder fächerübergreifenden Unterricht (ebd.).

Daran anknüpfend formuliert Balz (2011c) vier Handlungsorientierungen:

- Schülerinnen und Schüler sollen bei der Perspektivenauswahl für Unterricht mit einbezogen werden,
- Sportunterricht soll themenorientiert ausgelegt werden,

- perspektivisch angelegter Sportunterricht soll eine Verknüpfung von Erleben und Reflektieren der Handlungssituationen gewährleisten,
- perspektivbezogene Lernfortschritte sollen erfasst werden und durch entsprechende Kompetenzerwartungen formuliert werden.

1.3.4.3 Konzeptioneller Ansatz nach Prohl

Prohl (2008) interpretiert den Doppelauftrag des Sportunterrichts dann als erzieherisch, wenn diesem sowohl Bewegungsbildung, im Sinne von Sachaneignung, als auch Allgemeinbildung, im Sinne von Persönlichkeitsentwicklung, intendiert werden (Prohl, 2008). Betitelt wird dies als „erziehender Sportunterricht", verstanden wird dies als „Bewegungsbildung im Horizont allgemeiner Bildung" (Prohl, 2017, S. 81). Mit Allgemeinbildung wird der Erwerb von Schlüsselqualifikationen „Selbstbestimmungsfähigkeit", „Mitbestimmungsfähigkeit" und „Solidaritätsfähigkeit" in Anlehnung an Klafki (1996) verstanden.

Wie auch Balz und Neumann fordert Prohl, im Sinne Klafkis kategorialer Bildung, eine Integration von Bewegungsbildung und Allgemeinbildung. Schlüsselqualifikationen sollen laut Prohl (2008) im Vollzug des Bewegungslernens integrativ entwickelt werden.

Für einen erziehenden Sportunterricht formuliert Prohl (2012; 2017) drei aufeinanderfolgende Unterrichtsprinzipien:

- Das Prinzip der absichtlichen Unabsichtlichkeit. Bildung kann nicht direkt produziert werden, sondern nur durch Lehr-Lern-Gestaltung ermöglicht werden.
- Das Prinzip der Einheit von Lehren und Erziehen. Prinzipien sind im Lehrerhandeln genauso verzahnt wie Lernen und sich Bilden im Bewegungshandeln der Lernenden.
- Das Prinzip von Gleichrangigkeit von Weg und Ziel. Beides ist unter dem Aspekt der Bildung von gleicher Bedeutung.
- Im Folgenden wird das didaktische Modell eines erziehenden Sportunterrichts nach Prohl dargestellt (vgl. Hapke, 2017, S. 30):

Im Folgenden wird das didaktische Modell eines erziehenden Sportunterrichts nach Prohl dargestellt (vgl. Hapke, 2017, S. 30):

Bewegungsbildung als ästhetisches Handeln (...)ist das identitätsstiftende Kernelement des Sportunterrichts, das in den Horizont der Schlüsselqualifikationen allgemeiner Bildung (Selbstbestimmungs-, Mitbestimmungs-, Solidaritätsfähigkeit) eingebettet ist (innerer Kreis). Dieses originäre Bildungspotenzial, das den Doppelauftrag des Erziehenden Sportunterrichts fundiert, ist in den differenzierten Bewegungsfeldern als Unterrichtsinhalten zu erschließen (mittlerer Ring), wobei die pädagogischen Perspektiven einen Orientierungsrahmen für unterschiedliche Inszenierungsformen des Sportunterrichts anbieten können, jedoch nicht gezielt angesteuert werden sollten (äußerer Ring) (Prohl, 2012a, S. 91).

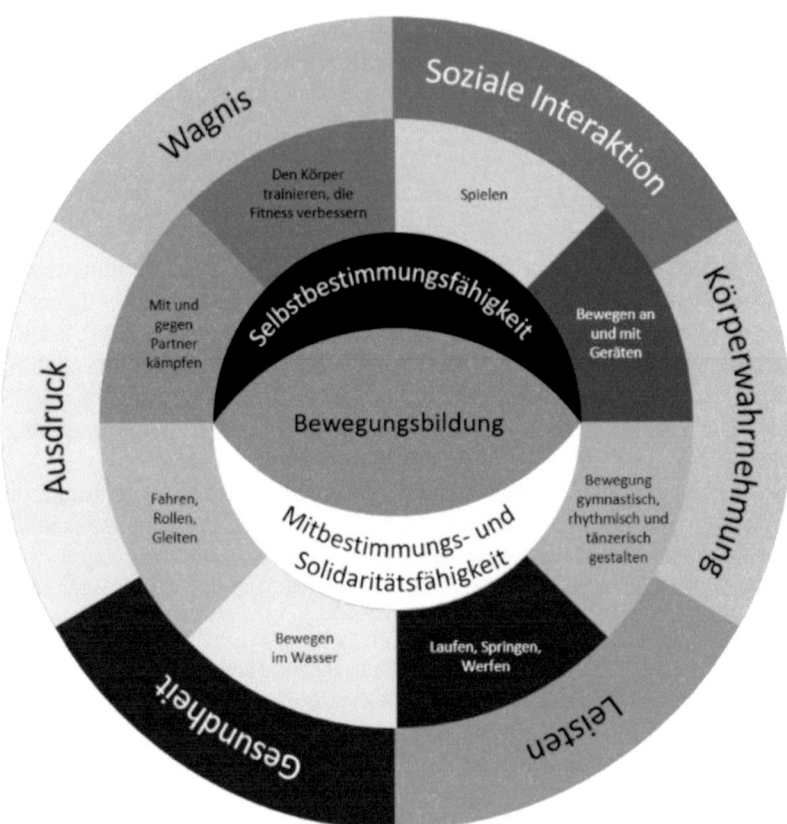

Abbildung 3: Didaktisches Modell eines erziehenden Sportunterrichts nach Prohl (2012a, S. 90)

1.3.4.4 Zusammenfassung

Nach Grundmann (2009) wird bei Prozessen des Erziehens im Vorfeld durch den Ausbilder selektiert, was für den Lernenden vermeintlich gut sei, zu lernen. Die zwei zuvor dargestellten „Schulen" eines erziehenden Sportunterrichts werden – aus Gründen der Übersichtlichkeit – nach Ihren Gemeinsamkeiten zusammengefasst dargestellt, bevor die Unterschiede beider Begründungslinien aufzeigt werden.

Gemeinsamkeiten:

- Beide Schulen verweisen darauf, dass Erziehung zum und durch Sport integrativ erfolgen soll, um eine kategoriale Bildung zwischen Sach- und Persönlichkeitsentwicklung anzustreben (Balz, 2011a; Balz & Neumann, 2015; Kurz, 2000; Prohl, 2012a).

- Erziehung zum Sport wird als Sachaneignung verstanden. Außerdem sollen Schülerinnen und Schüler einen Sinn in der Auseinandersetzung mit der Sport- und Bewegungskultur finden (Kurz 2000; Neumann 2004; Prohl 2012a).
- Mit Erziehung durch Sport forcieren beide Seiten einen Erziehungsauftrag, der über die bloße Vermittlung von Wissen und Können hinausgeht, und die Persönlichkeitsentwicklung durch die Vermittlung von gesellschaftlich anerkannten Werten positiv beeinflussen soll (Kurz, 2000; Prohl, 2012a).
- Zentrales Ziel eines erziehenden Sportunterrichts ist, dass Schülerinnen und Schüler den Sinn des Sporttreibens für sich selbst verstehen und in Sport und Bewegung gemachte Bildungserfahrungen auf außerschulsportliche Erfahrungen transferieren können (u. a. Kurz, 2000).
- Beide Ansätze fordern ein hohes Maß der Schülerinnen und Schüler an Selbsttätigkeit, Eigenverantwortung und Mitbestimmung der Schülerinnen und Schüler, sowie eine weitestgehende Öffnung des Unterrichts, um diesen Ansätzen gerecht zu werden (u. a. Balz, 2011b; Kurz, 2000; Prohl, 2012a). Prohl (2012a) schlägt hier Benners (2010) Prinzip der „Fremdaufforderung zur Selbsttätigkeit" (Prohl, 2012, S. 72) vor. Erziehung solle darauf abzielen, sich selbst überflüssig zu machen. Bildung kann nicht direkt produziert werden, aber durch spezielle Gestaltung der Lehr-Lern Situation provoziert werden (Prohl, 2012a, S. 78).

Unterschiede:

- Zentralen Ansatzpunkt zur wechselseitigen Erschließung von Subjekt und Objekt sehen Kurz (2000) und Balz (2011c) in den pädagogischen Perspektiven. Prohl spricht diesen eine untergeordnete Rolle zu.
- Erziehung durch Sport wird von Prohl im Rückgriff auf Klafki als „Allgemeinbildung" im Sinne der Entwicklung einer Persönlichkeit konzipiert und kommt ohne Anbindung an pädagogische Perspektiven aus (Prohl, 2012a). Die entsprechenden Bildungskategorien werden bei Kurz und Balz bei den pädagogischen Perspektiven gesehen (Balz, 1992, 2011c; Kurz, 2000).
- Prohl nennt die eine Seite des Doppelauftrags „Bewegungsbildung" bzw. „Bewegungskompetenz" (Prohl, 2012a, S. 72–73).
- Von Kurz, Balz, Neumann werden solche übergreifenden Fähigkeiten als Erziehungsziele beansprucht, die auch für die Teilhabe am Sport benötigt werden, und die zur Handlungsfähigkeit *durch* Sport immer mit der Erziehung zur Handlungsfähigkeit *im* Sport einhergehen muss. Die entsprechenden Bildungskategorien werden in den pädagogischen Perspektiven gesehen (Balz, 1992; 2011b; Kurz, 2000; vgl. Hapke, 2017, S. 33).
- In der Linie von Kurz, Balz, Neumann steht im Rahmen der Sacherschließung die Leitidee der *Handlungsfähigkeit im Sport* im Vordergrund, welches in weiten Teilen in Sportarten organisiert ist und als Sportengagement auch anderes als die eigentliche Bewegungstätigkeit umfassen kann (Balz & Neumann, 2015; Kurz, 2010).
- Balz schlägt vor, pädagogische Perspektiven als Kompetenzbereiche zu fassen und dafür Kompetenzerwartungen auszuweisen (Balz, 2011d, S. 53). Die Kompetenzen

sollen als Zusammenspiel von Fertigkeiten (Können), Kenntnissen (Wissen) und Haltungen (Wollen) formuliert werden (Kurz, 2009).

- Bezüglich der Inhalte befasst sich der zentrale didaktische Ansatz von Prohl mit einer Systematisierung des Gegenstandes Bewegung, Sport und Spiel in verschiedene Bewegungsfelder (Scheid & Prohl, 2012). Bei Kurz treten die Inhalte bzgl. ihrer Bedeutung zurück, denn entscheidend ist nicht, welche Inhalte ausgewählt werden, sondern wie diese Inhalte zu Themen werden (Kurz, 2000b, S. 42).

- Bezüglich der Planung, Durchführung und Auswertung von Sportunterricht schlagen Kurz, Balz, Neumann die pädagogischen Perspektiven als zentralen Ansatzpunkt vor (Balz, 2010; 2011c; Kurz, 2000). Prohl schlägt dagegen eine Triade an Vermittlungsformen im erziehenden Sportunterricht vor:
  a) „Vermittlungsformen der Bewegungsbildung: Bewegungen lehren"
  b) „Vermittlungsformen der allgemeinen Bildung: Sozialerziehung"
  c) integrative Formen der Unterrichtsgestaltung (Prohl, 2012b)

Nach Hapke (2016) sind beide Schulen zueinander anschlussfähig, obwohl auch deutliche Unterschiede im theoretischen Hintergrund und dadurch abgeleiteter Konsequenzen erkennbar sind. Geht es um die Implikation didaktischen Handelns von Sportlehrkräften, werden diese Unterschiede deutlich, je nachdem ob pädagogische Perspektiven als Ansatzpunkt gewählt werden oder nicht.

1.3.5 (Selbst-)Bildung im Sport

Wie in Abschnitt 1.3.3.1 beschrieben, kann nach Grundmann mit dem Begriff der „Bildung" die Kultivierung von Handlungswissen verstanden werden. Um die Frage der Möglichkeit der (Selbst-)Bildung im Breakdance zu konkretisieren, werden in diesem Abschnitt Forschungsbeiträge zum Thema (Selbst-)Bildung im Sport dargestellt. Zunächst werden einleitende Beiträge zum Bildungsbegriff beschrieben, bevor auf den Aspekt (Selbst-)Bildung im Sport eingegangen wird.

Prohl (2010, S. 137) stellt als Leitidee der Bildung (unter normativem Aspekt) „das Streben nach Vervollkommnung des Subjekts in den Mittelpunkt". Prohl (2010) intendiert als Ziel der Bildung keinen vom Subjekt zu erreichenden Endzustand, sondern „den Weg der Selbstvervollkommnung, der im Leben an kein Enden kommt": „Der gelingende Weg ist das Ziel der Bildung" (Prohl, 2010, S. 137–138).

Platon fordert in der Politeia, „die Bildung mit Musik und Sport zu beginnen (…), die Balance von Physischem und Psychischem, von Ästhetik und Praxis als Bildungsweg und -ziel" (Nida-Rümelin, 2013, S. 223 ff.). Nach Nida-Rümelin muss Bildung – im Sinne eines humanistischen Bildungsverständnisses – auf das Denken, Fühlen, Urteilen und Handeln gerichtet sein. Im Folgenden wird der Begriff der Bildung auf die Ebene (Selbst-)Bildung im Sport weitergeführt. Dabei wird auf die Autor*innen Kuhn (2007), Kuhn und Laging (2018), Grundmann (2009), Hapke (2016), Laging (2018), Prohl und Ratzmann (2018) sowie Kuhn, Liebl und Leffler (2018) rekurriert. Zunächst wird der Bildungsbegriff Klafkis erläutert, sowie die transformatorische und relationale Bildungstheorie dargestellt, bevor im zweiten Teil des Abschnittes der Beitrag zur (Selbst-)Bildung im Sport von Kuhn, Leffler und Liebl (2018) erörtert wird. Zentrale Leitfragen des Abschnittes werden in Kuhn und Lagings (2018) Veröffentlichung „Bildungstheorie und Sportdidaktik" formuliert:

> Welche Perspektiven eröffnet das Medium Sport und Bewegungskultur selbst auf die Welt, wenn Lernende sich auf sie einlassen? Was erschließt sich ihnen an oder in der Sache? Wie werden Lernende sich auf sie einlassen? Was erschließt sich ihnen an oder in der Sache? Wie werden die Lernenden für das Medium Sport und Bewegungskultur erschlossen? (Kuhn & Laging, 2018, S. 3).

1.3.5.1 Die kategoriale, transformatorische und relationale Bildungstheorie

In Kuhns und Lagings Werk „Bildungstheorie und Sportdidaktik" werden in didaktischer Absicht unterschiedliche Ansätze für Schule, Unterricht und Lernen beschrieben. Diese Ansätze lassen sich in kategoriale, transformatorische und relationale Bildungstheorien gliedern.

Die kategoriale Bildungstheorie

Klafki definiert Bildung als „Erschlossensein einer dinglichen und geistigen Wirklichkeit für einen Menschen" (Klafki, 1957/1964, S. 297). In Kuhn & Laging (2018) wird der Bildungsbegriff noch weiter präzisiert als „Erschlossensein dieses Menschen für diese seine Wirklichkeit – Entsprechendes gilt für Bildung als Vorgang" (Klafki, 1957/1964, S. 297).

Wie in Kuhn & Lagings „Bildungstheorie und Sportdidaktik" ausgeführt ist, versteht Klafki die Kategorien – in deutlicher Abgrenzung zu Kants Kategorienbegriff – als ein „Wanken" zwischen der „erdrückenden, unausschöpfbaren, unmittelbaren Fülle der Erlebnisse, Erkenntnisse, Gefühle, Tätigkeiten des Menschen und jenen abstrakten rationalen Gliederungsprinzipien der Kantischen Kategorien" (Klafki, 1951/2013, S. 93 f.).

Zusammenfassend lässt sich nach Kuhn & Laging (2018) der Bildungsbegriff Klafkis wie folgt definieren:

> „Der Bildungsprozess, ... ist ... ein konkret identifizierbares Erlebnis, in dem sich das Ganze (die Welt) erschließt" (Meyer & Meyer, 2007, S. 40). Dies gelingt unter der Voraussetzung, dass das sich bildende Subjekt „Fundamentales, Elementares und Exemplarisches entdeckt, erlebt und erfährt und wenn es dabei zugleich entdeckt, erlebt und erfährt, dass dies für es selbst Bedeutung hat" (ebd.).

Die „fachdidaktische Konzeptionalisierung für eine kategoriale Bildung" (Kuhn & Laging, 2018) wird hier nach Paschens und Klafki für die Leibeserziehung wie folgt beschrieben:

> das Spielhafte, das Sportliche und das Tänzerische, ggf. noch das „Erholsame", die sich in „objektivierten Formen des Sports und der Leibesübungen", in „Bewegungsspielen, Wettkämpfen und Tänzen" realisieren, „die jeweils eine bestimmte Geschichte, einen spezifischen Bewegungssinn, eine bestimmte Stellung im zeitgenössischen Sportleben haben und damit einen möglichen Bildungsgehalt bergen (Kuhn & Laging, 2018, S. 19; ebd., S. 382).

Auch aufgrund der Ausführungen zum Aspekt von „Freiwilligkeit" (Klafki, 1975, S. 52) wird dem Fach Sport ein sehr hoher Bildungsgehalt zugeschrieben:

> Bewegungsbildung bzw. sportliche Bildung … als Vermittlungsprozesse, als ein Beziehungsgeschehen […], […] als eine spezifische Weise des In-Beziehung-Tretens, der Auseinandersetzung von Mensch und Welt; als aktive Vorgänge der selbstgesteuerten Bewegung einer Person oder mehrerer Personen in der Auseinandersetzung mit spezifischen Erfahrungsfeldern der naturhaften und der kulturellen Wirklichkeit (Klafki & Braun, 2007, S. 186).

Es kann also, auch aufgrund der Erläuterungen Klafkis zum Aspekt der Freiwilligkeit von einer „Selbstbildungsfähigkeit des jungen Menschen" (Kuhn & Laging, 2018, S. 20) durch das Fach Sport und durch die Auseinandersetzung mit dem Medium Bewegung gesprochen werden.

Inwiefern die Sportart Breakdance diese Annahme untermauert, soll in den Untersuchungen zur Entwicklung der physischen und psychosozialen Ressourcen herausgefunden werden.

Transformatorische Bildung

Dem gegenüber steht das Bildungsverständnis der transformatorischen Bildung. Hier wird der Mensch aus der Perspektive des Veränderns des gesamten Verhältnisses zu sich und der Welt begriffen (Kuhn & Laging, 2018, S. 12). Als Grundlage werden hier Koller (2012) im Sinne eines „Anderswerdens" oder „Andersdenkens" genannt, sowie Kokemohrs (2007) Auffassung der Veränderung des Menschen aufgrund der Konfrontation seiner selbst mit neuen Problemlagen. Bildung nach Kokemohr (2007) tritt also immer dann ein, wenn Menschen

> mit neuen Problemlagen konfrontiert werden, für deren Bewältigung die Figuren Ihres bisherigen Selbst- und Weltverständnisses nicht mehr ausreichen… Bildungsprozesse bestehen demzufolge also darin, dass Menschen in der Auseinandersetzung mit neuen Problemlagen neue Dispositionen der Wahrnehmung, Deutung und Bearbeitung von Problemen hervorbringen, die es Ihnen erlauben, diesen Problemen besser als bisher gerecht zu werden (Kokemohr, 2007, S. 15 ff.).

Relationale Bildung

Inhaltlich gesehen bleibt nach Kuhn und Laging (2018) die Frage nach dem Gehalt der Sache des Unterrichts ungeklärt (Kuhn & Laging, 2018, S. 15). Aus diesem Grund existiert eine weitere „Strömung" der Bildungstheorie, diejenige welche sich weder der kategorialen- noch der transformatorischen Bildungstheorie zuordnen lässt: der bereits kurz aufgegriffene relationale Gedanke einer relationalen Bildung als Mensch-Welt-Beziehung. Nach Kuhn und Laging (2018) geht es darum,

> wie Bildungsprozesse in der Schule angeregt werden können. Wenn das Kerngeschäft des schulischen Unterrichts darin besteht, das Fachliche eines Faches in bildender Absicht in den Problemhorizont der Lernenden zu rücken, dann muss geklärt werden, was das Fachliche ist, und was unter Bildung verstanden wird, wenn die Schule vorgibt, Bildungsprozesse anregen zu wollen (Kuhn & Laging, 2018, S. 17).

1.3.5.2 Wie kann also (Selbst-)Bildung im Sport realisiert werden?

Der folgende Abschnitt orientiert sich an der Studie „Bildung im Sportunterricht aus der Kinderperspektive" (Kuhn, Leffler & Liebl, 2018).

„Im Sportunterricht findet ein Aufeinandertreffen von Freiwilligkeit und Zwang, und von körperlicher Begegnung in den unterschiedlichsten Rollen und Formen statt, die für Kinder herausfordernd bis grenzerfahrend sein können" (Kuhn, Leffler & Liebl, 2018). Diese im Fach Sport geschaffenen „krisenhaften Zustände" lassen das Fach Sport als ein „besonderes Fach mit besonderen Bildungsgelegenheiten erscheinen" (Kuhn, Leffler & Liebl, 2018, S. 366).

Nach Koller kann im Sport dann von Bildung gesprochen werden, „wenn Menschen in der Auseinandersetzung mit neuen Problemlagen neue Dispositionen der Wahrnehmung, Deutung und Bearbeitung von Problemen hervorbringen, die es Ihnen erlauben, diesen Problemen besser als bisher gerecht zu werden" (Koller, 2012, S. 15 f.).

Nach Kuhn, Leffler und Liebl (2018) sind in Anlehnung an Koller (2012) also Krisenerfahrungen notwendig, um Bildungsprozesse zu initiieren. Nach den Autoren bedeutet dies, bezogen auf den Zweikampf im Kampfsport, eine „unmittelbare, authentische, archaische Erfahrung" für die Kinder (Kuhn, Leffler & Liebl, 2018, S. 365).

Auch Bründel und Hurrelmann (1996) beschreiben Kinder als soziale Akteure, die sich Welt „aktiv" aneignen, mit dieser Welt in wechselseitiger Beeinflussung stehen und diese Welt somit (für sich und andere) konstruieren (Kuhn, Leffler & Liebl, 2018, S. 366).

Kokemohr und Humboldt begreifen Bildung sprachtheoretisch (Koller, 2012).

Kuhn et al. nehmen folglich an, dass „kindliche Vorstellungen von Bildung ihren sprachlichen Äußerungen entnommen werden können" (2018, S. 366). Außerdem wird Bildung von Kokemohr (2007) und Koller (2012) als „Veränderung angesichts neuer Problemlagen" beschrieben, die zugleich „Prozess" als auch „Produkt" sind (Kuhn, Leffler & Liebl, 2018, S. 368). In der „Studie zur Bildungstheorie und Sportdidaktik" formulieren Kuhn, Leffler und Liebl auf Kollers Grundlage „Fremdheitserfahrungen als Anlass von Bildungsprozessen", zur Frage der (Selbst-)Bildung im Sportunterricht, vier Forschungsfragen (2018, S. 368):

1. Wie sprechen Kinder über „Fremdheitserfahrungen", „Herausforderungen" oder „Krisen" im Sportunterricht?
2. Wie sprechen Kinder darüber, sich die „Wirklichkeit" des Sports im Sportunterricht zu erschließen?
3. Wie sprechen Kinder darüber, sich in der Begegnung mit der „Wirklichkeit" des Sports im Sportunterricht zu verändern?
4. Wie sprechen Kinder darüber, im Sportunterricht für die „Wirklichkeit" des Sports erschlossen (worden) zu sein?

Diese Forschungsfragen werden mittels Analyse der Transkripte der Studien „Was Kinder bewegt" (Kuhn, 2007), „Macht Judo Kinder stark" (Liebl, 2013), und „Wie sich Kinder das Kämpfen im Sportunterricht vorstellen" (Leffler, 2017) beantwortet. Da die Kinder nicht unmittelbar zur (Selbst-) Bildung befragt wurden, „sprechen Kinder auch dann darüber, wenn man sie nicht explizit danach fragt" (Kuhn, Leffler & Liebl, 2018, S. 385).

Die Ergebnisse der Untersuchung werden von den Autoren vorläufig formuliert:

> Sportunterricht bringt, nach Aussagen von Kindern, Situationen mit sich, die fremd, herausfordernd oder krisenhaft sind und die nach unserem Dafürhalten Anlässe für Bildungsprozesse bieten können. Kinder erschließen sich, nach eigenen Aussagen, die Wirklichkeit und Sachlichkeit des Sports im Sportunterricht durch Prozesse des Lernens, Übens und Trainierens, in denen sie bereit sind, sich anzustrengen und sich zu überwinden. Kinder können sich, nach eigenen Aussagen, im Sportunterricht unter günstigen Bedingungen (Zeit, prosoziale Atmosphäre, Freiraum) durch die Begegnung mit der Sache verändern, sie können Selbstvertrauen, Mut, Stärke und Ruhe entwickeln. Kinder können nach eigenen Aussagen – als Ausdruck von Erschlossensein für den Sport im Sportunterricht – lernen, sich selbst und andere einzuschätzen, sie können ihr Können, ihre Selbstwirksamkeitserwartung, Empathie-, Selbstbestimmungs- und Solidaritätsfähigkeit steigern, die Bereitschaft zur Selbstpräsentation entwickeln und stolz auf ihre im Sportunterricht erworbenen Kompetenzen werden. Sie wollen dies auch und fordern entsprechende Bedingungen und Unterstützung durch die Lehrkraft ein. Da wir davon ausgehen, dass sich die Leistungsmotivation bereits vor der Schule und vor allem in der Familie entwickelt, halten wir uns zurück, die darauf bezogenen Aspekte, vor allem Ehrgeiz und Leistungsbereitschaft, aber auch Anstrengungs- und Überwindungsbereitschaft, als überwiegendes Ergebnis der Bildung im Sportunterricht anzusehen, wenngleich wir annehmen, dass die Lehrperson hierauf auch – ggf. erheblichen – Einfluss nehmen kann. Ähnliche Einschränkungen machen wir hinsichtlich der potenziellen Fremdheitserfahrungen, Herausforderungen und Krisen im Sportunterricht, die aus unserer Sicht auch von den vor- und außerschulischen Erfahrungen der Kinder sowie von ihrer Offenheit bzw. Ängstlichkeit abhängen. Kinder können im Sportunterricht, nach eigenen Aussagen und auch wenn sie sie mit eigenen kindlichen Worten umschreiben, zahlreiche erlebens- und handlungsbedeutsame kategoriale und figurale Deutungsmuster – etwa in Bezug auf Fairness, gutes Spiel, Gewinnen und Verlieren, Mannschaft Taktik, Individualität, Wohlbefinden, Sicherheit, Kondition, Motivation und Didaktik – erwerben und verändern. Sie können ihre Vorstellungen von Mädchen und Jungen bestärken und revidieren und sie können lernen, was eine Lehrkraft ist und tut – in allen möglichen Facetten. Sie können Gemeinschaft, Vertrauen und Solidarität erfahren, Eindrücke mit und von ihrem Körper gewinnen, und Sportunterricht als Spielraum oder Pflichtveranstaltung wahrnehmen. Ob Kinder den Schwerpunkt ihres Zugangs auf den Sport in den Sportunterricht mitbringen oder im Sportunterricht entwickeln, wagen wir nicht zu entscheiden. So können ihre Deutung von Leistung, Gemeinschaft, Spannung oder Ästhetik durchaus vor- und außerschulische Wurzeln haben. Unsere Annahme, dass das Kämpfen im Sportunterricht besondere Bildungspotenziale transportiert, finden wir in den Aussagen bestätigt. (Kuhn, Leffler & Liebl, 2018, S. 387).

Explizit wird von den Autoren darauf hingewiesen, dass dies nicht der Beweis für ein Funktionieren der „Erziehung mit dem Ziel der Bildung" (Prohl, 2012a, S. 70) im Sportunterricht sei, aber trotzdem Aufschluss darüber gibt, dass sich Kinder – aufgrund ihrer selbst getroffenen Aussagen – aus Anlass des Sportunterrichts in besonderem Maße selbst bilden können: „Kinder können sich, (...) durch die Begegnung mit der Sache verändern, sie können Selbstvertrauen, Mut, Stärke und Ruhe entwickeln. Kinder können nach eigenen Aussagen – als Ausdruck von Erschlossensein für den Sport im Sportunterricht – lernen, sich selbst und andere einzuschätzen, sie können ihr Können, ihre Selbstwirksamkeitserwartung, Empathie-, Selbstbestimmungs- und Solidaritätsfähigkeit steigern, die Bereitschaft zur Selbstpräsentation entwickeln und stolz auf ihre im Sportunterricht erworbenen Kompetenzen werden" (Kuhn, Leffler & Liebl, 2018, S. 386).

Des Weiteren wird festgehalten, dass „Bildung eine Möglichkeit des Sportunterrichts darstellt, (...) dass Sportunterricht in seiner gegenwärtigen Verfassung mit seinen „Sachen" Kindern ganz besondere, zahlreiche, reichhaltige und vielfältige Möglichkeiten der Bildung bietet" (Kuhn, Leffler & Liebl, 2018, S. 388). Konkretisiert wird dies im Wunsch der Autoren im Kreieren von

> kluge(n) Arrangements die Kindern die Möglichkeit bieten, der Sache Sport und sich selbst in der Auseinandersetzung mit der Sache zu begegnen und sich in dieser Begegnung zu verändern. Das wäre dann ein Ausschnitt unserer – prinzipiell nicht intentionalen – Erziehung mit dem Ziel der (Selbst-) Bildung, ... die im Sportunterricht möglich ist und von Kindern anschaulich kommuniziert wird (Kuhn, Leffler & Liebl, 2018, S. 389).

In der Bearbeitung der Nebenfragestellung „Wie schätzen Kinder die Wirkung von Breakdance auf ihre psychosoziale Entwicklung ein?" soll der Beitrag von Kuhn et al. (2018) erörtert werden, dass Kinder

> nach eigenen Aussagen und auch wenn sie sie mit eigenen kindlichen Worten umschreiben, zahlreiche erlebens- und handlungsbedeutsame kategoriale und figurale Deutungsmuster – etwa in Bezug auf Fairness, gutes Spiel, Gewinnen und Verlieren, Mannschaft Taktik, Individualität, Wohlbefinden, Sicherheit, Kondition, Motivation und Didaktik – erwerben und verändern (Kuhn, Leffler & Liebl, 2018, S. 387).

Bietet sich Breakdance also als Sportart an, innerhalb welcher Kinder zahlreiche erlebens- und handlungsbedeutsame kategoriale und figurale Deutungsmuster erwerben, die diese dann verändern? Bietet Breakdance ein Setting, wie Klafki fordert, als „Hilfe zur Selbstbildung und Selbstfindung des jungen Menschen im Medium der Bewegung" (Klafki, 1992, S. 12)? Bietet Breakdance eine (Lebens-)Welt, in der die Kinder dem Medium Sport und Bewegung begegnen, sich dadurch verändern und somit – nach Kuhn et al. - (selbst-) bilden? Mittels vorliegender Studie zur Wirkungsforschung im (Schul-)Sport Breakdance werden diese Fragen bearbeitet.

1.3.6 Zusammenfassung, Fazit und die Pluralität der „Sache"

Sozialisation kann als Auseinandersetzungsprozess verstanden werden (Grundmann, 2009). Erziehung kann als Mittler dienen, das Handlungswissen (Bildung) mehr oder weniger selektiert weiterzugeben, welches benötigt wird, um diese Auseinandersetzungsprozesse zu vollziehen (Grundmann, 2009).

Um die Idee eines erziehenden Sportunterrichts zu beschreiben, existieren zwei grundlegende Schulen: Die eine Seite von Balz, Kurz, Neumann, welche sich hinsichtlich Planung,

Durchführung und Auswertung von Sportunterricht an den pädagogischen Sinnperspektiven orientiert. Die andere Seite, die „Schule" Prohls, vertritt die Auffassung eines „erziehenden Sportunterrichts" als „Ermöglichung von Bewegungsbildung im Horizont allgemeiner Bildung" im Anschluss an Klafki anhand der „Allgemeinbildung" und Entwicklung von elementaren Schlüsselqualifikationen.

Bezüglich der bildungstheoretischen Grundlage existieren Forschungsbeiträge, die sich dem Bildungsverständnis der kategorialen Bildung, der transformatorischen Bildung und der relationalen Bildung zuordnen lassen.

In den Beiträgen zur kategorialen Bildung werden die Bildungskategorien, im Sinne einer Allgemeinbildung, in Anlehnung an Klafkis Schlüsselkompetenzen „Selbstbestimmungs-, Mitbestimmungs- und Solidaritätsfähigkeit als Grundlage zitiert.

Inwiefern kann Breakdance im Sinne Klafkis (2005) zur bildungswirksamen Sache werden?

Die Schule der „transformatorischen Bildung" im Sinne Kollers (2012) als erfolgreiches Bewältigen von „Grenzerfahrungen" oder im Sinne Kokemohrs als „Anspruch des Fremden" (Kokemohr, 2007, S.13) beschreibt ein weiteres Bildungsverständnis.

In den Beiträgen zum relationalen Bildungsverständnis wird versucht, „das Fachliche eines Faches in bildender Absicht in den Problemhorizont des Lernenden zu rücken" (Kuhn & Laging, 2018, S. 18).

Die Frage nach dem Potential der Wirkungen von Breakdance soll mit den in Abschnitt 1.3 beschriebenen Grundlagen zur Sozialisation, Erziehung und (Selbst-)Bildung im Sport begründet und mit den in Abschnitt 1.4. beschriebenen physischen und psychosozialen Ressourcen als Merkmale untersucht werden.

Die Untersuchung zur Sportart Breakdance soll klären, inwiefern der Anspruch der Bildungsforscher v. a. in den geforderten Leitideen der Förderung von „Selbstbestimmungs-, Mitbestimmungs- und Solidaritätsfähigkeit sowie „handfester" Kenntnisse, Fähigkeiten und Fertigkeiten erfüllt wird. Kann also Breakdance die Selbstwirksamkeit und auch die Kooperationsfähigkeit fördern, und mit Ihren Teilbereichen der Kommunikationsfähigkeit, Perspektivenübernahme und sozialen Verantwortung zur Entwicklung dieser beitragen? Kann Breakdance die physischen Merkmale Kraftausdauer, Schnellkraft sowie die Koordination entsprechend fördern? Kann Breakdance damit förderlich für die Bewältigung von Alltags- und Entwicklungsaufgaben sein? Bietet Breakdance Potential, dass sich Kinder in der Auseinandersetzung mit der Tanzform entsprechend verändern und dadurch (selbst-)bilden?

Nach Kuhn et al. (2018) sind für (selbst-)bildende Prozesse im Sport – in Anlehnung an Koller (2012) - Grenzerfahrung bzw. Krisen in der Auseinandersetzung mit der „Sache" notwendig, die dann durch ihre Bewältigung – in Anlehnung an Kokemohr (2012) – zu einer Veränderung führen. Im vorliegenden Setting der Studie könnte zum einen die Auseinandersetzung mit der „Sache" Breakdance die Krisen auslösen, die zu einer Veränderung des Schülers führen können. So kann dies z. B. die Überwindung der Hürden beim Erwerb eines Powermoves sein. Zum anderen könnten aber auch die vom Lehrer gestellten Aufgaben das „Problem mit der Sache" für das Subjekt (also den Schüler) bedeuten. In diesem Blickwinkel tritt klar die Aufgabenstellung des Lehrers in den Vordergrund. So könnten dies Aufgaben der Choreographieerstellung im Kollektiv sein oder

auch Aufgaben die den Schüler einzeln fordern, wie z. B. die Bewältigung eines Tanzbattles. Als dritte krisenauslösende Situation mit der „Sache" gerät zusätzlich die Lehrerpersönlichkeit in den Focus der Betrachtung. Lehrer können durch ihre Persönlichkeit
für Kinder einen ermutigenden, motivationalen und lernförderlichen Rahmen bilden, jedoch auch lernhinderlich agieren. Ob eine für den Schüler zu bewältigende und damit
förderliche Krise ausgelöst wird, hängt auch von der Lehrkraft ab. Nicht zuletzt die, wie
die von Grundmann (2009) beschriebene, „selektierende Vorauswahl" des Erziehers bzw.
der Lehrkraft kann ausschlaggebend über Erfolg oder Misserfolg sein. Im nächsten Abschnitt wird u. a. beschrieben, wie lernförderliche Rahmenbedingungen aussehen könnten. Darüber hinaus geht es um die Erläuterung, wie Kinder „stark" werden.

1.4 Wie werden Kinder stark?

1.4.1 Entwicklung psychosozialer Ressourcen im Kindes- und Jugendalter

In diesem Abschnitt wird die Entwicklung psychosozialer Ressourcen beschrieben, in Anlehnung an die Autoren Sygusch (2007), Hermann (2012; 2013), Biemann (2005) sowie
Kuhn & Liebl (2013).

Zunächst wird die Entwicklung psychosozialer Ressourcen im und durch Sport beschrieben, bevor im zweiten und dritten Abschnitt allgemeine sowie methodische Rahmenbedingungen zur Förderung psychosozialer Ressourcen beschrieben werden. Es soll an dieser Stelle explizit erwähnt werden, dass keine gezielte explizite Förderung dieser stattfinden
soll. Vielmehr sollen die – ohnehin im Bereich eines Erwerbs Breakdance enthaltenen –
Fördermaßnahmen von psychosozialen Ressourcen beschrieben werden. Im letzten Abschnitt 1.4.3 erfolgt eine kurze Zusammenfassung des Kapitels.

In der Sportwissenschaft und Sportpraxis werden die psychosozialen Ressourcen unter
zwei Perspektiven diskutiert (Hermann, 2012, S. 116):

1.4.1.1 Entwicklung psychosozialer Ressourcen im Sport

Hier werden Anforderungen und Aufgaben des Sports in den Mittelpunkt gestellt. Grundgedanke ist, dass psychosoziale Ressourcen ein weiterer Faktor neben den sportmotorischen
Fähigkeiten und Fertigkeiten sind, die sportliche Handlungs- und Leistungsfähigkeit zu begründen.

In der Sportpsychologie (Alfermann & Strauss, 2000; Hagemann, Tetjens & Strauss,
2007), der Talentforschung (Richartz & Brettschneider, 1996) sowie auch in der Praxis der
Sportarten (z.B. Barth & Baartz, 2004) wurden für einzelne Ressourcen positive Effekte auf
sportliche Leistungen nachgewiesen, so z. B. bei „Gruppenzusammenhalt" (Wilhelm, 2001),
„Selbstvertrauen" (Bund, 2001) und „Leistungsmotivation" (Gabler 2000). An dieser Stelle

werden – in Anlehnung an Sygusch (2007, S. 32–37) – die pädagogischen Perspektiven in Bezug zu den psychosozialen Ressourcen gestellt.

Die pädagogische Begründung der psychosozialen Ressourcen liegt im Bereich der Erziehung *im* Sport in den pädagogischen Perspektiven „das Leisten erfahren, verstehen und einschätzen" sowie „kooperieren, wettkämpfen und sich verständigen". Hierbei wird bereits ein Bezug zur Sportart Breakdance hergestellt, der in Punkt 1.5 und 1.6 weitergeführt wird.

- Das Leisten erfahren, verstehen und einschätzen: Hier geht es um die Weiterentwicklung des eigenen Könnens, also um die sportliche Handlungs- und Leistungsfähigkeit, aber auch um die Erfahrungen des eigenen Könnens und das sich daraus resultierende Vertrauen in die eigenen Fähigkeiten (Kurz, 2000). Generell sollte im Sportunterricht die Förderung leistungsrelevanter psychosozialer Ressourcen, insbesondere Selbstwirksamkeit, Kooperationsfähigkeit und Gruppenzusammenhalt ein wesentlicher Inhalt sein. Andererseits können selbstbezogene und sozial-kooperative Erfahrungen in Lern- und Leistungssituationen des Sports zur Ausbildung dieser Ressource beitragen. In einem Lernarrangement „Breakdance" ist diese beschriebene Ausbildungssituation der physischen als auch psychischen Ressourcen ständig gegeben: Durch ein permanentes Weiterentwickeln von (akrobatischen) Figuren und Schrittkombinationen erfolgt eine ständig neue „Reizsetzung" in physischer als auch in psychosozialer Sichtweise.

- Kooperieren, Wettkämpfen und sich Verständigen: soziales Miteinander, sozial-kooperatives Handeln, gemeinsames Üben, Trainieren und Wettkämpfen sind konstitutive Merkmale (fast) jeder Bewegung (Sygusch, 2007, S. 33). Im Vordergrund der sportdidaktischen Diskussion steht die Ausrichtung einer Erziehung durch Sport. Spiel und Sport gelten als geeignetes Feld für soziales Lernen, indem sie als Abbild gesellschaftlicher Grundformen sozialen und demokratischen Miteinanders viele Lern- und Erfahrungsmöglichkeiten, z. B. für den Umgang mit Regeln, Rollen und Konflikten bieten (Balz, 2003). Konflikte bieten sich beim Breakdance zum einen durch die schwierigen neuen Bewegungen, aber auch durch die Unterordnung eines jeden Schülers in ein Gruppengefüge, z. B. beim Erstellen einer Gruppenchoreographie.

1.4.1.2 Entwicklung psychosozialer Ressourcen durch Sport

Grundgedanke hier ist, dass psychosoziale Erfahrungen im Sport zur Ausbildung genereller psychosozialer Ressourcen (u. a. allgemeines Selbstbewusstsein, allgemeine Kooperationsfähigkeit) beitragen und diese zur Bewältigung von Alltagsanforderungen in übersportlichen Feldern (z. B. Schule, Beruf) genutzt werden können (Herrmann, 2013, S. 11).

Aufgrund des Forschungsstandes, dass Transfererwartungen mittlerweile zurückhaltender eingeschätzt werden, sowie der Tatsache, dass Sport im Leben von Kindern als lediglich eine Domäne neben anderen (z. B. Schule, Musik) betrachtet wird, gilt der Grundsatz der systematischen Persönlichkeitsentwicklung im und durch Sport an sportnahen Ressourcen, die zur Bewältigung sportspezifischer Anforderungen bedeutsam sind (Herrmann, 2013).

Erst mit einer sportnahen Ressourcenstärkung im Sport kann eine Stärkung genereller Ressourcen und damit ein Beitrag zur Persönlichkeitsentwicklung durch Sport erwartet werden (Hermann, 2013, S. 12). Es gilt anzumerken, dass eine Vernetzung mit anderen Domänen – spezifischen Ressourcen förderlich für die Ausbildung übersportlicher genereller Ressourcen ist (Hermann, 2012, S. 117). Gegebenenfalls bietet sich hier Breakdance als Sportart an, da hier eine enge Verknüpfung des Mediums Sport mit dem Medium Musik und Rhythmus gebildet wird.

Die pädagogische Begründung der psychosozialen Ressourcen durch Sport liegt im Bereich Erziehung *durch* Sport in den Perspektiven „sich körperlich ausdrücken, Bewegungen gestalten", „etwas wagen und verantworten", „Gesundheit fördern, Gesundheitsbewusstsein entwickeln" (Sygusch, 2007; Kurz, 2000).

- Gesundheit fördern, Gesundheitsbewusstsein entwickeln: Neben der Möglichkeit der Förderung physischer Ressourcen kommt der Stärkung gesundheitsrelevanter psychosozialer Ressourcen eine zentrale Bedeutung zu. Ausgehend von ressourcenorientierten Gesundheitsmodellen (u. a. Becker, 2001; Hurrelmann, 2002) nehmen u. a. Selbstwirksamkeit und soziale Unterstützung die Rolle von Schutzfaktoren ein und können beim Breakdance gezielt gefördert werden.
- Wahrnehmungsfähigkeit verbessern, Bewegungserfahrungen erweitern: Hier geht es um den Zusammenhang von Bewegung und Körperwahrnehmung (Kurz, 2000) und um den Bereich des Körperkonzepts, ähnlich wie in der Sinnperspektive „Ausdruck". Da es sich beim Breakdance um ein expressives und darstellendes Medium handelt, kann Breakdance dieser pädagogischen Perspektive „gerecht" werden.
- Etwas wagen und verantworten: Wagnissituationen besitzen Potential zur Stärkung von Selbstwirksamkeit, Selbstkonzept und Kooperationsfähigkeit. Erfolgserfahrungen in Wagnissituationen melden Aktiven zurück, dass sie in unbekannten, anspruchsvollen Situationen bestehen können. Sicherlich ist es für die Schüler ein Wagnis und eine spannende Erfahrung, erstmals einen „Baby Freeze" oder einen „Back Spin" alleine ohne Hilfe von außen zu meistern, oder die Nervosität vor einem Auftritt zu erfahren.

1.4.1.3 Förderung psychosozialer Ressourcen im Kindes- und Jugendalter

1.4.1.3.1 Kernziele zur Förderung psychosozialer Ressourcen

Um – wenn auch nebenbei – eine Stärkung der psychosozialen Ressourcen zu erwirken, muss ein Beitrag zur Förderung der sportlichen Handlungs- und Leistungsfähigkeit im Rahmen der unterrichtlichen Tätigkeit erfolgen. In Anlehnung an Sygusch (2007), Herrmann (2012; 2013), Biemann (2005), Kuhn & Liebl (2013) werden die wesentlichen Kernziele als auch Methoden und Rahmenbedingungen beschrieben. Wie in Abschnitt 1.4.2 bereits dargelegt, ist mit einer gezielten Förderung der Selbstwirksamkeit auch eine Verbesserung des sportlichen Lernens und Leistens gegeben. Im Rahmen der unterrichtlichen Tätigkeit integriert der Autor als Breakdance-Lehrer die unten genannten Methoden, durch eine entsprechende Formulierung von Teilzielen in die fachlich-tänzerische Methodik.

Insofern sollen für den Unterricht – in Anlehnung an Sygusch (2007) – Kernziele formuliert werden, die jeweils eigene Teilziele beinhalten.

Für das Untersuchungsmerkmal „sportartspezifische Selbstwirksamkeit" soll in Anlehnung an Sygusch (2007) und (Herrmann, 2012; 2013) für den Breakdance Unterricht folgendes Teilziel formuliert werden:

- Beim Trainieren und Wettkämpfen soll die positiv-realistische Überzeugung der sportartspezifischen Leistungsfähigkeit des Einzelnen gestärkt werden.

Für das Untersuchungsmerkmal „allgemeine Selbstwirksamkeit" soll folgendes Teilziel formuliert werden:

- Beim Trainieren und Wettkämpfen soll die allgemeine Selbstwirksamkeit des Einzelnen gestärkt werden.

Für das Untersuchungsmerkmal „Kooperationsfähigkeit" soll folgendes Teilziel formuliert werden:

- Beim Trainieren und Wettkämpfen soll die Kooperationsfähigkeit des einzelnen gestärkt werden; insbesondere die Fähigkeit zur Perspektivübernahme (in andere hineindenken können), der Kommunikationsfähigkeit (in Sportsprache verständigen) und der sozialen Verantwortung (zurückstellen eigener Interessen, Ausführen zugewiesener Aufgaben).

1.4.1.3.2 Rahmenbedingungen und methodische Maßnahmen zur Förderung der psychosozialen Ressourcen

Den folgenden Ausführungen liegen die Forschungsarbeiten von Biemann (2005), Liebl (2013), Hermann (2013) sowie Sygusch (2007) zugrunde. Generell soll an dieser Stelle der aktuelle Forschungsstand vorweggenommen werden. Hermann (2012) erklärt, die Ergebnisse Biemanns (2005) zu theoriegeleiteten selbstwirksamkeitsfördernden Maßnahmen als nicht allzu optimistisch zu sehen, da wenig positive Effekte der Intervention auf die Selbstwirksamkeitseffekte nachgewiesen werden konnten (Hermann, 2012, S. 56). Allerdings weist der Forschungstand hier noch Lücken auf.

Eine gezielte Förderung der Selbstwirksamkeit liegt begründet auf eigenen Erfolgserfahrungen, sogenannten Stellvertretererfahrungen, der sprachlichen Überzeugung sowie Rückmeldungen (Schwarzer & Jerusalem, 2002; Jerusalem & Klein Heßling, 2002; Gerlach, 2004).

Für die Vermittlung von Erfolgserlebnissen sind konkrete und realistische Nahziele sowie Rückmeldungen und Leistungsfortschritte elementar (Sygusch, 2007, S. 64). Personen, die eine bestimmte herausfordernde Aufgabe bereits erfüllt haben oder in der Lage sind zu erfüllen, können als Vorbilder agieren oder Stellvertretererfahrungen ermöglichen.

Sprachliche Überzeugungen vermitteln Zusammenhänge von Können, Handeln und Ergebnis.

Nach Sygusch (2007) und Hermann (2013) bilden Trainer und Trainingsgruppe methodische Rahmenbedingungen. Kern der Gestaltung sind die Lernsituationen in Training und Wettkampf.

Ein Trainer oder Lehrer hat die Aufgabe, Sportler in ihrer psychosozialen und motorischen Entwicklung sinnvoll und verantwortungsbewusst zu begleiten. Hierbei sind nach Barth & Baartz, 2004; Jerusalem & Klein-Heßling, 2002 folgende Verhaltensweisen essentiell (vgl. Hermann, 2012, S. 121 ff.):

Der Lehrer oder Trainer

- als fachlich partnerschaftlicher Berater und Vorbild
- pflegt einen vertrauensvollen Umgang, Verlässlichkeit und Unterstützung in sportlichen und außersportlichen Belangen
- bringt jedem Sportler Aufmerksamkeit und Interesse entgegen
- zeigt Anerkennung und Respekt vor erbrachten Leistungen und gibt ein positiv realistisches Feedback
- stellt die langfristige motorische und psychosoziale Entwicklung in den Vordergrund, weniger die kurzfristigen Ziele
- schafft Gelegenheiten zur Mitverantwortung und bezieht Sportler in organisatorische, soziale und inhaltliche Entscheidungen mit ein
- hat die Aufgabe sowohl sachliche Inhalte als auch soziale Prozesse gezielt zu gestalten, erwünschtes sozial kooperatives Handeln anzuregen und zu verstärken, als Person wirken sie dabei als soziales Vorbild und Modell für sozial-kooperatives Handeln

Die Trainingsgruppe

- sollte einen lernförderlichen Rahmen bieten: hierbei ist auf ein soziales Wohlbefinden zu achten, welches gekennzeichnet ist durch Akzeptanz und Zugehörigkeit zur Gruppe
- bietet ein angstfreies Lernklima: dies wird realisiert durch eine vertrauensvolle Atmosphäre, in der sich jeder mit seinen Stärken und Schwächen einbringen kann

In Anlehnung an Sygusch (2007) und Hermann (2013) lassen sich für die Entwicklung psychosozialer Ressourcen förderliche Lernsituationen unter bestimmten Gesichtspunkten gestalten (vgl. Hermann, 2012, S. 122 ff.).

Aufgreifen

Psychosoziale Lernprozesse sollen gezielt angestoßen werden. Hierzu eignen sich aktuelle Erfahrungen (Rituale, Konflikte), Gelegenheiten des Trainierens zu schaffen (vormachen lassen, Nahziele schaffen) sowie Gelegenheiten der Mitverantwortung zu schaffen (Regeln gemeinsam aufstellen, inhaltliche Mitentscheidung der Kinder).

Inszenieren

Sportarten können nach dem zunehmenden Prinzip von allgemeinen, noch sportartfernen Bewegungsaufgaben, über die Anwendung sportartspezifischer motorischer Fertigkeiten, dem Stellen gezielter Aufgaben sportartspezifischer Lernsituationen bis zu sportartspezifischen Wettkampf- und Leistungssituationen geschult werden. Hierbei ist zu beachten, dass diese nicht als additive Einzelmaßnahmen zu begreifen sind, sondern als Netzwerk von

Maßnahmen, welche sich gegenseitig unterstützen und aufeinander aufbauen (Hermann, 2012, S. 122).

Ebenso elementar ist es, motorische als auch psychosozial bedeutsame Erlebnisse bewusst zu machen und für zukünftiges Handeln in Training und Wettkampf aufzubereiten.

Thematisieren

- Rückmeldungen sind zentrale Quellen für die Entwicklung von Selbstwirksamkeit.
- Erfolgreiche Leistungen sollten auf Kompetenz und Anstrengung zurückgeführt werden. Rückmeldungen sollten auf individuellen Bezugsnormen gründen.
- Kritische Hinweise sollten konkret sein.
- Erbrachte Leistungen sollten durch lobende Bemerkungen positiv verstärkt werden.

Die Reflexion ist eine wichtige Voraussetzung für eine gezielte Entwicklung psychosozialer Ressourcen. Hierfür gilt es folgende Grundsätze zu beachten (vgl. Hermann, 2013, S. 18):

- zeitnahe Durchführung der Reflexionsgespräche
- Bezug auf vorangegangenes Handeln: „Was habt ihr gerade gemacht? Wie habt Ihr es gemacht? Was war eure Strategie? War diese erfolgreich?"
- Reflexionsgespräche zurückhaltend an Häufigkeit und Dauer führen
- Gesprächsregeln vereinbaren, Lehrer/Trainer als Moderator, Wortbeiträge auf freiwilliger Basis

Nach Biemann (2005) können Sportlehrkräfte die Selbstwirksamkeit der Kinder durch folgende Strategien stärken:

- Sichern von Erfolgen durch:
  - o Wahrnehmung
  - o wiederholte Versuche in der Lern- und Übungsphase
  - o das Angebot von Hilfestellungen (körperlich funktionell, verbal oder visuell)
  - o differenzierte Zielstellung (individuell oder durch Teilziele in Übungsreihen)
  - o Mitbestimmung bei der Aufgabenauswahl
- Modelllernen durch:
  - o Lehrerdemonstration
  - o Beobachten anderer Schüler (Modellähnlichkeit)
- Überredung zur Bewältigung der Aufgaben durch:
  - o Ermutigung (persönlich emotional)
  - o Verstärkung des Kontingenzwissens und positiver Konsequenzerwartung
- Lenkung der kausalen Attribuierung:
  - o auf persönlich beeinflussbare Faktoren (bei Erfolg auf eigene Fähigkeiten, bei Misserfolg auf mangelnde Anstrengung)
- Leistungsrückmeldungen:
  - o positive Ergebnisrückmeldung (Lob nach Erfolg, sachlich-neutrale Ergebnisinformation nach Misserfolg)
  - o individuelle Bezugsnormorientierung

- Kontrolle negativer Reaktionen durch:
  - Ablenkung von negativen Emotionen (Gedankenkontrolle)
  - den Einsatz physiologisch entspannender Übungen
- Betonung positiver Affekte durch:
  - Wahrnehmung
  - das Angebot spezieller Inhalte (sichtbarer Genuss angenehmer Emotionen und körperlicher Reaktionen bei der sportlichen Aktivität)

Die Maßnahmen sollen in den Trainingsalltag integriert werden, und nicht als alleinstehendes psychosoziales Zusatztraining addiert werden, da diese sich gegenseitig bedingen, ergänzen und aufeinander aufbauen.

Bei der Entwicklung sozialer Kompetenzen, insbesondere der Kooperationsfähigkeit geht es neben den oben dargestellten Prozessen v. a. um Prozesse gemeinsamen Handelns, in denen Gemeinsamkeiten er- bzw. bearbeitet werden.

„Indem eine Gruppe ein Sachproblem gemeinsam bearbeitet, interagieren zugleich die einzelnen Partner untereinander. Sie lernen nicht nur ein sachliches Problem zu lösen, sondern auch zu kooperieren, und gemeinsam zu diskutieren" (Aebli, 1997, S. 124).

Bedeutsam sind

- motorische Aufgabenstellungen (z. B. Erarbeiten von Gruppenchoreographien)
- sozial-kooperative Aufgabenstellungen, in denen die Lernenden in Abhängigkeit voneinander gebracht werden, sodass Lösungen nur über eine Gruppenleistung möglich ist (Linz, 2004)
- das Prinzip der (Mit-)Verantwortung, z. B. bei der Entwicklung von Zielen und Regeln.

Die Lerngruppe bietet den Rahmen für Lernsituationen und vermittelt damit im Hinblick auf Lernklima und Atmosphäre förder- oder hinderliche Bedingungen. Soziales Wohlbefinden kann inszeniert werden durch das Gefühl des Gebrauchtwerdens, der Akzeptanz und der Zugehörigkeit zur Gruppe (ebd., S. 104).

Ein angstfreies Lernklima bedarf der Empathie und des Feingefühls des Lehrers. In einer angstfreien Lernsituation sollte nach Ungerer-Röhrich et al., (1990) jeder Schüler die Gewissheit haben, als Gesamtperson (...) akzeptiert zu werden, Fehler zu machen und Fragen zu stellen. Es verlangt danach, sich mit eigenen Stärken und Schwächen der Lerngruppe zu stellen, sowie die eigene Leistungsfähigkeit in den Unterrichts- bzw. Trainingsprozess einzubringen, ohne die Gefahr emotionaler und sachlicher Konsequenzen einzugehen.

Eine genaue Beschreibung des der Studie zugrundeliegenden Unterrichtskonzeptes, unter Einbezug der in den Abschnitten 1.3 und 1.4 genannten erzieherischen und pädagogischen Maßnahmen, sowie der „Fremdaufforderung zur Selbsttätigkeit" bzw. zur „(Selbst-)Bildung", werden in Abschnitt 2.6 dargestellt.

1.4.2 Entwicklung motorischer Fähigkeiten im Sport

Es existieren eine Vielzahl an unterschiedlichen Zugängen und Theorien zur Beschreibung der Entwicklung motorischer Fähigkeiten (vgl. Loosch,1999; Prohl, 2017; Olivier & Rockmann, 2003; Scheid, 2017).

Die folgenden Ausführungen orientieren sich an Beiträgen der Autoren Prohl/Gröben (2017), Kibele (2017), Scheid (2017).

Zunächst wird der Begriff „sportliche Bewegung" definiert, um daran anknüpfend die motorische Entwicklung im Kindes- und Jugendalter zu beschreiben.

1.4.2.1 Merkmale sportlicher Bewegungen

Nach Franke (1978) kennzeichnen sportliche Handlungen die besondere Funktion einer Bewegung in einem bestimmten sozialen Handlungszusammenhang (Prohl, 2017, S. 13).

Nach Meinung Frankes ist hierbei die Interpretation der Situation durch die Akteure von entscheidender Bedeutung. Demnach ist das Besondere am sportlichen Handeln die Spannung zwischen sportartspezifischen Regelsystemen, die den Handlungsspielraum definieren (...), und den Versuchen der Akteure, unter den gegebenen äußeren Bedingungen eine individuell-optimale Lösungsvariante für die gegebenen Aufgabenstellungen zu realisieren (Prohl, 2017, S. 13). Somit bildet das Handlungsfeld „Sport" ein sozial strukturiertes Bezugssystem, dem der handelnde Sportler mit spezifischen Absichten begegnet. Es wird erst durch das Zusammenspiel sozialer und individueller Komponenten aus einem Bewegungsverhalten eine sportliche Bewegung. Betrachtet man Breakdance als besondere Tanzform, so lässt sich diese in zuvor genanntes Bezugssystem als sportliche Handlung einordnen. Die Kinder begegnen bei der Aufgabenstellung des Erwerbs bestimmter Powermoves, wie z. B. dem Erwerb des „Monkey Flip" auch hier einem sozial strukturierten Bezugssystem (Handlungsfeld Sport).

Nach Göhner (1992, S. 39 ff.; vgl. Prohl, 2017, S. 14) sind für sportspezifische Bewegungsaufgaben die fünf Merkmale „Bewegungsziel", „Bewegungsregeln", „das Movendum", „der Beweger" sowie „der Bewegungsraum" charakteristisch.

Sportartspezifische Bewegungsaufgaben können hinsichtlich typischer Bewegungsziele unterschieden werden. Das Tanzen kann dem Bereich der „Erreichungsziele" zugeordnet werden, da es hier primär um das Erreichen einer möglichst optimalen Bewegungsabfolge geht und weniger auf ein vergleichbares Resultat im Wettkampf. Diese „Vergleichsziele" (z. B. beim Wettkampf) sind typisch für Sportarten, die auf Überbietung und damit die Erstellung einer Rangordnung abzielen (Prohl, 2017, S. 14). Der „battle"-Anteil im Breakdance kann unter Wettkampfbedingungen diesem Bereich zugeordnet werden, primär geht es jedoch im Breakdance um das individuelle Lösen und Erwerben einer Bewegungsaufgabe.

1.4.2.2 Entwicklung motorischer Fähigkeiten im Kindes- und Jugendalter

Um den Erwerb der Tanzform Breakdance im Kindesalter einordnen zu können, wird an dieser Stelle zunächst das Erlernen sportlicher Bewegungen und im zweiten Teil des Abschnitts die motorische Entwicklung nach Lebensabschnitten erläutert, angelehnt an Beiträgen von Kibele (2017).

Nach Kibele (2017) wird der Lernverlauf beim motorischen Fertigkeitserwerb in der Fachliteratur durch Stufenmodelle mit fließenden Übergängen beschrieben. In der deutschen Motorikforschung existiert das Drei-Stufen-Modell von Meinel und Schnabel (2015). Auf der ersten Stufe wird hier vom „Entwickeln einer Grobkoordination" gesprochen (Prohl, 2017, S. 61). Diese Phase streckt sich vom ersten Bekanntwerden bis zum ersten Ausführen des Bewegungsablaufs unter günstigen Bedingungen. Auf der folgenden Stufe geht es um die „Entwicklung der Feinkoordination". Bewegungen können in dieser Phase unter günstigen Bedingungen ausgeführt werden, bis hin zum annähernd fehlerfreien und aufgabengemäßen Ausführen der Bewegung. Der Lernprozess wird auf der dritten Stufe, nämlich durch die „Stabilisierung der Feinkoordination und die Ausprägung einer variablen Verfügbarkeit" abgeschlossen. Der Lernende kann die Bewegung nun unter schwierigen und ungewohnten Bedingungen jederzeit ausführen.

Im Folgenden wird auf die Entwicklung der Bewegung im Kindes- und Jugendalter eingegangen. Es liegen in der Fachliteratur unterschiedlichste Einteilungen der motorischen Entwicklung nach Lebensabschnitten vor. Hier wird die Phaseneinteilung von Winter und Hartmann (2015) dargestellt.

Nach Winter und Hartmann (2015) werden die interindividuellen Unterschiede in der Entwicklung mit zunehmendem Alter immer größer. Die Interventionsgruppe im Breakdance sind im Alter zwischen 10–12 Jahren. Die Jungen befinden sich überwiegend im späten Kindesalter und somit in einer sehr günstigen Phase der motorischen Lernfähigkeit.

Nach Kibele (2017) verbessern sich in dieser Lebensphase die koordinativen und konditionellen Fähigkeiten deutlich. Rasche Fortschritte fallen hier auf, die ihren ersten Höhepunkt etwa ab dem 9./10. Lebensjahr erreicht. Kennzeichnend sind nach Kibele (2017) einerseits informelle Bewegungs- und Sportaktivitäten wie Radfahren mit der Familie, andererseits aber auch das Wahrnehmen strukturierter Sportangebote in Schule und Verein. Dies führt zu einer deutlichen Weiterentwicklung der motorischen Kompetenzen. Zunehmend fließen Elemente aus verschiedenen Sportarten ein (Kibele, 2017). Studien zur Entwicklungsförderung belegen den positiven Einfluss zusätzlicher Sportstunden auf die motorische Entwicklung (Bös, 1999; Obst-Kitzmüller, 2002). Schüler hatten signifikant bessere motorische Ergebnisse, v. a. im koordinativen Bereich. Schulen werden nach Kibele (2017) somit aufgefordert, die Bewegungsentwicklung im Sinne einer gesundheitsorientierten Erziehung und Förderung anzuregen, da insgesamt nur ca. 15 % der 4–17-jährigen die von der WHO geforderten täglichen 60 Min. körperliche Aktivität mit moderater bis hoher Intensität erreichen. Gegen Ende der Phase der späten Kindheit und Eintritt ins Jugendalter werden allerdings die interindividuellen Unterschiede immer größer und Differenzen in der körperlichen Entwicklung treten deutlicher auf. Im weiteren Verlauf wird daher erörtert, wie eine Förderung motorischer Fähigkeiten im Kindes- und Jugendalter stattfinden kann.

Entwicklungsphase	Altersspanne (Lebens-jahre; -monate)	Motorische Erscheinungsform Phase der...
Pränatale Phase	Konzeption bis Geburt	vielfältigen Reflexbewegungen
Frühes Säuglingsalter	Geburt bis 0;03	ungerichteten Massenbewegungen
Spätes Säuglingsalter	0;03 bis 1;00	Aneignung erster koordinierter Bewegungen
Kleinkindalter	1 bis 3	Aneignung vielfältiger Bewegungsformen
Frühes Kindesalter	3 bis 6/7	Vervollkommnung vielfältiger Bewegungsformen und der Aneignung elementarer Bewegungskombinationen
Mittleres Kindesalter	6/7 bis 9/10	raschen Fortschritte in der motorischen Lernfähigkeit
Spätes Kindesalter	weiblich: 10/11 bis 11/12 männlich: 10/11 bis 12/13	besten motorischen Lernfähigkeit
Frühes Jugendalter (Pubeszenz)	weiblich: 10/12 bis 13/14 männlich: 12/13 bis 14/15	Umstrukturierung motorischer Lernfähigkeit
Spätes Jugendalter (Adoleszenz)	weiblich: 13/14 bis 17/18 männlich: 14/15 bis 18/19	sich ausprägenden geschlechtsspezifischen Differenzierung, fortschreitenden Individualisierung und zunehmenden Beständigkeit
Frühes Erwachsenenalter	18/20 bis 30/35	relativen Erhalt der motorischen Lern- und Leistungsfähigkeit
Mittleres Erwachsenenalter	30/35 bis 45/50	allmählichen motorischen Leistungsminderung
Spätes Erwachsenenalter	45/50 bis 60/70	verstärkten motorischen Leistungsminderung
Späteres Erwachsenenalter	60/70 bis Tod	ausgeprägten motorischen Leistungsminderung

Abbildung 4: Entwicklungsphasen in der Ontogenese des Menschen (Winter & Hartmann, 2017)

1.4.2.3 Förderung motorischer Fähigkeiten im Kindes- und Jugendalter

Die folgenden Ausführungen orientieren sich an den Autoren Bös (1999; 2005), Prohl (2017), Meinel und Schnabel (2015) sowie Obst Kitzmüller (2002).

Wissenschaftlich begleitete Interventionsansätze belegen die Verbesserung von motorischen Kompetenzen (Bös, 2005). Im Rahmen von Interventionen zur motorischen Entwicklungsförderung im frühen Kindesalter wurden signifikant positive Wirkungen auf die motorische Entwicklung nachgewiesen (Prohl & Seewald, 1998). Insofern scheint sich das Phänomen der Plastizität für die motorische Entwicklung in der Kindheit auf der Grundlage intensiver Bewegungsaktivitäten bzw. gezielter Fördermaßnahmen zu bestätigen

(Scheid, 2017, S. 103). Die Jungen der Interventionsgruppe Breakdance können überwiegend der Entwicklungsphase „spätes Kindesalter" und vereinzelt „frühes Jugendalter" (vgl. Abb. 11) zugeordnet werden. Fördermaßnahmen in dieser Phase werden von Meinel und Schnabel (2015) beschrieben:

- Das späte Kindesalter wird als das „beste motorische Lernalter der Kindheit" betitelt. Hierbei sollen die *koordinativ-sporttechnische Ausbildung* sowie der *vielseitige Erfahrungserwerb* genutzt werden. Es sind *breite und vielseitige Leistungsgrundlagen* zu legen, *einseitig getrimmte Frühleistungen* gelten als verfehlt.
- In der *konditionellen Vervollkommnung* sind besonders die Herausbildung von Schnelligkeitsfähigkeiten, eine vielseitige Schnellkraftentwicklung sowie die angemessene Ausprägung der aeroben Grundlagenausdauerfähigkeit als wesentlich zu betrachten.
- Es sollen insbesondere die *allgemein entwickelnden Übungen* betont werden.
- Im Sportunterricht sollte vorwiegend im niedrigen und mittleren Intensitätsbereich geübt werden. Außerdem ist eine gegebenenfalls große Streuungsbreite in der Leistungsfähigkeit der Kinder durch eine zumindest gruppenspezifische Belastungsgestaltung zu berücksichtigen.
- Der Erwerb an koordinativen Fähigkeiten muss im späten Kindesalter als Schwerpunktaufgabe und Unterrichtsprinzip verstanden werden. Realisiert werden kann dies durch die variable Gestaltung der Übungsanforderungen. Die Kinder erwerben auf diese Weise vielseitige Bewegungserfahrungen und wertvolle Grundlagen für die Betätigung in einer Sportart.
- Von besonderer Bedeutung können auch Sportangebote sein, die im Trend liegen, z. B. auch verschiedene Formen des Tanzens (vgl. Bös & Mechling, 2002).
- Für die methodische Gestaltung der Lernprozesse gilt, dass sich Kinder noch stark am Vorbild orientieren. Insofern gelten auch weitere Anschauungsmittel als förderlich, als weniger geeignet gelten ausführliche Bewegungsanweisungen und weitschweifige theoretische Erklärungen. Wesentlicher ist es, die Kinder intensiv üben zu lassen und ihnen dabei anschaulich und stimulierend das notwendige Wissen und Können zu vermitteln.
- Für die etwas älteren Schüler der Interventionsgruppe (frühes Jugendalter) gilt es, dass gerade in dieser Zeit der tiefgreifenden Veränderungen die Erziehungs- und Bildungspotenzen des Sportunterrichts und des sportlichen Trainings voll genutzt werden. Vermehrt sollen in diese Phase die individuellen Besonderheiten Beachtung finden. Für eine Förderung der motorischen Fähigkeiten muss eine entsprechende psychologische Arbeit einhergehen. Diese wurden bereits beschrieben. Ergänzend sollen hier zusätzlich die Stabilisierung der emotionalen Prozesse genannt werden, das Setzen von hohen, aber dennoch realistischen Leistungszielen, sowie das Bewusstmachen durch den Sportlehrer über die Leistungserfolge der Lernenden, um eine hohe Motivation für das Sporttreiben zu gewährleisten.

1.4.3 Zusammenfassung

Die in der vorliegenden Arbeit untersuchten psychosozialen Ressourcen „Selbstwirksamkeit" und „Kooperationsfähigkeit" lassen sich in die Bereiche personale und soziale Aspekte untergliedern. Die psychosozialen Ressourcen werden in der Sportwissenschaft unter den Perspektiven „Entwicklung psychosozialer Ressourcen *im* Sport" und „Entwicklung psychosozialer Ressourcen *durch* Sport" diskutiert.

Zentral für die Förderung der Ausbildung der Selbstwirksamkeit und Kooperationsfähigkeit sind förderliche, bewusste und reflektierte Haltungen und Handlungen des Lehrers/Trainers, die mit einer entsprechenden Gestaltung der Lernbedingungen einhergehen. So können Initiierungen im Unterricht, in denen „sozial kooperatives Handeln" (z. B. gegenseitige Unterstützung, Hilfestellungen) explizit geschult wird, förderlich sein. Förderlich für personale Aspekte sind die „Überwindung innerer und äußerer Widerstände" (z. B. Ermüdung gegen Frustration, ungünstige Rahmenbedingungen), der „Erhalt der Handlungsfähigkeit nach misslungenen Aktionen", das „Übernehmen von Verantwortung" (z. B. Führungsaufgaben übernehmen) sowie das „Einordnen und Verarbeiten von Erfolgen und Misserfolgen".

Die Phase der späten Kindheit bietet günstigste Lernbedingungen für die motorischen Fähigkeiten, insbesondere im koordinativen Bereich. Deutliche Fortschritte in der Entwicklung von Kindern zeigen sich v. a. durch zusätzliches Sportangebot. interindividuelle Unterschiede in der körperlichen Entwicklung sind in dieser Phase noch nicht stark ausgeprägt.

1.5 Vergleichbare Studien/Aufarbeitung des Forschungsstandes

Insgesamt ist der empirische Forschungsstand zur Wirkungsforschung Tanz noch überschaubar. So gibt es bislang erst vereinzelt Abschlussarbeiten, Dokumentationen und Dissertationen, die sich dem Phänomen Tanz im Bereich kultureller Bildung empirisch annähern (Klinge, 2011).

Ziel dieses Abschnitts ist es festzulegen, welche potentiellen Wirkungen aufgrund der bisher durchgeführten Studien zu erwarten sind und inwieweit diese auf die Untersuchung zum Breakdance im Schulsport übertragbar sind.

Bisher liegen zum Tanz normative (wie in Abschnitt 1.1 beschrieben) als auch empirische deskriptive Studien vor (vgl. z. B. Gulden, 2016; Reuter, 2010; Kolb & Milleschitz, 2015; Schneider, 2006; Keim, 2002; Senf & Senf, 2007) und es wurden bereits Untersuchungen zur Wirkungsforschung im Tanz durchgeführt (Reichel, 2012; Pavicic, 2011; Volk, 2014). Zur Wirkungsforschung des Breakdance wurden bisher keine Untersuchungen durchgeführt.

1.5.1 Empirisch deskriptive Studien zum Breakdance

In einer der bisher wenigen Studien zum Thema „Breakdance" oder auch „B-Boying" beschreiben die Autoren die enge Verbindung des Mediums zu den Begriffen „Tanz", „Style", „hoher Trainingseinsatz", „Battles", „Faszination Powermove" (Kolb & Milleschitz, 2015).

Die Ergebnisse dieser ethnografischen Studie belegen „B-Boying" als spezifische Freestyle-Bewegungskultur, der die zuvor genannten Begrifflichkeiten zugeordnet werden können. Außerdem wird über „informelle Bildungsprozesse bei der gegenseitigen Unterstützung" berichtet. Allerdings gibt die Studie keinen empirisch begründeten Hinweis auf die Effekte dieses Sports für den ausführenden „B-Boy".

Die Studie von Senf und Senf (2007) setzt sich mit der Klassifizierung von Schwierigkeitsgraden bei Powermoves im Breakdance auseinander. Hier wurden vergleichende Strukturanalysen sportlicher Bewegungen anderer technisch-akrobatischer Sportarten wie dem Wasserspringen, dem Gerätturnen und der RSG durchgeführt, um eine entsprechende Klassifizierung an Schwierigkeitsgraden herausstellen zu können. Expertenmeinungen aus dem Bereich Breakdance flossen mit ein. Die Einordnung von Powermoves erfolgte in fünf Hauptklassen (Mills, Floats, Twists, Spins, Airs) und drei angegliederten, untergeordneten Klassen (Float Spins, Air Twists, Air Spins). Die drei Kriterien zur Festlegung des Schwierigkeitsindex bei Powermoves waren zum einen der Abstand der Hüfte zum Boden. Je höher die Lage der Hüfte, desto schwieriger und folglich höher fällt die Bewertung aus. Weitere Kriterien sind Art und Anzahl der Auflageflächen und die Art der Bewegung.

Ziel der Studie war es, die Wettkämpfe im Breakdance zu objektivieren, da eine weltweite Entwicklung im Breakdance eine Terminologisierung und Vereinheitlichung aller Bestandteile notwendig macht.

Zuletzt wurde darauf hingewiesen, dass trotz einer Klassifizierung an Schwierigkeitsgraden der Powermoves weitere Kriterien nicht in Vergessenheit geraten dürfen: Bühnenpräsenz, Thema und Musik, Choreographie und Synchronität sind dem Breakdance innewohnende Begrifflichkeiten, die es bei der Bewertung zu beachten gilt.

Die sportmedizinische Studie von Kauther et al. setzt sich mit dem durch „Headspins" verursachten Haarausfall auseinander.

Eine Internetrecherche und eine Befragung von 106 Breakdancern wurden durchgeführt. 60,4 Prozent der Breakdancer klagten über Überlastungsschäden der Kopfhaut durch den „Headspin". Die Autoren fanden einen Haarverlust bei 31,1 Prozent der Breakdancer. Beim „Headspin Hole" handelt es sich um ein häufiges, spezifisch beim „Headspin" entstehendes Überlastungssyndrom der Kopfhaut, welches Haarausfall, Entzündung und Verdickungen der Kopfhaut beinhaltet (Kauther et al., 2009, S. 52).

1.5.2 Übertragbare Studien zur Wirkungsforschung im Tanz

Im Bereich der Wirkungsforschung wurden zum „Tanz im Allgemeinen" vorwiegend Untersuchungen zu den psychosozialen Ressourcen durchgeführt. Hier sollen die Studien vorgestellt werden, die eine Nähe zur Untersuchung der vorliegenden Arbeit bieten. Die Studie von Reichel (2016) belegt den positiven Einfluss von Tanz auf die Selbstwirksamkeitserwartung, Selbsterhöhung, Körperkontakt und auf die soziale Akzeptanz in der Gruppe.

Hier wurde zunächst in einer qualitativen Vorstudie (Experteninterviews) untersucht, auf welche Persönlichkeitsvariablen der Ausbildungsinhalt „Zeitgenössischer Tanz" wirken soll.

Festgelegt wurden die fünf Kategorien „Körper- und Bewegungskonzept", „Kreativität und Individualität" sowie die sozialen Parameter „miteinander umgehen", „Zugehörigkeit spüren", „ein gemeinsames Ziel erreichen".

Die nachfolgende hypothesenprüfende empirische Interventionsstudie wurde in einem dreimonatigen Tanzprojekt mit 26 Schülerinnen und Schülern der 9. Jahrgangsstufe durchgeführt. Zu vier Messzeitpunkten wurde die Wirkung mittels geprüfter Skalen aus der Persönlichkeitspsychologie geprüft und Interviews im Sinne der Datentriangulation durchgeführt. Die Ergebnisse zeigen, dass während des Tanzens eine soziale Erfahrung angeboten wird und eine Beeinflussung der eigenen Selbstwirksamkeitserwartung teilweise empirisch nachvollzogen werden kann.

Ein ähnliches Ergebnis bezüglich der Stil- und Bedeutungsvielfalt liefert die Studie von Pavicic (2011): „Originalität", „Individualität", „Authentizität" und„Freiheit" werden hier als dem Hip-Hop-Tanz bedeutende Begrifflichkeiten zugeschrieben. Hip-Hop-Tanz unterstützt den Prozess der Persönlichkeitsentwicklung, indem es ein geeignetes Medium darund ein geeignetes Setting hierfür bereitstellt.

Selbstentfaltung und Selbstfindung ist möglich durch uneingeschränktes Experimentieren (Pavicic, 2011).

Die von Volk (2014) durchgeführte „Untersuchung persönlichkeitsbildender und sozialer Lernprozesse in einem Tanzprojekt" weist eine Nähe zu meiner Untersuchung im Bereich der psychosozialen Ressourcen auf. Im Mittelpunkt der Studie Volks stand die Frage, inwieweit positive Transfereffekte (z. B. Persönlichkeits- und Identitätsentwicklung, Offenheit gegenüber Neuem) im Rahmen eines Tanzprojektes umgesetzt werden können. 14 Schülerinnen der 6. bis 9. Jahrgangsstufe nahmen ein Schuljahr lang am Wahlfach Tanz an einer Werkrealschule teil. Die erhobenen Daten wurden mithilfe der Grounded Theory ausgewertet. Als persönlichkeitsbildende Prozesse wurden die Kategorien „Selbstvertrauen", „Mut" sowie „Offenheit gegenüber Neuem" gebildet. Die Kategorie „Selbstvertrauen" wurde nochmals in die Kategorien „positives Feedback" sowie „auf der Bühne stehen" untergliedert. Die Kernkategorie „soziale Lernprozesse" untergliedert sich hier in vier Subkategorien: „Abbau von Vorurteilen", „Gleichberechtigung", „einander zuhören", „Teamfähigkeit/Zusammenhalt". Die Ergebnisse der Studie belegen den positiven Einfluss des Mediums Tanz auf persönlichkeitsbildende und soziale Lernprozesse: „Die Schülerinnen gewannen durch ihre Teilnahme an Selbstvertrauen, wurden mutiger und offener gegenüber Neuem. Zur Bildung von Selbstbewusstsein trug vor allem positives Feedback der Lehrerinnen bei. Ein weiterer Aspekt ist das Erleben einer Aufführung. Auch hieraus können die Schüler positive Erfahrungen ziehen, die ihr Selbstvertrauen stärken. Dabei gilt schon das Vortanzen in der Gruppe als „kleine Aufführung" (Volk, 2014, S. 51). Im Bereich der sozialen Lernprozesse ergab sich, dass Gleichberechtigung und einander zuhören wichtig für das Zusammenarbeiten in einem Projekt sind. Weitere soziale Prozesse wie Teamfähigkeit und Zusammenhalt innerhalb der Gruppe können ebenfalls zustande kommen..." (Volk, 2014, S. 51).

Die Studie Rissmanns (2015) zur „Identitätsförderung und Ausprägung des Körperbewusstseins im Kontext von tänzerischer Bewegungsgestaltung und pädagogischen Bewegungstechniken" beschreibt, dass „Tanz zum Abbau von Hemmungen in Bezug der selbstbewussten Aussage über sich selbst führen kann und fördert die Erfahrung eigener Wirksamkeit. Besonders in der improvisatorischen Bewegungsgestaltung wird diese Selbsterfahrung gefördert, da es hier kein ‚richtig' oder ‚falsch' gibt, also wertungsfrei ist, und gerade hierbei der individuelle Freiraum zur selbstgesteuerten Identitätsfindung geschaffen wird" (Rissmann, 2015, S. 7).

Allerdings beziehen sich die zuvor vorgestellten Untersuchungen nicht auf den Gegenstand Breakdance und es wurden vorwiegend psychosoziale Ressourcen untersucht. In der Studie von Volk nahmen ausschließlich Mädchen teil, Untersuchungen physischer Ressourcen blieben hier unberücksichtigt.

1.5.3 Schlussfolgerung für die empirische Untersuchung

Insgesamt gibt es im deutschsprachigen Raum nur vereinzelt Studien zum Breakdance. Eine ethnografische Studie belegt B-Boying als spezifische Freestyle-Bewegungskultur. Weitere Studien beziehen sich auf physische Aspekte unter sportmedizinischen Gesichtspunkten, wie Verletzungen durch Breakdance. Eine der wenigen sportwissenschaftlichen Studien zum Breakdance befasst sich mit der Klassifizierung von Schwierigkeitsgraden bei Powermoves. Eine Untersuchung zum Breakdance, welche die physischen und psychischen Auswirkungen eines Tanzsettings erforscht, gibt es bisher nicht. Wirkungsforschungen zum Tanz im Allgemeinen sowie zum Hip-Hop-Tanz gibt es; allerdings beziehen sich diese lediglich auf die psychischen Ressourcen. Eine Längsschnittstudie zum Breakdance im Schulsport gibt es bisher nicht, eine Studie zur Wirkungsforschung des Breakdance ebenfalls nicht. Diese Forschungslücke soll mit der vorliegenden Untersuchung geschlossen werden. Untersuchungen zur Wirkungsforschung anderer Sportarten, wie z. B. dem Kampfsport wurden bereits durchgeführt (Liebl, 2013) Hier wurden Wirkungen im physischen Bereich im Merkmal Kraftausdauer im Rumpfbereich nachgewiesen sowie Wirkungen im sozialen Bereich der psychosozialen Entwicklung. Im personalen Bereich der psychosozialen Entwicklung zeigten sich hier eher moderate Effekte. Herrmann (2012) liefert in der Untersuchung zum Handball keine abschließende Beantwortung für den personalen Bereich. Allerdings wird eine Wechselwirkung zwischen sportlicher Aktivität und Selbstwirksamkeit angenommen. Zusammenfassend können aus empirischer Sicht folgende Wirkungen angenommen werden:

Wirkungsannahmen auf psychosoziale Aspekte

Aufgrund des bisherigen Forschungsstandes kann eine positive Beeinflussung des Tanzes auf die Selbstwirksamkeit angenommen werden (vgl. Reichel, 2016; Volk, 2014; Rissmann, 2015; Pavicic, 2011). Inwiefern dies für Breakdance im Allgemeinen sowie für Breakdance im Schulsport gilt, kann aus empirischer Sicht bisher nicht gesagt werden. Ebenfalls bleibt bisher ungeklärt, ob sich die Auswirkungen bei der sportartspezifischen Selbstwirksamkeit oder bzw. und bei der allgemeinen Selbstwirksamkeit zeigen werden.

Für den Aspekt der Kooperationsfähigkeit ist aufgrund der von Reichel festgelegten und belegten sozialen Parameter „miteinander umgehen", „Zugehörigkeit spüren", „ein gemeinsames Ziel erreichen" „soziale Akzeptanz in der Gruppe" ebenfalls eine positive Beeinflussung zu erwarten.

Wirkungsannahmen auf physische Aspekte

Aufgrund der normativen und empirisch deskriptiven Beschreibungen zum Breakdance ist ein Zuwachs an Kraftausdauer in den oberen Extremitäten und im Rumpfbereich sowie ein Zuwachs an Schnellkraft in den Beinen zu erwarten.

Bisher gibt es keinen empirisch begründeten Hinweis auf diese Effekte; es bedarf also wissenschaftlicher Belegungen, v. a. in der Umsetzung mit Schülern.

1.6 Ziele und Fragestellungen der Studie

Es liegt in den Ursprüngen der Tanzform Breakdance verwurzelt, dass die Tänzer sich gegenseitig wertschätzen und Respekt vor der Leistung des Anderen haben (Rode, 2016). Jeder Tänzer, der über ein gewisses Niveau verfügt, weiß, wie schwer es ist, einen neuen Powermove zu erlernen. Um die ohnehin nicht gerade sehr große Community an „Breakern" stetig wachsen zu sehen, ist es ein ungeschriebenes Gesetz unter den Tänzern, einander wertzuschätzen, zu unterstützen und sich selbst im Wettkampf gegenseitig anzufeuern. Bereits hier lässt sich eine soziale Ressource mit kooperativer Perspektive beobachten. Wie weit ein Ausbleiben an gegenseitigem Respekt reichen kann, zeigte der Untergang der Breakdance-Kultur Mitte der 80er Jahre. In dieser blieb der gegenseitige Respekt unter Tänzern nahezu komplett aus (Rode, 2016, S. 116).

Anhand der zuvor beschriebenen Wirkungsannahmen soll in diesem Abschnitt eine Formulierung der konkreten Fragestellung der Studie erfolgen.

Wie bereits in Abschnitt 1.4 beschrieben, beeinflussen sich die sportartspezifische und die allgemeine Selbstwirksamkeit gegenseitig. Kinder mit einer hohen allgemeinen Selbstwirksamkeit haben oftmals eine größere Leistungsbereitschaft. Sie zeichnen sich mit einer selbstwertförderlicheren Ursachenzuschreibung aus, als Kinder mit einer geringeren Selbstwirksamkeit (Schwarzer & Jerusalem, 2002, S. 37 f.). Daher wurde sowohl die sportartspezifische als auch die allgemeine Selbstwirksamkeit erhoben.

Als weiterer Aspekt gilt: Der Einfluss des Schulsports Breakdance kann nur eingeschätzt und bewertet werden, wenn Kinder die im Schulsport Breakdance betreiben (Interventionsgruppe) mit Kindern verglichen werden, die sowohl einen anderen organisierten und regelmäßigen Sport neben dem Schulsport betreiben (Aktiv-Kontrollgruppe), als auch mit Kindern, die keinen organisierten regelmäßigen Sport neben dem Schulsport betreiben (Null-Kontrollgruppe).

Damit die Kinder der Null-Kontrollgruppe mit der Interventionsgruppe auch bei dem Merkmal „sportartspezifische Selbstwirksamkeit" verglichen werden konnten, sollten diese angeben, ob sie in ihrer Freizeit einer gelegentlichen, nicht organisierten Sportart nachgehen (z. B. Fußball auf dem Bolzplatz). Allerdings gaben, bis auf zwei Kinder, alle weiteren befragten Kinder der Null-Kontrollgruppe bei den jeweiligen Untersuchungszeitpunkten unterschiedliche Sportarten an, auf die sie ihre sportartspezifische Selbstwirksamkeit bezogen. Insofern wurde beim Merkmal „sportartspezifische Selbstwirksamkeit" lediglich ein Vergleich zwischen der Interventionsgruppe und der Aktiv-Kontrollgruppe hergestellt.

Die präzisierten Fragestellungen lauten:

Präzisierte Hauptfragestellungen
Unterscheiden sich Kinder der Unterstufe (5.–7. Klasse), die den Schulsport Breakdance regelmäßig und mindestens ein Schulhalbjahr betreiben (Interventionsgruppe), im zeitlichen Verlauf überzufällig von Kindern, die nicht Breakdance im Schulsport, sondern entweder eine andere Schulsportart regelmäßig und mindestens ein halbes Schuljahr betreiben (Aktiv-Kontrollgruppe) oder ggf. keinen organisierten Sport regelmäßig ausüben (Null-Kontrollgruppe),

1. im Bereich der physischen Entwicklung hinsichtlich:
    *   der Koordination bei Präzisionsaufgaben
    *   der Koordination unter Zeitdruck
    *   der Kraftausdauer im Rumpfbereich
    *   der Kraftausdauer in den oberen Extremitäten
    *   der Schnellkraft in den Beinen

2. im Bereich der psychosozialen Entwicklung hinsichtlich:
    *   der sportartbezogenen Selbstwirksamkeit
    *   der allgemeinen Selbstwirksamkeit
    *   der Kooperationsfähigkeit

In Anlehnung an Kuhn (2007) sowie Kuhn und Liebl (2013) sei hier erwähnt, dass eine „Forschung über Kinder" im besten Falle mit einer „Forschung mit Kindern" einhergeht. Es sollen daher nicht nur die „objektiv messbaren" Wirkungen überprüft werden, sondern auch die Kinder selbst zu Wort kommen, indem sie nach subjektiv empfundenen Wirkungen befragt werden.

Die entsprechenden Nebenfragestellungen lauten:

Nebenfragestellungen

1. Im Bereich der physischen Entwicklung
    *   Wie schätzen Kinder die Wirkung von Breakdance auf die physische Entwicklung ein?
    *   Wie begründen Kinder ihre Einschätzungen bezüglich der Wirkung von Breakdance auf die physische Entwicklung?

2. Im Bereich der psychosozialen Entwicklung:
    *   Wie schätzen Kinder die Wirkung von Breakdance auf die psychosoziale Entwicklung ein?
    *   Wie begründen Kinder ihre Einschätzungen bezüglich der Wirkung von Breakdance auf die psychosoziale Entwicklung?

2 Methodik der empirischen Untersuchung

In diesem Kapitel werden zunächst theoretische Präzisierungen dargestellt, bevor die Vorüberlegungen zur Methodik und das Design der Studie beschrieben werden.

Im vierten Abschnitt dieses Kapitels werden sowohl die quantitativen als auch die qualitativen Methoden der Datenerhebung und -auswertung erklärt. Das Setting und die Stichprobe werden im fünften Abschnitt dargestellt. Daran anschließend wird das Unterrichtskonzept beschrieben.

In den folgenden Abschnitten werden die Haupt- und Nebenfragestellungen umfassend
erläutert.

2.1 Theoretische Präzisierungen

2.1.1 Die physischen Untersuchungsmerkmale

Zunächst werden die physischen Untersuchungsmerkmale im sportwissenschaftlichen
Kontext eingeordnet.

Motorische Fähigkeiten stellen generalisierte, technikübergreifende Leistungsvorausset-
zungen dar, die auf unterschiedlichen Bewegungsfertigkeiten des Sports sehr ähnlich ein-
wirken und ökonomische motorische Handlungen gewährleisten (Wollny, 2010, S. 22). Sie
sind nach Martin, Nicolaus, Ostrowski & Rost (1999) das beobachtbare, messbare und ana-
lysierbare äußere Erscheinungsbild einer sportlichen Leistung. Daher wird die Qualität einer beobachtbaren Bewegungsleistung durch die Ausprägung der motorischen Fähigkeiten,
im Sinne einer beobachtbaren Ebene von Bewegungsfertigkeiten, bestimmt.

Ihre Existenz und Ausprägung kann die Wissenschaft nicht direkt belegen, sondern nur
indirekt über ein spezielles Erhebungsverfahren – den sportmotorischen Test – aus dem
motorischen Verhalten des Individuums erschließen (Wollny, 2010, S. 22; vgl. Roth, 1999).

Nach Bös (2006) sind motorische Fähigkeiten also die „sichtbaren Vollzüge von Grundfertigkeiten an Bewegungen wie Laufen, Springen, Werfen, sowie komplexen Fähigkeiten
wie Dribbeln, Passen, Rad fahren."

Für das jeweilige Ausführungsniveau sind die motorischen Fähigkeiten Ausdauer, Kraft,
Schnelligkeit, Beweglichkeit und Koordination verantwortlich. Es gibt verschiedene Ansätze zur Differenzierung der motorischen Fähigkeiten. Im deutschsprachigen Raum hat
sich die fähigkeitsorientierte Systematisierung nach Bös (2006) etabliert. Er unterscheidet
auf der ersten Ebene zwischen den energetisch, determinierten, konditionellen Fähigkeiten,
und den informationsorientierten, koordinativen Fähigkeiten.

Auf der zweiten Ebene werden die motorischen Beanspruchungsformen Ausdauer,
Kraft, Schnelligkeit und Koordination entsprechend zugeordnet. Die dritte Ebene wird in
neun Fähigkeitskomponenten aufgegliedert: Diese sind aerobe Ausdauer, anaerobe Ausdauer, Kraftausdauer, Maximalkraft, Schnellkraft, Aktionsschnelligkeit, Reaktionsschnel-

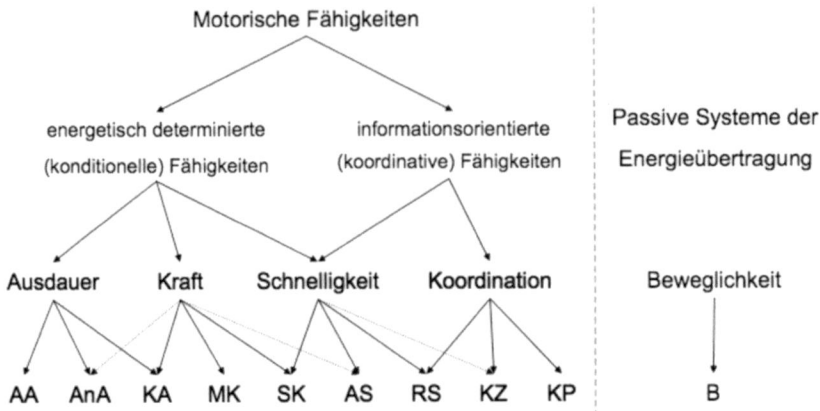

Abbildung 5: Differenzierung motorischer Fähigkeiten (Bös, 2006, S. 87)

ligkeit, Koordination unter Zeitdruck, Koordination bei Präzisionsaufgaben. Die Beweglichkeit wird nicht in das entsprechende System integriert, da sie als passives System der Energieübertragung zählt.

Nach Bös (2006) unterscheiden sich die Koordination bei Präzisionsaufgaben (KP) sowie die Koordination unter Zeitdruck nach Art der sensorischen Regulation sowie in Abhängigkeit vom Anforderungsprofil der Bewegungshandlungen (...), sind aber nicht voneinander unabhängig (Bös, 2001, S. 3). Die Kraftausdauerfähigkeit (KA) ist abhängig von Umfang, Struktur und kontraktilen Eigenschaften der Skelettmuskulatur, von der Leistungsfähigkeit des Herz-Kreislauf-Systems, sowie von der anaeroben Energiebereitstellung (Bös, 2001, S. 3). Nach Weineck (2004, S. 223) gilt dies nicht nur für Erwachsene, sondern auch für Kinder im Grundschulalter und Sekundarbereich, obwohl bei ihnen der Laktatabbau und die anaerobe Energiebereitstellung noch nicht in vollem Umfang möglich ist.

Nach Meinel & Schnabel (2007, S. 27) kann schon bei Kindern „das ästhetische Empfinden für echte Schönheit und Anmut der Bewegungen und ihr Urteil über Echtheit und Wahrheit der menschlichen Ausdrucks- und Darstellungsbewegungen im Tanz, in der Gymnastik oder im Schauspiel mit gutem Erfolg geschult werden". Bei Kindern werden mit Hilfe der Bewegung nicht nur gesundheitlich-sportliche Ziele verwirklicht, sondern darüber hinaus auch die intellektuelle, moralische, soziale und ästhetische Entwicklung der werdenden Persönlichkeit.

Nach Scheid (1994) steigt die Möglichkeit neue Bewegungsabläufe schnell zu erlernen mit der Ausbildung der koordinativen und konditionellen Fähigkeiten bis zum neunten oder zehnten Lebensjahr rapide an und hat in diesem Alter Ihren Höhepunkt (ebd. S. 278). Kinder im Alter zwischen 10 und 12 Jahren befinden sich somit in der „Blüte ihrer motorischen Entwicklung".

Insgesamt weist der Forschungsstand noch Lücken über den Einfluss des Sports bei gezielter Differenzierung der körperlichen und sportlichen Alltagsaktivität auf (ebd., S. 83).

Es lässt sich jedoch festhalten, dass körperliche Alltagsaktivität in der Regel nicht ausreicht, um die Fitness bei Kindern signifikant zu steigern. Allerdings kann sportliche Aktivität die Entwicklung motorischer Fähigkeiten bei Kindern positiv beeinflussen, insbesondere beim Vereins- und/oder Wettkampfsport. Um den Einfluss der Alltagsaktivität der Kinder berücksichtigen und ggf. einordnen zu können, wurde – wie in Abschnitt 2.5.2 beschrieben – zusätzlich eine univariate einfaktorielle Varianzanalyse durchgeführt. Dadurch konnten die Gruppen miteinander verglichen werden und die Unterschiede in der Alltagsaktivität analysiert werden.

2.1.2 Die psychosozialen Untersuchungsmerkmale

Die zu untersuchenden psychosozialen Ressourcen wie allgemeine Selbstwirksamkeit, sportartbezogene Selbstwirksamkeit und Kooperationsfähigkeit untergliedern sich in den Bereich der *personalen Aspekte* (Selbstwirksamkeit) und den Bereich der *sozialen Aspekte* (Kooperationsfähigkeit).

2.1.2.1 Selbstwirksamkeit

Selbstwirksamkeit bezeichnet die Überzeugung einer Person, durch eigene Kompetenzen neue oder schwierige Anforderungen erfolgreich bewältigen zu können. Personen mit einer hohen und realistischen Selbstwirksamkeit sind in der Lage sowohl sich selbst und ihr eigenes Handeln als auch Anstrengung und Kompetenzen als Ursache erzielter Wirkungen und Leistungen zu betrachten (Sygusch, 2007, S. 61).

Selbstwirksame Personen sind resistenter gegen Hindernisse und Misserfolge. Sie zeigen hohe Motivations- und Willensstärke, sich gegen Widerstände einzusetzen.

Erfolgreiches Handeln werten sie als Hinweis auf die eigene Kompetenz. Selbstwirksamkeit und erfolgreiches Handeln bedingen sich auf diese Weise gegenseitig (Bandura, 1997; Bund, 2001; Gerlach, 2004; Schwarzer & Jerusalem, 2002).

Das Konzept der Selbstwirksamkeit kann auf verschiedene Lebensbereiche angewandt werden; auf die Bewältigung von Alltagsanforderungen, auf das Lern- und Leistungsverhalten oder auf die Stressbewältigung (Schwarzer & Jerusalem, 2002).

In der Literatur wird zwischen allgemeiner, bereichsspezifischer und situationsspezifischer Selbstwirksamkeit unterschieden. Allgemeine Selbstwirksamkeit bringt die Überzeugung der generellen Lebensbewältigung zum Ausdruck, bereichsspezifische Selbstwirksamkeit richtet sich auf schulische, soziale oder sportliche Fähigkeiten. Situationsspezifische Selbstwirksamkeit beinhaltet die Überzeugung, bestimmte Herausforderungen auch dann zu meistern, wenn Barrieren oder Hindernisse auftreten (ebd., S. 40).

Ziel der Förderung von Selbstwirksamkeit ist eine positiv-realistische Überzeugung der eigenen Fähigkeiten. Forschungsarbeiten beweisen, dass mit einer gezielten Förderung der individuellen und kollektiven Selbstwirksamkeit auch eine Verbesserung des sportlichen Lernens und Leistens des Einzelnen bzw. der gesamten Übungs- und Wettkampfgruppe verbunden ist. Selbstwirksamkeit und sportliche Leistung belegen wechselseitige Einflüsse:

Selbstwirksamkeit hat einen Einfluss auf sportliche Leistungen – sportliche Leistungen stärken die Selbstwirksamkeit (Moritz et al., 2000).

Der Übertragungseffekt lässt sich aber auch auf andere Lebensbereiche und Anforderungssituationen ausweiten:

„Kinder mit hoher Selbstwirksamkeit zeichnen sich gegenüber solchen mit niedriger Selbstwirksamkeit durch ihre größere Anstrengung und Ausdauer (...), eine größere strategische Flexibilität bei der Suche nach Problemlösungen, bessere Leistungen, eine realistischere Einschätzung der Güte ihrer eigenen Leistung und selbstwertförderliche Ursachenzuschreibung aus (Schwarzer & Jerusalem, 2002, S. 37 f.).

In den Begriff der „allgemeinen Selbstwirksamkeit" werden alle Lebensbereiche mit einbezogen. Sie bringen eine optimistische Einschätzung der generellen Lebensbewältigungskompetenz zum Ausdruck (Schwarzer & Jerusalem, 2002, S. 40).

Nach Biemann (2005, S. 2) können Selbstwirksamkeitserwartungen[3] als „Überzeugungen, die eigenen sportlichen Fähigkeiten und Fertigkeiten unter verschiedenen herausfordernden Bedingungen für die erfolgreiche Ausübung der sportlichen Aktivität zu nutzen" definiert werden. Hierbei wird dann von „sportartbezogener Selbstwirksamkeitserwartung" (ebd.) gesprochen.

Sygusch wiederum untergliedert weiter in „sportliche Selbstwirksamkeit", bezogen auf die motorische Leistungsfähigkeit sowie in die „sportartbezogene" Selbstwirksamkeit (2007, S. 67).

In der vorliegenden Arbeit liegt der Focus auf der sportartbezogenen Selbstwirksamkeit im Breakdance, sowie der allgemeinen Selbstwirksamkeit – in Anlehnung an frühere Forschungsarbeiten (vgl. Liebl & Kuhn, 2013).

Mit der sportartbezogenen Selbstwirksamkeit sind nach Sygusch (2007) „alle Überzeugungen einer Person gemeint, durch eigene Kompetenzen neue oder schwierige Anforderungen in einer Sportart (hier z. B. Breakdance) erfolgreich auszuführen (Sygusch, 2007, S. 67).

Nach Biemann (2005, S. 32) gilt eine leichte Überschätzung der eigenen Kompetenzen als förderlich für die persönliche Entwicklung. Eine überzogene Einschätzung kann allerdings Gefahren der Selbst- und Fremdgefährdung beinhalten. Der Aufbau von Selbstwirksamkeit erfolgt sukzessive stufenweise und steht in engem Bezug zur „ontogenesischen Entwicklung" des Menschen (Flammer, 1995). „Jede Aufbaustufe schließt die Vorhergehende ein, keine kann übersprungen werden (Biemann, 2005, S. 24).

2.1.2.2 Kooperationsfähigkeit

Nach Sygusch (2007) ist die Kooperationsfähigkeit den sozialen Ressourcen zugeordnet, welche sich weiter untergliedern in „Gruppenzusammenhalt", „sozialer Rückhalt" und „soziale Kompetenzen". Die Kooperationsfähigkeit ist zentrales Merkmal der sozialen Kompetenz und beschreibt die Fähigkeit an zielgerichteten Interaktionen in allen sportlichen Anforderungssituationen – insbesondere beim Üben und Wettkämpfen – aktiv teilzuhaben (Sygusch, 2007, S. 80).

---

[3] Synonym für Selbstwirksamkeit (vgl. Schwarzer & Jerusalem, 2002).

Es liegen Unterschiede bzgl. Anforderungssituationen zwischen Mannschafts- und Individualsportarten vor. Im Tanz, als Individual- sowie auch als Mannschaftssportart, liegen sozial kooperative Anforderungen in verschiedensten Situationen vor, sowohl beim Üben und Trainieren als auch beim Wettkampf. Dies können gegenseitige Tipps beim Erlernen neuer Schrittkombinationen beim „Top Rocking" sein oder Hilfestellungen beim Üben neuer „Powermoves".

Mit der Kooperationsfähigkeit eng verknüpft sind die

- Perspektivübernahme (Erfassung von Perspektiven und Emotionen von Mitspielern und Gegnern)
- Kommunikationsfähigkeit (nonverbale und verbale Verständigung in Sportsprache)
- soziale Verantwortung (u. a. das Zurücknehmen eigener Interessen, die Ausführung zugewiesener Aufgaben)

Die Fähigkeit zur Erfassung von Emotionen und Perspektiven von Mitschülern, Sportlern oder Gegnern in allen Anforderungssituationen wird als Perspektivübernahme bezeichnet. Dieser Baustein der Kooperationsfähigkeit ist v. a. im Breakdance wichtig, da ein Schüler in der Lage sein muss abzuschätzen, welche Art der Gruppenpräsentation (aufgrund der Gruppenzusammensetzung) bei einem kleinen Battle oder einer kleinen Aufführung angemessen ist.

Breakdance lebt von spontanen kleinen Aufführungssituationen „im Circle" – dem gegenseitigen Messen und „friedlichem Bekämpfen" im Kreis – und von spontaner Improvisation. Dies kann sowohl in einem Partnerwettkampf stattfinden als auch in einem kleinen Gruppenwettkampf. Jeder Schüler kennt hier die Stärken und Schwächen seines Mittänzers oder Mitstreiters und kann so entsprechend in der Wahl der Top Rocks oder Power Moves entsprechend agieren, denn „Grundlage taktischen Handelns ist, dass Du erkennst, was der andere vorhat" (Sygusch, 2007, S. 83).

Kommunikationsfähigkeit im Sport beschreibt die Fähigkeit, unter den Bedingungen sportlicher Anforderungssituationen, Botschaften möglichst frei von Missverständnissen zu versenden und zu verstehen (ebd., S. 84).

In einer Auftritts- oder Battle-Situation kommt es vor, dass ein Zweier Team gegen ein anderes zweier Team antritt – hier bedarf es einer guten, meist nonverbalen Kommunikation. Auch innerhalb des Trainings gibt es Anweisungen (z. B. „Erstellt eine Kurschoreographie von vier Achtern mit mindestens einer Drehung, einem Powermove und einer Verwringung"). Damit die Schüler diesen improvisatorischen, aber dennoch geordneten Rahmen möglichst schnell umsetzen können, bedarf es einer guten verbalen, als auch nonverbalen Kommunikation.

Denn sowohl im Training als auch im Wettkampf besteht Sportsprache aus einer Vielzahl komprimierter Botschaften (Signale, Kommandos, Hinweise, Lob, Anfeuerung, etc.), z. B. beim Einfordern von Unterstützung (...), Motivieren (...), Bewegungshinweisen (…) oder taktischen Anweisungen (...) (ebd., S. 85).

Es ist von enormer Bedeutung, dass die Sprache eine gemeinsame ist, damit verbale und nonverbale Verständigung funktioniert.

Der Aspekt der sozialen Verantwortung ist im Breakdance von enormer Bedeutung. Als Mitglied einer Auftrittsgruppe ist es wichtig, zuverlässig, gut vorbereitet und konzentriert am Wettkampf- oder Aufführungstag teilzunehmen. Die meisten Aufführungen beginnen mit einer Gruppenchoreographie, bevor die Solo- oder Einzelaufführungen der jeweiligen Gruppenmitglieder beginnen.

Als zentraler Kern der sozialen Verantwortung gilt, eigene Interessen einer gemeinsamen Zielorientierung der Übungs- und Wettkampfgruppe unterzuordnen (...), trotz Belastungen und Ermüdungserscheinungen dem Team zur Verfügung zu stehen und dieses in den Vordergrund zu stellen (ebd., S. 85). Mannschaftserfolge sollten vor individuelle Erfolge gestellt werden. Ein Breakdancer, der sich ausschließlich auf seine Solo-Performance vorbereitet und die Gruppenchoreographie zu Beginn der Vorführung als Nebensächlichkeit betrachtet, wird für die anderen beteiligten Tänzer insgesamt kein zufriedenstellendes Resultat liefern.

2.2 Vorüberlegungen zur Methodik

Hier wird der grundsätzliche Ansatz erläutert, der zur Bearbeitung für die zuvor formulierten Fragestellungen gewählt wird.

Mittels der quantitativen Untersuchung kann die Hauptfragestellung aus einer objektiven, messbaren Perspektive bearbeitet werden. Zur Bearbeitung der Nebenfragestellung ist zu erwähnen – wie bereits in 2.1 ausgeführt –, dass eine „Forschung über Kinder" nur mit einer einhergehenden „Forschung mit Kindern" möglich ist. Nach Hülst (2000, S. 49) kann hierfür die wissenschaftsmethodisch angeleitete Verstehenslogik mit der intuitiven Alltagskompetenz und der alltäglichen Symboldeutungskompetenz kombiniert werden (vgl. Kuhn, 2007, S. 27; Liebl, 2013, S. 109):

- *Übertragung und Gegenübertragung:* Kinder werden beeinflusst, durch die Rolle, die Kinder dem Forscher zuweisen (Vater, Mutter, Lehrer, Polizist, Wissenschaftler). So können bestimmte Antwortbereitschaften oder Sperren entstehen. Ähnliches gilt, wenn der Forscher sich als eine dieser Funktionen offenbart.
- *Die doppelte Asymmetrie der Forschungssituation:* Es empfiehlt sich, suggestive Einflussnahmen der Forscher auf die Kinder zu vermeiden. Unterschiede über den Forschungsgegenstand zwischen Erwachsenen und Kindern werden herausgearbeitet, da die Forschungssituation zwar vom Forschenden definiert wird, aber auch die gesellschaftliche Asymmetrie zwischen Kindern und Erwachsenen nutzt.
- *Reduzierung der symbolischen Gewalt:* Es soll kein Gefühl des „Ausgehorcht" oder der Instrumentalisierung bei den Kindern entstehen. So empfiehlt Hülst (2000), eine mittlere Haltung zwischen „Laissez-faire" und „Dirigismus" einzunehmen. Der Forschende soll sich aufgeschlossen, authentisch, zurückgewandt, unvoreingenommen, offen und verständnisvoll zeigen.
- *Balance von Fremdheit und Vertrautheit:* Der Forschende soll einen Mittelweg zwischen allzu vertrauten und allzu formalen Kommunikationsformen wählen.
- *Gefälligkeitsantworten:* Es gilt zu beachten, dass Kinder dazu neigen, Gefälligkeitsantworten zu geben, wenn sie glauben zu wissen, „was der Forscher gerne hören

würde" oder auch wenn Kinder symbolische Gewalt spüren. Zitat Kuhn (2007): „Kinder sehen die Welt qualitativ anders als Erwachsene. Das Verstehen von Kindern ist abhängig von der Bereitschaft, sich auf diese ‚andere' Sicht einzulassen und die Relativität des Verstehens anzuerkennen. Es kommt wesentlich auf den Einsatz geeigneter Erhebungsverfahren an, und darauf, dass man das Machtgefälle zwischen Erwachsenen und Kindern durch Offenheit und Einfühlungsvermögen reduziert" (Kuhn, 2007, S. 27).

Um eine kindheitsgerechte Bearbeitung der Fragen zu gewährleisten wird bei der vorliegenden Studie eine Kombination des quantitativen und des qualitativen Forschungsansatzes (vgl. Bortz & Döring, 2006, S. 296–302) gewählt. Diese Kombination wird als „Datentriangulation" bezeichnet. Die Datentriangulation ist: „die Einnahme unterschiedlicher Perspektiven auf einen untersuchten Gegenstand oder allgemeiner bei der Beantwortung von Forschungsfragen. Diese Perspektiven können sich in unterschiedlichen Methoden, die angewandt werden, und/oder unterschiedlich gewählten Zugängen konkretisieren, wobei beides wiederum miteinander in Zusammenhang steht bzw. verknüpft werden sollte. Weiterhin bezieht sie sich auf die Kombination unterschiedlicher Datensorten jeweils vor dem Hintergrund der auf die Daten jeweils eingenommenen theoretischen Perspektiven (...). Durch die Triangulation (etwa verschiedener Methoden oder verschiedenen Datensorten) sollte ein prinzipieller Datenfortschritt möglich sein, dass also bspw. Erkenntnisse auf unterschiedlichen Ebenen gewonnen werden, die damit weiterreichen als es mit einem Zugang möglich wäre" (Flick, 2008, S. 12; vgl. Liebl, 2013, S. 116).

Außerdem sind laut Flick (2008, S. 75) seit einigen Jahren „Trends zu beobachten, durch die eine strikte Trennung zwischen quantitativer und qualitativer Forschung überwunden werden sollen". Es werden Vorteile betont, die im Wesentlichen in der wechselseitigen Überprüfung der Ergebnisse und dem gegenseitigen Ausgleich von Stärken und Schwächen sind (ebd. S. 75 f.; vgl. Liebl, 2013, S. 116). So können Prozessaspekte besser durch qualitative Zugänge erfasst werden, wohingegen strukturelle Aspekte besser durch quantitative Zugänge erschließbar sind (Liebl, 2013, S. 116). Die Generalisierbarkeit von Ergebnissen lässt sich leichter über quantitative Methoden ableiten, wohingegen die Interpretation von Ergebnissen leichter auf qualitativem Wege möglich ist (Miethling & Schierz, 2008, S. 222; vgl. Liebl, 2013, S. 116).

In Anlehnung an Flick (2008, S. 75–91) sowie Liebl (2013, S. 116) wird diese durch die Charakteristika „theoretische Basis", „Perspektiventriangulation", „Methodentriangulation", „Datentriangulation" sowie „Ergebnistriangulation" ausgezeichnet: Aufbauend auf einer theoretischen Fundierung werden unterschiedliche Perspektiven auf den Untersuchungsgegenstand und die Fragestellungen eingenommen. Hieraus lassen sich unterschiedliche quantitative und/oder qualitative Methoden ableiten. Als fester Bestandteil jeder empirischen Forschung sollte – wie auch bei der Datentriangulation – der systematische Einbezug verschiedener Datenquellen sein. Diese sind die Aspekte Zeit (zeitliche Datenquelle, z .B. unterschiedliche Erhebungszeiträume), Raum (örtliche Datenquelle, z. B. verwendete Settings), sowie Person (personelle Datenquelle, z. B. mehrere Untersuchungsgruppen). Diese – auf zum Teil gravierend unterschiedlichen Wegen erlangten Ergebnisse – werden dann am Ende der Triangulationsstudie miteinander in Beziehung gesetzt.

Nach Miethling & Schierz (2008, S. 222) können dabei folgende Möglichkeiten unterschieden werden:

- Ergebnisse, welche *konvergieren*. Diese sind vollständig oder partiell übereinstimmend (z. B. Ergebnisse einer Fragebogenuntersuchung zeigen in die gleiche Richtung).
- Ergebnisse, welche *divergieren*. Sie weichen voneinander ab, sodass sie schwer in einen sinnvollen Einklang zu bringen sind.
- Ergebnisse, welche *komplementär* zueinander sind. Diese „ergänzen sich, belichten blinde Flecken des jeweils anderen Ergebnisbildes". So kann z. B. ein Leitfadeninterview subjekt- bzw. prozessbezogene Befunde liefern, die ein tieferes Verständnis für die Ergebnisse einer standardisierten Fragebogenuntersuchung ermöglichen (ebd.).

Die durchgeführte Studie lehnt sich an diesen Charakteristika an.

Somit wird der Forschungsgegenstand einerseits aus einer objektiven bzw. intersubjektiven Perspektive, zum anderen aus der subjektiven Kinderperspektive betrachtet (Perspektiventriangulation) (Liebl, 2013, S. 117). Für die Beantwortung der Hauptfragestellung wird ein quantitativer Ansatz gewählt, wohingegen für die Beantwortung der Nebenfragestellung ein qualitatives Verfahren angewendet wird. Die quantitative Untersuchung soll nachweisen, ob sich Wirkungen des Schulsports Breakdance hinsichtlich der physischen und psychosozialen Untersuchungsmerkmale objektiv bzw. intersubjektiv nachweisen und ggf. verallgemeinern lassen. Die qualitative Untersuchung soll empfundene Wirkungen und deren subjektive Begründung erklären (vgl. Liebl, 2013).

Folgende Methoden werden trianguliert:

- Im Bereich der physischen Entwicklung wird ein standardisierter motorischer Test sowie eine halbstrukturierte mündliche Befragung durchgeführt.
- Im Bereich der psychosozialen Entwicklung wird eine standardisierte schriftliche Befragung sowie eine halbstrukturierte mündliche Befragung Anwendung finden.

Der motorische Test bedeutet eine objektive Fremdeinschätzung bezüglich der motorischen Leistungsfähigkeit der Kinder (vgl. Bortz & Döring, 2006, S. 189–192; Bös, Hänsel & Schott, 2004, S. 40). Die standardisierte schriftliche Befragung der Kinder stellt eine intersubjektive Einschätzung bezüglich der Untersuchungsmerkmale „sportartspezifische Selbstwirksamkeit", „allgemeine Selbstwirksamkeit" sowie „Kooperationsfähigkeit" dar.

Die halbstrukturierte mündliche Befragung kann die subjektive Selbsteinschätzung der Kinder erfassen (vgl. Bortz & Döring, 2006, S. 308–318).

Um die Nebenfragestellung zu beantworten reicht es aus, Kinder zu befragen, die Breakdance betreiben. Für die quantitative Untersuchung müssen auch Kinder einbezogen werden, die nicht Breakdance als Schulsport betreiben, sondern entweder eine andere Schulsport AG (Aktiv-Kontrollgruppe) oder keinen organisierten Sport (Null-Kontrollgruppe).

2.3 Design der Studie

In diesem Abschnitt wird sowohl die quantitative als auch die qualitative Untersuchung dargestellt. Im Untersuchungsdesign wird bei der quantitativen Untersuchung ein Längsschnittdesign, bei der qualitativen Untersuchung ein Querschnittsdesign gewählt.

Quantitative Untersuchung:
Die drei Messzeitpunkte wurden zu Beginn des Schulhalbjahres (t1) gewählt, nach drei Monaten erfolgte eine Zwischenerhebung (t2), am Ende des Schulhalbjahres wurde die Abschlusserhebung durchgeführt (t3). Zusätzlich zur Interventionsgruppe (Gruppe Breakdance) gab es – wie in Abschnitt 2.2 bereits beschrieben – zwei Kontrollgruppen (Aktiv-Kontrollgruppe und Null-Kontrollgruppe). Alle Kinder der Interventions- und Vergleichsgruppen wurden an allen drei Erhebungszeiträumen mittels Motoriktests und der erstellten Fragebögen überprüft (siehe 2.4.1 und 2.4.2).

Die Durchführung der Datenerhebungen fand bei der Interventions- und der Aktiv-Kontrollgruppe während des AG-Unterrichts statt, bei der Null-Kontrollgruppe während des regulären Sportunterrichts.

Die Aktiv-Kontrollgruppe bestand zu ca. 60 % aus Kindern der Sport AG „Mountainbike" sowie zu ca. 40 % aus Kindern der Sport AG „Handball" (siehe Abschnitt 2.5.2). Für jede dieser Gruppen wurde ein eigenes Anschreiben formuliert aus dem ersichtlich wurde, dass die Kinder die Fragen zur „sportartspezifischen Selbstwirksamkeit" auf die jeweils ausgeführte Sportart beziehen sollen. Die entsprechenden Einzelfragen wurden außerdem entsprechend formuliert.

Es wurden sowohl bei den Motoriktests als auch bei den Fragebogenerhebungen entsprechend Nachtermine angesetzt, um krankheitsbedingte Ausfälle komplett kompensieren zu können.

Qualitative Untersuchung
Die qualitative Untersuchung ist als Querschnitt durchgeführt worden (siehe Abschnitt 2.4.3). Am Schuljahresende wurden elf Kinder interviewt. Diese Interviews fanden entweder zuhause statt oder aus organisatorischen Gründen nach dem Ende der regulären Unterrichtszeit am Nachmittag in einem Seminarraum im Schulgebäude (vgl. Abschnitt 2.4.3.1).

2.4 Methoden der Datenerhebung und Auswertung

In den folgenden Abschnitten werden die Erhebungs- und Auswertungsmethoden der quantitativen (motorische Tests in 2.4.1, schriftliche Befragung in 2.4.2) sowie der qualitativen Untersuchung (mündliche Befragung in 2.4.3) dargestellt.

2.4.1 Motorische Tests (quantitative Untersuchung)

Hier werden die Auswahl, die Durchführung, die Auswertung sowie die Gütekriterien der motorischen Tests beschrieben.

2.4.1.1 Auswahl der motorischen Tests und Durchführung der Erhebung

Bei der Wahl der Testverfahren zur Untersuchung der physischen Daten soll ein standardisiertes Testverfahren gewählt werden.

Der deutsche Motoriktest erfüllt die Kriterien, die zur geplanten Untersuchung notwendig sind, und ist für Kinder in der zu untersuchenden Altersklasse geeignet. Es können die physischen Merkmale (Koordination unter Zeitdruck, Koordination bei Präzisionsaufgaben, Kraftausdauer in den oberen Extremitäten und im Rumpfbereich, Schnellkraft in den Beinen) untersucht werden.

Zusätzlich soll ein Testverfahren gewählt werden, das sich an Bewegungsabläufen orientiert, welche sowohl in der zu untersuchenden Sportart Breakdance vorkommen, als auch in anderen Sportarten oder in Alltagsbewegungen.

Auch diese Kriterien werden vom deutschen Motoriktest erfüllt.

Zur Beantwortung der unterschiedlichen Fragestellungen wurden insgesamt fünf verschiedene motorische Tests durchgeführt.

Diese sind:

- *„Balancieren rückwärts" zur Erfassung der Koordination bei Präzisionsaufgaben:* Die Aufgabe besteht darin, in jeweils zwei gültigen Versuchen rückwärts über einen zunächst 6 cm breiten, dann 4,5 cm breiten und zuletzt über einen 3 cm breiten Balken zu balancieren (DMT, 6-18; Bös et al., 2009a).
- *„Seitliches Hin- und Herspringen" zur Erfassung der Koordination unter Zeitdruck:* In 15 s möglichst viele Wechselsprünge über eine Linie und innerhalb eines bestimmten Feldes ausführen (DMT 6-18; Bös et al., 2009a).
- *Standweitsprung zur Erfassung der Schnellkraft bei Sprüngen:* Aufgabe ist es, mit einem Sprung (beidbeiniger Absprung) aus dem Stand möglichst weit zu springen (DMT 6-18; Bös et al., 2009a).
- *Liegestütz zur Erfassung der Kraftausdauer der oberen Extremitäten:* In 40 s möglichst viele regelkonforme Liegestütze ausführen (DMT 6-18; Bös et al., 2009a).
- *„Sit Ups" zur Erfassung der Kraftausdauer der Rumpfmuskulatur:* In 40 s möglichst viele regelkonforme Sit Ups ausführen (DMT 6-18; Bös et al., 2009a).

Durchführung der Erhebung

Nach Bös et al. bzw. Bös, Schlenker & Seidel gelten folgende Bestimmungen für die Durchführung des motorischen Tests (Bös et al.; vgl. Bös, Schlenker & Seidel, 2009 b):

- Alle Tests müssen mit Sportschuhen durchgeführt werden.
- Es muss eine ruhige Atmosphäre während des Tests herrschen.
- Jede Testaufgabe muss im erholten Zustand ausgeführt werden, demnach sind nach jedem Testdurchgang entsprechend lange Pausen einzuhalten.

- Die Anzahl an Probeversuchen muss eingehalten werden.
- Das Testpersonal muss eine standardisierte Schulung erhalten.

Als Testpersonal dienten Sportstudenten der Universität sowie vom Autor der Arbeit eingewiesene Hilfskräfte. Alle Hilfskräfte hatten Erfahrungen in Bezug auf Motoriktests durch ihr Studium oder die Begleitveranstaltungen Forschungsmethoden. Bei der Schulung wurden die einzuhaltenden Kriterien besprochen und es wurden die einzelnen Tests im Vorfeld probeweise durchgeführt. Im weiteren Verlauf wird die Messwertaufnahme und Auswertung der motorischen Tests beschrieben (Bös et al.; vgl. Bös, Schlenker & Seidel, 2009 b).

Diese Messwertaufnahme erfolgte in Form eines Stationsbetriebes. Jeder Testleiter betreute eine Station, für die er verantwortlich war. Die Schüler wechselten erst nach Beendigung der Messwertaufnahme aller Daten aller Schüler pro Station an einen anderen Testaufbau. Da bei der Studie lediglich männliche Schüler teilnahmen, wird hier entsprechend der Begriff „Schüler", und nicht „Schüler*innen" verwendet.

- *„Balancieren rückwärts" zur Erfassung der Koordination bei Präzisionsaufgaben:* Gezählt wird die Anzahl des Fußaufsetzens beim Rückwärtsbalancieren über den Balken (Bös et al., 2009b, S. 6). Vor Beginn der Übung darf der Schüler je einen Versuch vorwärts und rückwärts auf jedem der drei Balken (Balkenbreite erst 6 cm, dann 4,5 cm, zuletzt 3 cm) über die gesamte Balkenlänge zur Probe durchführen. Gestartet wird von einem Startbrett aus. Das erste Aufsetzen des Fußes wird noch nicht gewertet. Erst wenn sich beide Füße auf dem Balken befinden, zählt der Testleiter laut die Schritte mit. Jeder Schritt wird als ein Punkt gewertet (Bös et al., 2009b, S. 6). Es wird die Anzahl der Schritte gewertet, bis ein Fuß den Boden berührt. Pro Durchgang können maximal acht Punkte erreicht werden. Diese erhält der Schüler, wenn er die gesamte Länge des Balkens mit weniger als acht Schritten gemeistert hat, oder er acht Schritte auf dem Balken ausgeführt hat. Sobald ein Fuß den Boden berührt, wird der Versuch abgebrochen, und es werden die bis dahin durchgeführten Schritte als Punkte angerechnet. Sofort nach jedem Durchgang wird das Ergebnis pro Balken direkt vom Testleiter in den Erfassungsbogen eingetragen. Die Summe aus allen 6 Versuchen (2 pro Balken) wird für die weiteren Auswertungen herangezogen. Die maximal erreichbare Punktzahl beträgt 48 [3 x (2 x 8) = 48].(Bös et al., 2009b, S. 6)
- *„Seitliches Hin- und Herspringen" zur Erfassung der Koordination unter Zeitdruck:* Hier ist die Aufgabe, mit beiden Beinen gleichzeitig so schnell wie möglich, innerhalb von fünfzehn Sekunden, seitlich über die Mittellinie eines markierten Feldes hin- und herzuspringen. Das markierte Feld hat die Größe von 50 cm x 50 cm. Der Schüler steht mit beiden Beinen und geschlossenen Füßen in einer Hälfte des Feldes seitlich neben der Mittellinie. Der Testleiter erteilt das Startkommando, daraufhin springt der Schüler über die Mittellinie in die andere Hälfte des Feldes. Von dort springt er ohne Zwischenhüpfen sofort wieder in die erste Hälfte zurück. Dies wird so oft wiederholt, bis der Testleiter das Ende des Tests signalisiert. Es werden nur die korrekt ausgeführten Sprünge gezählt, nicht gezählt werden Sprünge bei denen die Testperson die Mittellinie bzw. eine der anderen Seitenlinien betritt. Au-

ßerdem werden Doppelhüpfer auf einer Seite oder Sprünge, die nicht beidbeinig durchgeführt werden, nicht gewertet. Jeder Schüler darf vor Testbeginn fünf Probesprünge durchführen. Es werden insgesamt zwei Wertungsdurchgänge von jeweils 15 Sekunden durchgeführt. Zwischen den beiden Versuchen ist eine Pause von mindestens einer Minute festgelegt. Der Testleiter notiert die Anzahl der richtig ausgeführten Sprünge von zwei gültigen Versuchen (hin zählt dabei als eins und her zählt dabei als zwei usw.), und schreibt nach jedem Durchgang den Wert sofort in den Erfassungsbogen. Der Mittelwert der Anzahl der Sprünge aus beiden Versuchen wird für die weiteren Auswertungen herangezogen [z. B. 34 (Versuch 1) + 30 (Versuch 2) / 2 = 32] (Bös et al., 2009b, S. 8).

- *Standweitsprung zur Erfassung der Schnellkraft bei Sprüngen:*
Der Schüler steht zu Beginn der Übung im parallelen Stand mit leicht geöffneten Beinen an der Absprunglinie (Bös et al., 2009b, S. 8). Der Absprung erfolgt aus dieser Position heraus, wobei ein aktiver Armeinsatz und ein in die Knie gehen zum Schwung holen erlaubt sind. Die Landung muss ebenfalls beidbeinig erfolgen, wobei mit der Hand nicht nach hinten gegriffen werden darf (Bös et al., 2009b, S. 8). Ein Abstützen mit den Händen bzw. ein nach vorne Fallen ist erlaubt. Der Schüler hat zwei Versuche, die vom Testleiter gemessen werden. Ist ein Versuch ungültig, so wird er wiederholt, und zwar so lange, bis die Testperson zwei gültige Sprünge abgelegt hat (Bös et al., 2009b, S. 8). Zur Messwertaufnahme wird ein Maßband im rechten Winkel zur Absprunglinie befestigt. Auf dem Hallenboden wird vor dem Testbeginn eine Linie als Absprunglinie festgelegt. Es wird die Entfernung von der Absprunglinie bis zur Ferse des hinteren Fußes bei der Landung gemessen. Die Angabe erfolgt in Zentimetern, die Ergebnisse werden direkt vom Testleiter in den Erfassungsbogen geschrieben. Für die weiteren Auswertungen wird der bessere (= weitere) Versuch herangezogen (Bös et al., 2009b, S. 8).

- *Liegestütz zur Erfassung der Kraftausdauer der oberen Extremitäten:*
Der Testleiter demonstriert hier die Testaufgabe vor Beginn der Übung, um auf die wichtigsten Dinge der Übung hinzuweisen. Als Ausgangslage soll sich der Schüler auf eine Turnmatte auf den Bauch legen, wobei sich hier seine Hände auf dem Gesäß berühren. Nach dem Startsignal werden die Hände neben die Schultern gesetzt, der Körper vom Boden abgedrückt, bis die Arme vollkommen gestreckt sind (Bös et al., 2009b, S. 11). Aus dieser Position soll der Schüler eine Hand vom Boden lösen, um die andere Hand zu berühren. Hier haben also nur eine Hand und Füße Bodenkontakt, Rumpf und Beine müssen komplett gestreckt gehalten werden, außerdem soll eine Hohlkreuzhaltung vermieden werden. Daran anschließend wird erneut die Ausgangslage eingenommen, die Hände berühren sich wieder hinter dem Rücken. Erst jetzt wird der Durchgang als eine Wiederholung gewertet. Die Übung wird so oft wiederholt, bis der Testleiter nach 40 Sekunden das Ende der Übung verkündet. Es werden nur die entsprechend korrekt ausgeführten Liegestützen gezählt. Vor Beginn der Übung führt der Schüler zwei Probeversuche durch, damit der Testleiter erkennt, ob die Übung verstanden wurde (Bös et al., 2009b, S. 11). Bei dieser Testaufgabe wird nur ein Wertungsdurchgang durchge-

führt, der Testleiter notiert sofort nach dem Test den erreichten Wert im Erfassungsbogen.

- *„Sit-ups" zur Erfassung der Kraftausdauer der Rumpfmuskulatur:*
Der Schüler liegt in der Ausgangslage auf einer Turnmatte auf dem Rücken und stellt die Füße leicht geöffnet auf, die Beine werden im Kniegelenkt um ca. 80 Grad angewinkelt. Der Testleiter fixiert die Füße durch leichtes Drücken auf dem Boden. Der Schüler muss seine Hände seitlich am Kopf halten. Diese Haltung darf während der Durchführung nicht geändert werden. Zu Beginn der Übung muss der Oberkörper des Schülers so abgelegt sein, dass die Schultern die Matte berühren. Ein Sit-up gilt als gültig, wenn der Schüler den Oberkörper aufrichtet, und mit beiden Ellbogen beide Knie berührt. Wenn dies nicht erfolgt, wird der entsprechende Sit-up nicht gewertet. Wird von der Testperson das Becken vom Boden abgehoben, gilt der Versuch ebenfalls als ungültig. Der Testleiter misst die Zeit mittels Stoppuhr, welche während der Testdurchführung auf der Matte neben ihm liegt, um die Zeit zu überwachen. Der Schüler darf vor Beginn der Übung zwei Probeversuche durchführen. Es wird anschließend ein Durchgang von 40 Sekunden durchgeführt (Bös et al., 2009b, S. 15). Unmittelbar nach der Testdurchführung wird die Anzahl der Sit-ups in den Erfassungsbogen eingetragen und für die weitere Auswertung herangezogen.

2.4.1.2 Auswertung der Erhebung

Für die Wahl der Auswertungsmethode müssen zunächst Hypothesen formuliert werden, die aus der Fragestellung abgeleitet werden können.

Diese Unterschiedshypothese im Bereich der physischen Entwicklung lautet:

Kinder der Unterstufe (5.–7. Klasse), die den Schulsport Breakdance regelmäßig und mindestens ein Schulhalbjahr betreiben (Interventionsgruppe), unterscheiden sich im zeitlichen Verlauf überdurchschnittlich von Kindern, die nicht Breakdance im Schulsport, sondern entweder eine andere Schulsportart regelmäßig und mindestens ein Schulhalbjahr betreiben (Aktiv-Kontrollgruppe) oder keinen organisierten Sport ausüben (Null-Kontrollgruppe) hinsichtlich:

- der Koordination unter Zeitdruck
- der Koordination bei Präzisionsaufgaben
- der Schnellkraft in den Beinen
- der Kraftausdauer im Rumpfbereich
- der Kraftausdauer in den oberen Extremitäten

Jedes Auswertungsverfahren ist nur unter Berücksichtigung bestimmter Bedingungen verwendbar und zwar für die Verfahren, für die es auch konstituiert wurde (Bös et al., 2004, S. 119).

Für die Planung der Untersuchung wurde eine Studie über Judo im Schulsport hinzugezogen (Liebl, 2013).

Da es sich um eine Untersuchung mit unterschiedlichen Gruppen (Interventionsgruppe, Aktiv-, Null-Kontrollgruppe) zu drei unterschiedlichen Messzeitpunkten handelt
(t1, t2, t3), bietet sich eine univariate zweifaktorielle Varianzanalyse an (analysis of variance
bzw. ANOVA; Botz & Döring, 2006, S. 532). Dabei bilden die beiden unabhängigen Variablen (Gruppe und Zeit) zusammen mit einer der abhängigen Variablen (Koordination unter Zeitdruck, Koordination unter Präzisionsdruck, Kraftausdauer im Rumpfbereich, Kraftausdauer in den oberen Extremitäten, Schnellkraft in den Beinen) den zugrundeliegenden
Untersuchungsplan. Wie später in Abschnitt 3.1.1 noch detailliert beschrieben wird, müssen sowohl inhaltliche als auch statistische Voraussetzungen erfüllt sein.

Folgende statistische Voraussetzungen gelten (Bös et al.,2004, S. 161, 187; vgl. Sedlmeier
& Renkewitz, 2008, S. 495–497):

- Die Varianzen der Stichproben sollten homogen sein, insbesondere bei ungleicher
  Gruppenstärke.
- Die abhängige Variable muss intervallskaliert sein, insbesondere bei ungleicher
  Gruppenstärke.
- Die Stichproben sollten normalverteilt sein, insbesondere bei ungleicher Gruppen-
  stärke.

Aufgrund der metrischen Daten des Motoriktests ist die Voraussetzung „Intervallska-
lierung" erfüllt. Ob die Stichproben normalverteilt sind, wird mittels Levene- bzw. Kolomogorov-Smirnov-Test geprüft. In Abschnitt 3.1.1 werden die Ergebnisse dargestellt.

Nach Bortz und Döring liefert eine Varianzanalyse mit Messwiederholung drei unterschiedliche Signifikanztests (Bortz & Döring, 2006; Rost, 2007; vgl. Liebl, 2013, S. 124):

- *Haupteffekt Gruppe:* Der erste Signifikanztest prüft die Unterschiede zwischen den
  drei Untersuchungsgruppen. Die zugrundeliegende Frage lautet, ob es einen signifikanten Mittelwertunterschied zwischen zwei oder drei Gruppen gibt. Würde man
  nur die Unterschiede zwischen den drei Gruppen ohne Berücksichtigung des zeitlichen Verlaufes betrachten (Haupteffekt Gruppe), so entspräche dies nicht der
  oben formulierten Unterschiedshypothese. Innerhalb dieses Tests wird lediglich
  die Aussage getroffen, ob sich die Gruppen, gemittelt über alle Erhebungszeiträume, hinsichtlich ihrer Variablen voneinander unterscheiden. Es ist jedoch inhaltlich von Relevanz, ob sich die Gruppen bereits zu Schuljahresbeginn voneinander unterscheiden, da möglicherweise eine Gruppe mit niedrigeren Ausgangswerten einen höheren Leistungszuwachs verzeichnet, als eine Gruppe mit höheren
  Ausgangswerten. In solch einem Fall ist die Vergleichbarkeit eingeschränkt. Daher
  werden die Gruppenunterschiede zu t1 mit einer univariaten einfaktoriellen Varianzanalyse überprüft. Für den Fall, dass signifikante Ausgangsunterschiede auftreten, werden diese zusätzlich mithilfe einer Kovarianzanalyse (analysis of covari-
  ance bzw. ANCOVA) berücksichtigt (vgl. Liebl, 2013, S. 125). Eine genauere Erläuterung findet in Abschnitt 3.1 statt.
- *Haupteffekt Zeit:* Der zweite Signifikanztest prüft die Unterschiede zwischen den
  Erhebungszeiträumen. Die zugrundeliegende Frage lautet, ob es einen bedeutsamen Mittelwertunterschied zwischen zwei bzw. drei Erhebungszeiträumen gibt.
  Eine Überprüfung über den Haupteffekt Zeit entspräche ebenfalls nicht der Unter-

schiedshypothese. Allerdings ist es interessant diesen Effekt anzugeben, da so Aussagen über mögliche natürliche Entwicklungsverläufe getroffen werden können, die unabhängig von den jeweiligen Gruppen sind.

- *Interaktionseffekt zwischen Gruppe und Zeit:* Der dritte Signifikanztest zeigt, ob es eine signifikante Interaktion zwischen den beiden Faktoren Gruppe und Zeit gibt. Nach Bortz & Döring (2006) besagt ein signifikanter Interaktionseffekt, „dass beide Faktoren nicht einfach additiv, sondern in anderer Weise zusammenwirken" (Bortz & Döring, 2006, S. 533). So können sie sich z. B. gegenseitig überzufällig verstärken oder abschwächen. Gibt es also eine nicht-additive, statistisch bedeutsame Wechselwirkung zwischen den unabhängigen Variablen Gruppe und Zeit?

Durch den Signifikanztest „Interaktionseffekt" lässt sich die oben formulierte Unterschiedshypothese bearbeiten. Hier werden Unterschiede zwischen den Gruppen unter Einbezug des zeitlichen Verlaufes betrachtet. Allerdings wird durch diesen Test zwar ersichtlich, ob sich die Gruppen über den zeitlichen Verlauf gesehen unterschiedlich (signifikant) voneinander unterscheiden. Es kann aber nicht festgestellt werden, welche Gruppen sich wie voneinander unterscheiden. Entsprechende Gruppenunterschiede werden daher sowohl deskriptiv als auch grafisch dargestellt. Um die Zwischengruppenvergleiche herzustellen (z. B. Interventionsgruppe und Aktiv-Kontrollgruppe) wird im Anschluss ein Post-hoc-Test durchgeführt. Hierfür wird der Scheffe-Test[4] gewählt, da dieser auch bei ungleichen Stichprobenstärken eingesetzt werden kann. Es gilt zu beachten, dass Post-hoc-Tests eher konservativ sind und keine hypothesenprüfenden Verfahren darstellen (Sedlmeier & Renkewitz, 2008, S. 451).

Weiterhin gilt es anzumerken, dass alle Kinder, die Mitglied in einem Sportverein sind, aus der Untersuchung ausgeschlossen wurden, da dies sonst bezüglich der psychosozialen Untersuchungsmerkmale möglicherweise Störvariablen darstellen könnte. Um den Einfluss der Alltagsaktivität der Kinder einordnen zu können, wurde zusätzlich eine univariate einfaktorielle Varianzanalyse durchgeführt, um zu überprüfen, ob sich die Kinder zwischen den Gruppen diesbezüglich unterscheiden.

Die Kinder wurden befragt, wie häufig sie pro Woche Sport in ihrer Freizeit ausüben, und sollten dies in einer Rating Skala von „0-2-mal pro Woche", „3-4-mal pro Woche" sowie „mehr als 4-mal pro Woche" angeben.

2.4.1.3 Gütekriterien der Erhebung

Aufgrund der Nutzung von gängiger statistischer Software (SPSS, Version 24.0) sowie der Orientierung an allgemein gültigen Signifikanzniveaus und Effektstärken, sind die Gütekriterien der quantitativen Datenauswertung erfüllt.

Die Gütekriterien der Datenerhebung sind Objektivität, Reliabilität und Validität. Diese wurden beim deutschen Motoriktest (DMT, 6-18) überprüft und gelten für Forschungszwecke als geeignet (Bös, 2001, S. 233; Bös et al., 2009a, S. 30).

---

[4] Es gilt anzumerken, dass es sich hier um ein konservatives Verfahren handelt, d. h. der kumulierte Alpha-Fehler wird eher streng kontrolliert, und im Vergleich zu weniger konservativen Verfahren kommt es häufiger zu einer Entscheidung zugunsten der Nullhypothese (Sedlmeyer & Renkewitz, 2008, S. 451, vgl. Liebl, 2013, S. 125).

Die Objektivität wurde mit doppelter Testbesetzung, sowie die Reliabilität mit der Test-Retest-Methode überprüft (Bös et al., 2009a, S. 41). Des Weiteren können sowohl die inhaltliche Validität, sowie die Kriteriumsvalidität und die Konstruktvalidität belegt werden.

2.4.2 Schriftliche Befragung (quantitative Untersuchung)

Im folgenden Abschnitt werden die Auswahl, Durchführung, Auswertung sowie die Gütekriterien der schriftlichen Befragung dargestellt.

2.4.2.1 Auswahl der Fragebogen-Items und Durchführung der Erhebung

Die Auswahl der Fragebogen-Items erfolgt in Anlehnung an bereits zuvor durchgeführte Studien in Anlehnung an Liebl und Kuhn (2013) sowie Hermann und Sygusch (2013).

- Item 1–14: Sportartspezifische Selbstwirksamkeit. Das ursprünglich von Gerlach (2004; angelehnt an Schwarzer & Jerusalem, 1999) entwickelte Inventar zur Erfassung der fußballspezifischen Selbstwirksamkeit wurde bereits von Hermann (2013) auf die Sportarten Handball und Gerätturnen angepasst und umformuliert. Im Rahmen der Untersuchung der Sportart Breakdance wurden die Fragen auf die Sportart Breakdance bezogen und entsprechend umformuliert. Bei der Befragung der Aktiv-Kontrollgruppe wurde entsprechend auf die Sportarten Mountainbike und Handball umformuliert. Die Fragen der Null-Kontrollgruppe wurden auf das Sporttreiben in der Freizeit ohne Vereinsmitgliedschaft oder innerhalb eines organisierten Sports bezogen. Hier sollte im Vorfeld eine Sportart angegeben werden, auf welche die Schüler ihre Aussagen beziehen. Außerdem wurde hier eine weitere Antwortmöglichkeit „Kann ich nicht beantworten" angegeben.
- Item 15–25: allgemeine Selbstwirksamkeit (Biemann, 2005). Aus dem originalen Fragenkatalog von Biemann wurde eine alternative Antwortkategorie weggelassen, um eine einheitliche Antwortskala zu erhalten. Die Fragen – einschließlich modifizierter Antwortskala – wurden von Liebl (2013) in der Studie „Macht Judo Kinder stark?" verwendet und hier übernommen.
- Item 26–41: Kooperationsfähigkeit. Die vorhandenen Fragen dienen der Untersuchung der Kooperationsfähigkeit. Diese wird über die Instrumente zur Teamfähigkeit im Sport (angelehnt an Klein-Heßling & Drössler, 2003), Perspektivenübernahme im Sport (angelehnt an Kunter et al., 2003) und Kommunikationsfähigkeit im Sport (Sygusch & Kotissek, 2005) erfasst. Die Items wurden im Rahmen der Primusstudie von Christian Hermann (2013) zur Untersuchung der Sportarten Handball und Geräteturnen verwendet. Die ursprünglich sechsstufige Antwortskalierung wurde bereits im Rahmen der Primusstudie auf eine vierstufige Skalierung gekürzt und hier übernommen. Die Fragen wurden auf die Sportart Breakdance bezogen und umformuliert. Das Instrument beschreibt auf einer vierstufigen Likert-Skala die subjektiven Überzeugungen der Sportler mit kooperativen Anforderungen umgehen zu können (Hermann, 2013). Die Fragen der Aktiv-Kon-

trollgruppe wurden auf die Sportarten Mountainbike und Handball, die Fragen der Null Kontrollgruppe wurden auf den Sportunterricht bezogen und entsprechend umformuliert.

Im Folgenden wird ein Überblick über alle ausgewählten und ggf. modifizierten Items geben:

Items zur Erfassung der sportartspezifischen Selbstwirksamkeit

1. Ich bin sehr gut im Breakdance.
2. Auch wenn starke Breakdancer vor mir tanzen, weiß ich, dass ich auch eine gute Leistung zeigen kann, wenn ich mich anstrenge.
3. Auch wenn die Bedingungen nicht optimal sind (Auftrittsort, Platz, Musikanlage zu leise), kann ich gute Leistungen bringen.
4. Ich bin im Breakdance einfach nicht gut.
5. Es fällt mir leicht, neue Übungen oder Übungselemente zu erlernen, auch wenn sie sehr schwierig sind.
6. Selbst wenn ich mal längere Zeit krank sein sollte, kann ich immer noch gute Leistungen erzielen.
7. Es fällt mir schwer, im Breakdance etwas Neues zu lernen.
8. Wenn ich im Unterricht eine schwierige Aufgabe gestellt bekomme, glaube ich, dass ich das schaffen werde.
9. Ich finde sofort Anschluss an den Leistungsstand der Breakdance-AG, wenn ich mal längere Zeit verletzt war.
10. Ich bin im Breakdance besser als die anderen in meiner Breakdance-AG.
11. Auch wenn Andere (Tänzer, Trainer, Eltern) an meinen Fähigkeiten zweifeln, bin ich mir sicher, dass ich gute Leistungen erzielen kann.
12. Auch wenn in einem Auftritt andere gute Breaker dabei sind, lasse ich mich nicht einschüchtern oder entmutigen.
13. Ich lerne sehr schnell neue Übungen im Breakdance.
14. Ich bin mir sicher, dass ich auch dann noch gute Leistungen zeigen kann, wenn ich mal schlecht trainiert oder eine schlechte Vorführung gehabt habe.

Items zur Erfassung der allgemeinen Selbstwirksamkeit

15. Ich versuche nach meiner eigenen Meinung zu handeln.
16. Wenn ich mir Mühe gebe, kann ich schwierige Aufgaben schaffen.
17. Die meisten Sachen die ich machen will, fallen mir leicht.
18. Auch in neuen Situationen weiß ich, was ich tun soll.
19. In das, was ich kann, habe ich großes Vertrauen.
20. Egal, was mir passiert, ich bekomme es schon in den Griff.
21. Für jedes Problem kann ich eine Lösung finden.
22. Ich komme mit neuen Aufgaben klar.
23. Ich habe viele gute Ideen, eine schwierige Sache zu lösen.

24. Trotz Hindernissen meistere ich viele Dinge.
25. Auch wenn es schwer wird, kann ich meine Ziele erreichen.

Items zur Erfassung der Kooperationsfähigkeit

26. Bei der Teamarbeit im Unterricht (z. B. Gruppenaufgaben, Hilfestellung) kann ich mich auch dann richtig anstrengen, wenn einzelne andere Breaker gar nicht richtig mitmachen.
27. Wenn mir beim Unterricht/Auftritt jemand (z. B. Trainer, andere Tänzer) kurze Anweisungen gibt, weiß ich meistens, was gemeint ist.
28. Ich versuche manchmal, meine Mittänzer besser zu verstehen, indem ich mir vorstelle, wie die Dinge aus ihrer Sicht aussehen.
29. Bei der Teamarbeit im Unterricht (z. B. Gruppenaufgaben, Hilfestellung) schaffe ich es, mich auch dann richtig anzustrengen, wenn schwächere Breaker hinterher genauso gelobt werden wie ich.
30. Wenn wir im Unterricht/Auftritt über etwas diskutieren, kann ich mich so ausdrücken, dass die anderen mich verstehen.
31. Bei Meinungsverschiedenheiten im Unterricht/Auftritt versuche ich, die Sache aus Sicht aller anderen Breaker zu betrachten, bevor ich mich entscheide.
32. Bei der Teamarbeit im Unterricht (z. B. Gruppenaufgaben, Hilfestellung) kann ich andere unterstützen, auch wenn ich davon selber nichts habe.
33. Wenn ich einem anderen Breaker eine Aufgabe erklären soll, kann ich mich so ausdrücken, dass er mich versteht.
34. Ich glaube, dass jedes Problem im Sport zwei Seiten hat, und ich versuche, mir beide Seiten anzusehen.
35. Bei der Teamarbeit im Unterricht (z. B. Gruppenaufgaben, Hilfestellung) schaffe ich es, mich auch dann richtig anzustrengen, wenn hinterher nur die Leistung der gesamten Gruppe bewertet wird.
36. Ich kann mich beim Unterricht/Auftritt so ausdrücken, dass die anderen verstehen, was ich ihnen sagen will.
37. Wenn ich mich beim Unterricht/Auftritt über jemanden aufrege, versuche ich normalerweise erst einmal, mich in seine Lage zu versetzen.
38. Bei der Teamarbeit im Unterricht (z. B. Gruppenaufgaben, Hilfestellung) kann ich auch dann engagiert mitarbeiten, wenn andere Tänzer schlechter sind als ich.
39. Ich finde im Unterricht/Auftritt auch in schwierigen Situationen (z. B. Konflikte, Diskussionen) die richtigen Worte.
40. Ich treffe in fast allen Situationen im Unterricht/Auftritt instinktiv den richtigen Ton.
41. Bevor ich andere Breaker kritisiere, versuche ich mir vorzustellen, wie es mir ginge, wenn ich an ihrer Stelle wäre.

Alle Items wurden mithilfe einer vierstufigen Rating Skala („trifft nicht zu", „trifft eher nicht zu", „trifft eher zu", „trifft genau zu") beantwortet. Außerdem wurden die Kinder befragt zu Alter und sportlicher Alltagsaktivität („Treibst Du Vereinssport, wenn ja, welchen?",

„Wie oft in der Woche gehst Du zum Training?", „Art des Freizeitsports", „Wie oft machst Du diesen Freizeitsport in der Woche?").

Die Erfassung des Alters ist wichtig, um bestimmte Aspekte der Persönlichkeit einordnen zu können. Die Erfassung der sportlichen Alltagsaktivität ist wichtig, um die sich daraus eventuell ergebenden Störeinflüsse einschätzen und ggf. kontrollieren zu können.

Durchführung der schriftlichen Befragung

Die Durchführung erfolgte unter standardisierten Bedingungen im Rahmen einer der 90 Min. Einheiten des Unterrichts. Die Interventionsgruppe und die Aktiv-Kontrollgruppe wurden während des AG-Unterrichts befragt, die Kontrollgruppe wurde im Rahmen ihres regulären Sportunterrichts befragt.

Die Beantwortung der Fragen nahm ca. 25 Minuten in Anspruch und erfolgte nach der allgemeinen Begrüßung und einem Anfangsspiel. Vor der eigentlichen Befragung bekamen die Schüler allgemeine Hinweise und es wurden Hinweise zum ersten Abschnitt gegeben. Nach dem Ausfüllen des ersten Abschnittes wurde eine kurze Bewegungspause durchgeführt, bevor mit dem Ausfüllen des zweiten Abschnittes begonnen wurde. Nach einer erneuten Bewegungspause erfolgte das Beantworten der Fragen zum dritten Abschnitt. Anschließend wurde mit dem Breakdance-Unterricht begonnen. Die Schüler durften Verständnisfragen stellen und bekamen ausreichend Bearbeitungszeit. Die Durchführung wurde vom Autor der Arbeit vollzogen.

2.4.2.2 Auswertung der schriftlichen Befragung

Wie in Abschnitt 2.4.1.2 bereits beschrieben hängt die Wahl der Auswertungsmethode von der zu beantwortenden Fragestellung, bzw. von der daraus abgeleiteten Forschungshypothese, sowie von der Art und Beschaffenheit der Daten ab (Bös, et al., 2004, S. 119). Die Unterschiedshypothese im Bereich der psychosozialen Entwicklung lautet:

Kinder der Unterstufe (5.–7. Klasse), die den Schulsport Breakdance regelmäßig und mindestens ein Schulhalbjahr betreiben (Interventionsgruppe), unterscheiden sich im zeitlichen Verlauf überdurchschnittlich von Kindern, die nicht Breakdance im Schulsport, sondern entweder eine andere Schulsportart regelmäßig und mindestens ein Schulhalbjahr betreiben (Aktiv-Kontrollgruppe) oder keinen organisierten Sport ausüben (Null-Kontrollgruppe), hinsichtlich

- der sportartspezifischen Selbstwirksamkeit
- der allgemeinen Selbstwirksamkeit
- der Kooperationsfähigkeit

Diese Unterschiedshypothese ist vergleichbar mit der im Bereich der physischen Untersuchung. Daher bietet sich auch hier – wie bei der Auswertung der Daten zur physischen Entwicklung – eine univariate zweifaktorielle Varianzanalyse mit den Faktoren „Gruppe" und „Zeit" mit drei Erhebungszeitpunkten an. Bei der Befragung wurde eine vierstufige Ratingskala vorgegeben. Diese lässt sich in Anlehnung an Bortz sowie Sedlmeier und Renkewitz als intervallskaliert ansehen (Bortz, 2005, S. 25–27; Sedlmeier & Renkewitz, 2008, S. 64–66).

Im Vorfeld wurde mittels einer univariaten einfaktoriellen Varianzanalyse geprüft, ob sich die Ausganswerte zu t1 zwischen den Gruppen signifikant unterscheiden. Es ist naheliegend, dass Jungen, die mit dem Bereich „Tanz" bisher wenig Kontakt hatten, ggf. niedrigere Ausgangswerte bei der sportartspezifischen Selbstwirksamkeit haben, als Jungen, die einen Breitensport „gewöhnlicheren " Sport ausüben, wie z. B. Mountainbike, oder Handball. Eine genaue Darstellung der Ergebnisse und Folgerungen findet in Abschnitt 3.1.1 statt.

Wie bei der Auswertung der motorischen Tests wird auch hier mittels univariater einfaktorieller Varianzanalyse betrachtet, ob sich die Gruppen bezüglich ihrer „Alltagsaktivität Sport" voneinander unterscheiden.

Bei der Befragung zur sportartspezifischen Selbstwirksamkeit mussten die vierte und die siebte Frage rückkodiert werden, da diese Aussagen eine Verneinung besitzen. Nach Bortz und Döring macht es Sinn, auf sog. „Akquieszenz" oder „Neinsage-Tendenz" zu untersuchen (Bortz & Döring, 2006, S. 236).

2.4.2.3 Gütekriterien der schriftlichen Befragung

Die ausgewählten Fragebögen stammen aus psychometrischen Fragebögen, welche bereits zuvor in anderen Forschungsarbeiten verwendet wurden. Modifizierungen wurden nur bei Formulierungen, die Bezug auf die zu untersuchenden Sportarten Breakdance, Mountainbike und Handball nehmen, vollzogen. Nach Bortz und Döring (2006, S. 191) sind diese daher prinzipiell auch für die vorliegende Forschungsarbeit geeignet.

Reliabilität: Beim Inventar zur Erfassung der „allgemeinen Selbstwirksamkeit" wurde diese von Biemann (2005, S. 120–125) über die interne Konsistenz (Cronbach α) als auch über die Trennschärfe der einzelnen Items geprüft. Die Inventare zur Erfassung der „sportartspezifischen Selbstwirksamkeit" " wurde auch hier über die interne Konsistenz (Cronbach α) geprüft (Hermann, 2012, S. 167; vgl. Jerusalem, 2005, S. 116).

Das Item zur Erfassung der „Kooperationsfähigkeit" wurde ebenfalls mit einem Wert von „.79" auf eine annehmbare interne Konsistenz geprüft (Hermann, 2012, S. 167; vgl. Sygusch & Kotissek, 2005, S. 45).

Validität: Die verwendeten Einzelfragen wurden bereits im Vorfeld zur Untersuchung der Wirksamkeit anderer Sportarten verwendet (Gerlach, 2004, angelehnt an Schwarzer & Jerusalem, 1999). Da die Einzelfragen übernommen wurden, und wie oben in Abschnitt 2.4.2 dargestellt, wird die Validität als gesichert angenommen.

Objektivität: Die Datenerhebung fand unter standardisierten Bedingungen statt. Daher kann die Objektivität als hoch eingeschätzt werden.

Die einzelnen Kennwerte der Inventare befinden sich auf einem für den wissenschaftlichen Einsatz ausreichend hohen Niveau. Die genauen Daten können beim Autor eingesehen bzw. angefordert werden. Bei den vorgenommenen Modifizierungen kann davon ausgegangen werden, dass diese nicht in einem Ausmaß von inhaltlicher Bedeutung stattfanden.

2.4.3 Mündliche Befragung (qualitative Untersuchung)

In den Abschnitten 2.4.3.1 und 2.4.3.2 werden die Konzeption, Durchführung, Auswertung sowie die Gütekriterien der mündlichen Befragung dargestellt.

2.4.3.1 Konzeption und Durchführung der mündlichen Befragung

Die mündliche Befragung dient der Beantwortung der Nebenfragestellung. Hier sollen die Kinder die subjektiv erfahrenen Wirkungen der Sportart Breakdance beschreiben und darüber hinaus diese auch begründen. In Anlehnung an Kuhn (2007) und Bortz & Döring (2006) wird als qualitative Befragungsmethode ein fokussiertes, halbstrukturiertes Leitfadeninterview verwendet. Als Vorlage dient dem Autor der Arbeit die Forschungsarbeit „Was Kinder bewegt" (Kuhn, 2007), sowie die Studie „Macht Judo Kinder stark?" (Liebl, 2013).

In Kuhns Untersuchung sollten die Kinder Zeichnungen anfertigen, die ihre Wünsche für den Klassenzimmerunterricht, den Pausenhof sowie den Sportunterricht darstellen. Die Datenerhebung fand hier in einem Kombinationsverfahren statt. Es wurden die thematischen Zeichnungen der Kinder sowie das fokussierte, episodische Interview am Bild eingesetzt. Als Fokus dienten die Zeichnungen der Kinder, das Interview wurde durch einen Leitfaden gestützt.

Im Rahmen der Studie „Macht Judo Kinder stark?" standen nicht die Wünsche der Kinder im Fokus, sondern die Vorstellungen und subjektiven empfundenen Wirkungen von Judo im Schulsport. Anlehnend an diese Studie fand die Datenerhebung zur vorliegenden Forschungsarbeit in vergleichbarer Art und Weise statt. Die Datenerhebung der vorliegenden Untersuchung fand auch eingebettet in eine Geschichte statt. Die Kinder sollten im Vorfeld eine Zeichnung zum Thema Breakdance anfertigen, über welche anschließend gesprochen wurde. Diese soll es den Kindern erleichtern, ihren Blick auf die Erfahrungen und Erlebnisse, die sie mit dem Medium Breakdance gemacht haben, zu lenken. Im Laufe des Gespräches wird die Aufmerksamkeit der Kinder weiter auf den retrospektiven Blick gelenkt: Die Kinder sollen sich vorstellen, dass sie einem Brieffreund von Ihren Breakdance Erfahrungen erzählen und dies in einem Brief schreiben. Den Kindern wurde gesagt, sie sollten Ihrem Brieffreund möglichst genau von Breakdance erzählen:

> Stell Dir vor, Du schreibst Deinem Brieffreund die Erlebnisse, die Du beim Breakdance sammeln konntest. Nun hast Du Ihm schon ein Bild gemalt. Dein Freund fragt Dich, ob Du Ihm dieses Bild erklären und beschreiben kannst. Was würdest Du ihm erzählen, wenn er Dich fragen würde, was Breakdance ist, und was man dabei alles lernen kann? Er würde außerdem gerne wissen, ob und was sich für Dich verändert hat, seit Du Breakdance machst. Dein Freund wird sehr neugierig durch deine Erzählungen und würde gerne noch mehr von Dir über Dich und Breakdance erfahren. Was würdest Du ihm schreiben, wenn er Dich fragen würde „seitdem ich tanze kann ich ..." und „seitdem ich tanze, bin ich..."? Dein Freund würde also gerne wissen, was sich deiner Meinung nach durch Breakdance bei Dir verändert hat.

Den Schülern werden zusätzlich zwei weitere Bilder gezeigt, auf denen Breakdancer einen „Battle" sowie einen Powermove ausführen. Diese Bilder werden im Interviewleitfaden integriert und dienen als Gesprächsanlässe. Außerdem sollen sie helfen, Gefälligkeitsantworten zu vermeiden und symbolische Gewalt zu reduzieren (siehe Abschnitt 2.2).

Angelehnt an die Forschungsarbeit von Liebl und Kuhn (2013) soll der Interviewleitfaden aus sechs Frageblöcken bestehen:

- Der erste Fragenblock dient als Einstieg in das Gespräch. Hier soll eine positive Unterrichtsatmosphäre geschaffen werden. Es wird über das Bild zum Thema Breakdance gesprochen, welches die Kinder im Vorfeld anfertigen sollten. Die Reihenfolge der anderen Frageblöcke ist nicht vorgegeben, und orientiert sich an den Antworten der Kinder (vgl. Krieger, 2008, S. 61 f.).
  Frage: Was willst Du Deinem Freund damit sagen? Was meinst Du damit genau?

Der zweite und der dritte Block dienen als Weiterführung des Gespräches.

- Im zweiten Block wird mit dem Schüler über dessen Perspektive auf Breakdance gesprochen. Bewusst wird nicht nach empfundenen Wirkungen und deren subjektive Begründung gefragt, um Gefälligkeitsantworten zu vermeiden.
  Frage: Was lernt man beim Breakdance? Wozu lernt man das? Hast Du das schon einmal irgendwo eingesetzt?
  Wie reagieren andere Schüler, wenn Sie erfahren, dass Du tanzt?
  Was genau gefällt Dir am Tanzen, was gefällt Dir weniger?
  Mit wem macht es Dir am meisten Spaß, dich im „Kreis" zu „batteln"?
- Im dritten Block wird über zwei Bilder gesprochen. Auf dem ersten Bild ist ein Breakdancer beim „Battle" zu sehen, auf dem zweiten Bild führt ein Breakdancer einen Powermove aus.
  Frage: Was machen die beiden Tänzer auf den Bildern?
  Wie fühlen sich die beiden Tänzer, die diesen „Battle" bzw. Powermove ausführen?
  Hast Du schon einmal einen kleinen „Battle" ausgeführt? Wie fühlt sich das an?
- Im vierten Block (Gespräch über Selbsteinschätzungen) wird über die subjektiv wahrgenommenen Veränderungen bezüglich der Fähigkeiten und Fertigkeiten der Kinder gesprochen.
  Frage: Dein Schulfreund fragt Dich, was sich für Dich verändert hat, seit Du tanzt.
  Was willst Du Deinem Schulfreund bei „seit ich Breakdance mache, kann ich..." sagen?
  Was willst Du Deinem Schulfreund bei „seit ich Breakdance mache, bin ich..." sagen?
- Der fünfte Block fragt nach empfundenen Wirkungen und deren Begründung im Bereich der psychosozialen Entwicklung (Liebl, 2013).
  Frage: Stelle Dir vor, wir müssen gemeinsam auswählen, wen wir in unsere Breakdance AG noch mit aufnehmen, da wir nicht genügend Plätze frei haben, um alle Interessenten aufzunehmen. Für welche Kinder, denkst Du, ist es besonders wichtig, dass sie mitmachen dürfen? Warum sollten gerade diese Kinder mitmachen dürfen?
  Was hat sich für Dich verändert, seit du Breakdance machst?
- Der sechste Block fragt nach subjektiv empfundenen Wirkungen auf die physischen Aspekte.
  Frage: Hat sich für Dich durch das Tanzen etwas im Schulsport verändert? Fühlst Du Dich nun sportlicher?

Meinst Du, Du bist durch Breakdance stärker geworden (Kraft/Kraftausdauer)?
Meinst Du, Du bist durch Breakdance geschickter geworden (Koordination)?

Jeder Frageblock enthält mindestens eine übergeordnete Frage (z. B. „Was lernt man so beim Breakdance?") sowie eine Nachfrage (z. B. „Wozu lernt man das?", „Fällt dir etwas ein, wo Du das schon einmal angewendet hast?"). Die übergeordneten Fragen besitzen eine Sachorientierung, um auf das entsprechende Thema einzulenken. Die Nachfragen zielen auf die Erlebnisse und Erfahrungen der Kinder ab und sollen eher an den konkreten „Erlebnissen, Situationslogiken und Handlungsorientierungen des Befragten" ansetzen (Krieger, 2008, S. 57; vgl. Liebl, 2013, S. 139). Nach Krieger (2008) sind diese Nachfragen die „Dreh- und Angelpunkte" der Interviewführung, da hier gezielt Nachfragen gestellt werden können, die nicht im Leitfaden verankert sind.

Tabelle 1: Interviewleitfaden

Gespräch über die Kinderzeichnung/das Bild

Frage: Du hast ein Bild, welches Du selbst gemalt hast mitgebracht. Beschreibe doch bitte, was Du auf diesem Bild gezeichnet hast.

Nachfrage: Was willst Du jemanden, dem Du dieses Bild zeigst, erzählen?

Gespräch über die Perspektive des Kindes auf Breakdance

Frage: Was lernt man so beim Breakdance?

Nachfrage: Wozu lernt man das? Hast Du das schon einmal wo eingesetzt?

Frage: Hast Du schon jemandem erzählt, dass Du Breakdance machst? Mitschülern?

Nachfrage: Fällt Dir eine Situation ein, in der das so war?

Frage: Im Breakdance lernt man viele Bewegungen. Was gefällt Dir am Tanzen?

Nachfrage: Was macht Dir da am meisten Spaß?

Gespräch über zwei Bilder (Breakdancer beim Battle und Breakdancer beim Powermove)

Frage: Was machen die beiden Tänzer auf den Bildern?

Nachfrage: Hast Du das schon einmal irgendwo gemacht?

Frage: Wie fühlt sich das an? Wie fühlen sich vielleicht die Tänzer, die diesen Battle oder Powermove ausführen?

Nachfrage: Was ist denn jetzt für Dich dann das Tolle am Battle oder am Powermove?

Gespräch über Selbsteinschätzungen (seit ich Breakdance mache, kann ich/bin ich)

Frage: Dein Schulfreund fragt Dich, was sich für Dich verändert hat, seitdem Du tanzt. Was würdest Du ihm schreiben bzw. erzählen?

Nachfrage: (kann ich): Was willst Du bei „seit ich Breakdance betreibe, kann ich" Deinem Brieffreund sagen? Wie meinst Du das? Fällt Dir eine Situation ein?

Frage: (bin ich): Was willst Du bei „seit ich Breakdance betreibe, bin ich" deinem Brieffreund sagen?" Wie meinst Du das? Fällt Dir eine Situation ein?

Gespräch über subjektiv empfundene Wirkungen von Breakdance auf psychosoziale Effekte

Frage: Stelle Dir vor Du bist mein Hilfstrainer und wir müssen entscheiden, wen wir noch mit in die Breakdance-AG mitaufnehmen können. Leider sind die Plätze begrenzt. Für wen, denkst Du, wäre es extrem wichtig, dass er noch einen Platz in der AG bekommt, um Breakdance zu lernen?

Nachfrage: Fällt Dir ein bestimmtes Kind ein?

Nachfrage: Warum gerade dieses Kind oder diese Kinder?

Nachfrage: Hat sich für Dich sonst noch was verändert, seit dem Du tanzt?

Gespräch über subjektiv empfundene Wirkungen von Breakdance auf physische Effekte

Frage: Hat sich für Dich durch Breakdance etwas im Schul-/Vereinssport geändert?

Nachfrage: Wie meinst Du das genau? Fällt Dir ein Beispiel ein? Fühlst Du Dich nun sportlicher?

Nachfrage: Meinst Du, Du bist durch Breakdance kräftiger geworden?

Nachfrage: Meinst Du, Du bist durch Breakdance geschickter geworden?

Durchführung der mündlichen Befragung

Im Vorfeld der Befragung wurden elf Kinder nach der von Kleinings (1982) „Regel der maximalen strukturellen Variation der Perspektiven" ausgewählt (siehe Abschnitt 2.5.3).

Die Kinder sollten zuhause, im Vorfeld der Befragung, ein Bild malen, welches sie zur Befragung mitbrachten. Die Interviews wurden vom Verfasser, zum Teil bei den Kindern zuhause, zum Großteil – aus organisatorischen Gründen – am Nachmittag nach der regulären Unterrichtszeit, in einem Seminarraum der Schule durchgeführt. Es wurde auf eine natürliche Gesprächsatmosphäre geachtet, Suggestivfragen wurden vermieden. Der Gesamtablauf der Befragung orientierte sich an Kuhns Phasenstruktur (Kuhn, 2007, S. 60; vgl. Liebl, 2013, S. 140):

- 1. Phase: Betreten der Wohnung, Begrüßung, Vorstellung des Vorhabens, Erläuterung der Thematik und Erprobung des Aufnahmegeräts. Bis hierher können auch andere Personen anwesend und beteiligt sein.
- 2. Phase: Alle Personen außer dem Interviewpartner werden gebeten, den Raum zu verlassen.
- 3. Phase: Einleitung des Gesprächs durch Bezugnahme auf die Bilder – Studie, Betonung des Expertencharakters des Interviewpartners und der Bedeutung des Gesprächs.
- 4. Phase: Das eigentliche thematische Gespräch.
- 5. Phase: Dank, Belohnung und Verabschiedung.

In Anlehnung an Kuhn (2007) wurden – nach der Befragung – eine Kurzbeschreibung stichpunktartig angelegt, welche die folgenden Aspekte umfasst: Codename, Alter, sowie eine Kurzcharakterisierung von Wesen und Verhalten des Kindes, das Datum, die Dauer in Minuten, eine Kurzbeschreibung des Wohnumfeldes, sowie eine Einschätzung der Interviewsituation sowie sonstige Begebenheiten.

2.4.3.2 Auswertung der mündlichen Befragung

Die Auswertung der mündlichen Befragung unterteilt sich in Anlehnung an Mayring (2010) in folgende Auswertungsschritte (Mayring, 2010, S. 52–60; vgl. Liebl, 2013, S. 140):

1. Bestimmung des Ausgangsmaterials
2. Fragestellung der Analyse und Auswertungsziele

3. Bestimmung der passenden Auswertungstechnik
4. Festlegung des Ablaufmodells und der Auswertungskategorien
5. Definition der Analyseeinheiten
6. Analyseschritte gemäß Ablaufmodell und Rücküberprüfung der Auswertungskategorien
7. Darstellung und Zusammenfassung der Ergebnisse
8. Überprüfung der inhaltsanalytischen Gütekriterien

Zu 1.:
Die Interviews dauerten im Schnitt 15 Minuten. Diese wurden mithilfe eines Laptops, eines USB- Mikrofons und entsprechender Audio-Software aufgezeichnet. Anschließend wurden diese dann von einem Transkriptionsbüro nach dem Regelsystem von Kuckartz (2016) verschriftet Die Transkription ergab eine Materialmenge von 74 DIN A4 Seiten, Schriftart Arial, Schriftgröße 12.

Zu 2.:
Grundsätzlich sollen durch die Auswertung des Textmaterials zwei Auswertungsziele verfolgt werden: Kinder äußern sich einerseits über deren empfundene Wirkungen von Breakdance sowie über deren subjektive Begründungen. Dieses erste Ziel leitet sich direkt aus den in Abschnitt 2.1 formulierten Nebenfragestellungen ab:

a. „Wie schätzen Kinder die Wirkung von Breakdance auf die physische und psychosoziale Entwicklung ein?"
b. „Wie begründen Kinder ihre Einschätzung bezüglich der Wirkung von Breakdance auf die physische und psychosoziale Entwicklung?"

Als zweites Auswertungsziel soll die Überprüfung der quantitativen Ergebnisse stattfinden. Die Begründung liegt darin, dass die qualitative Untersuchung die quantitative unterstützen soll, indem sie die Ergebnisse subjektbezogen überprüft. Ergebnisse können hier entweder konvergieren, divergieren oder komplementär zueinander sein (vgl. Abschnitt 2.2). Darüber hinaus kann – anlehnend an Abschnitt 1.3.5 – ein Beitrag zur (Selbst-)Bildung im Sport geleistet werden.

Zu 3.:
Aufgrund der in Abschnitt 1.3.5 referierten Erkenntnisse der Forschungsarbeit von Kuhn, Liebl und Leffler (2018) formulieren Kinder… „nach eigenen Aussagen, und auch wenn sie sie mit eigenen kindlichen Worten umschreiben, zahlreiche erlebens- und handlungsbedeutsame kategoriale und figurale Deutungsmuster – etwa in Bezug auf Fairness, gutes Spiel, Gewinnen und Verlieren, Mannschaftstaktik, Individualität, Wohlbefinden, Sicherheit, Kondition, Motivation und Didaktik", die diese dann verändern (Kuhn, Leffler & Liebl, 2018, S. 387).
Dieser erste Aspekt der (Selbst-)Bildung als auch das subjektive Empfinden der Kinder kann in Form einer induktiven Auswertungsmethodik untersucht werden, da hier sämtliche Aussagen hinsichtlich der Wirkung von Breakdance auf die physische und psychische Entwicklung erfasst werden. Hier bietet sich die „Zusammenfassung und

induktive Kategorienbildung" nach Mayring (2010) an (Mayring, 2010, S. 66). Darin werden alle inhaltstragenden Aussagen zu einem bestimmten, nicht theoretisch spezifizierten Inhaltsbereich (in der vorliegenden Untersuchung sind dies die Wirkungsbereiche physische und psychosoziale Entwicklung) extrahiert und anschließend regelgeleitet zu „neuen Aussagen" zusammengefasst (ebd., S. 69) (induktive Kategorienbildung). Diese neuen Inhaltsbereiche werden als offene Kategorien bezeichnet.

Der zweite Aspekt der Auswertung „Überprüfung der Ergebnisse der quantitativen Untersuchung" beinhaltet allerdings einen deduktiven Zugang, da hier gezielt die Aussagen bezüglich der quantitativen Untersuchungsmerkmale analysiert werden. Dies wird mittels der Technik „inhaltliche Strukturierung" vollzogen (ebd., S. 66, 98). Auch hier werden mithilfe eines Kategorienleitfadens Textpassagen zu theoretisch abgeleiteten Aspekten (die physischen und psychischen Untersuchungsmerkmale) extrahiert und regelgeleitet zusammengefasst.

Zu 4.:
Es lassen sich – in Anlehnung an Mayring (2010) – pro physischen und psychischen Entwicklungsbereich zwei offene und vier bzw. sechs geschlossene (deduktive) Kategorien formulieren:

Offene (induktive) Kategorien im Bereich der physischen Entwicklung:

- subjektiv empfundene Wirkung von Breakdance auf die physische Entwicklung
- subjektive Begründung der Wirkung von Breakdance auf die physische Entwicklung

Geschlossene (deduktive) Kategorien im Bereich der physischen Entwicklung:

- subjektiv empfundene Wirkung von Breakdance auf konditionelle Fähigkeiten
- subjektive Begründung der Wirkung von Breakdance auf konditionelle Fähigkeiten
- subjektiv empfundene Wirkung von Breakdance auf koordinative Fähigkeiten
- subjektive Begründung der Wirkung von Breakdance auf koordinative Fähigkeiten

Offene Kategorien im Bereich der psychosozialen Entwicklung:

- subjektiv empfundene Wirkung von Breakdance auf die psychosoziale Entwicklung
- subjektive Begründung der Wirkung von Breakdance auf die psychosoziale Entwicklung

Geschlossene (deduktive) Kategorien im Bereich der psychosozialen Entwicklung:

- subjektiv empfundene Wirkung von Breakdance auf sportartbezogene Selbstwirksamkeit
- subjektive Begründung der Wirkung von Breakdance auf sportartbezogene Selbstwirksamkeit
- subjektiv empfundene Wirkung von Breakdance auf allgemeine Selbstwirksamkeit
- subjektive Begründung der Wirkung von Breakdance auf allgemeine Selbstwirksamkeit

- subjektiv empfundene Wirkung von Breakdance auf Kooperationsfähigkeit
- subjektive Begründung der Wirkung von Breakdance auf Kooperationsfähigkeit

Im Laufe der Auswertung mussten die Kategorien an das Material angepasst werden, was nach Mayring (2010) jedoch üblich ist.

Zu 5.:
Inhaltlich an Mayring (2010) angelehnt, beinhaltet die Codiereinheit der induktiven Kategorienbildung jede vollständige Aussage eines Kindes, die einer offenen Kategorie, jedoch keiner deduktiven Kategorie zugeordnet werden kann. Die Auswertungs- und Kontexteinheiten beziehen sich bei der ersten Reduktion auf den einzelnen Fall und bei der zweiten Reduktion auf das gesamte Textmaterial.

Die Codiereinheit bei der Kategorienanwendung kann aus einzelnen Wörtern bestehen, da vereinzelt auf Nachfragen nur mit einem Stichwort geantwortet wurde. Die Kontexteinheit sowie die Auswertungseinheit entsprechen jeweils den elf geführten Interviews. Das Selektionskriterium bestimmt, worauf das Datenmaterial untersucht werden soll, was den zuvor festgelegten Forschungsfragen entspricht.

Zu 6.:
Zunächst wird das Vorgehen bei der Zusammenfassung und induktiven Kategorienbildung beschrieben, im Anschluss daran wird der Ablauf der inhaltlichen Strukturierung bzw. deduktiven Kategorienanwendung erläutert.

Bei der induktiven Kategorienbildung werden zunächst alle Aussagen eines Kindes extrahiert, die einer offenen Kategorie zugeordnet werden können. Diese werden dann „in knappe, nur auf den Inhalt beschränkte, beschreibende Form umgeschrieben" (Mayring, 2010, S. 69, vgl. Liebl, 2013, S. 147).

In drei Schritten folgt die anschließende regelgeleitete Zusammenfassung: Generalisierung, fallspezifische und fallübergreifende Reduktion (Mayring, 2010, S. 67–70, 98; vgl. Liebl, 2013, S. 147). Zunächst werden die Aussagen so umformuliert, dass möglichst allgemeine Aussagen entstehen, die den Inhalt nicht verfremden. Anschließend werden alle bedeutungsgleichen Generalisierungen gestrichen und nur diejenigen übernommen, die als „zentral inhaltstragend erachtet werden" können (ebd.). Daran anknüpfend werden diese Generalisierungen fallübergreifend zu thematischen Aussagen zusammengefasst. Nach der Methode der inhaltlichen Strukturierung werden diese am Material rücküberprüft.

In Anlehnung an Liebl (2013) bestehen die Analyseschritte bei der deduktiven Kategorienanwendung aus zwei Probedurchläufen samt Rücküberprüfung und Überarbeitung der deduktiven Kategorien, der Optimierung des Codierleitfadens, der anschließenden Codierung aller Interviews, der Paraphrasierung der Fundstellen sowie der regelgeleiteten Zusammenfassung der Paraphrasen pro deduktiver Kategorie.

Zunächst werden drei Interviews durchgearbeitet. Mithilfe einer Vorversion des Codierleitfadens werden die Textstellen codiert, extrahiert, paraphrasiert und regelgeleitet zusammengefasst.

Daran anknüpfend wird der Codierleitfaden (deduktive Kategorien) überarbeitet und angepasst. Beim zweiten Probedurchgang werden zwei weitere Interviews anhand des optimierten Codierleitfadens von zwei Personen unabhängig voneinander codiert („formative

Reliabilitätsprüfung"; Sedlmeier & Renkewitz, 2008, S. 750). Im Diskussionsgespräch werden Fundstellen besprochen; dies führt zu einer erneuten Überarbeitung des Codierleitfadens und der deduktiven Kategorien. Im Anschluss daran erfolgt ein neuer Materialdurchgang und die Codierung aller Interviews. Der Codierleitfaden wird dabei ständig überprüft und optimiert. Auch hier erfolgt die anschließende regelgeleitete Zusammenfassung pro deduktiver Kategorie nach den Schritten Generalisierung, fallspezifische und fallübergreifende Reduktion.

Tabelle 2: Überarbeitete Auswertungs- und Codierregeln

Bereich der Auswertung		Offene (induktive) bzw. deduktive Auswertungskategorie		Codierregel
Physische Entwicklung	Induktive Kategorien	Subjektiv empfundene Wirkung und ihre Begründung in Bezug auf die physische Entwicklung		
	Deduktive Kategorienanwendung	Subjektiv empfundene Wirkung und ihre Begründung in Bezug auf konditionelle Fähigkeiten		Alle Arten von Kraftfähigkeit, keine Aussagen die im Zusammenhang mit den motorischen Tests stehen
		Subjektiv empfundene Wirkung und ihre Begründung in Bezug auf koordinative Fähigkeiten		Alle Arten von Koordinationsfähigkeit, keine Aussagen die im Zusammenhang mit den motorischen Tests stehen
Psychosoziale Entwicklung	Induktive Kategorienbildung	Subjektiv empfundene Wirkung und ihre Begründung in Bezug auf personale Aspekte der psychosozialen Entwicklung		
		Subjektiv empfundene Wirkung und ihre Begründung in Bezug auf soziale Aspekte der psychosozialen Entwicklung		
	Deduktive Kategorienanwendung	Subjektiv empfundene Wirkung in Bezug auf **sportartspezifische Selbstwirksamkeit**		Aussagen über sportartspezifische Selbstwirksamkeit im Breakdance
		Subjektive Begründung bzgl. der Wirkung auf sportartspezifische Selbstwirksamkeit	1. Unterkategorie	Aussagen über eigenes Tanzrepertoire und das „sich-trauen" vor Zuschauern oder anderen Kindern zu tanzen
			2. Unterkategorie	Aussagen über prozessorientierte bzw. alternative Bewertung von tänzerischen Handlungen
		Subjektiv empfundene Wirkung in Bezug auf **allgemeine Selbstwirksamkeit**		Aussagen über allgemeine Selbstwirksamkeit

Bereich der Auswertung		Offene (induktive) bzw. deduktive Auswertungskategorie		Codierregel
Psychosoziale Entwicklung	Deduktive Kategorienanwendung	Subjektive Begründung bezüglich der Wirkung auf allgemeine Selbstwirksamkeit	1. Unterkategorie	Aussagen über allgemeine Selbstwirksamkeit die sich auf Breakdance zurückführen lassen
			2. Unterkategorie	Aussagen über allgemeine Selbstwirksamkeit
		Subjektive empfundene Wirkung in Bezug auf **Kooperationsfähigkeit**		Aussagen über kooperative Handlungen und Einschätzungen über Zusammenhalt in der Gruppe
		Subjektive Begründung bezüglich der Wirkung auf die Kooperationsfähigkeit	1. Unterkategorie	Aussagen über Hilfestellungen
			2. Unterkategorie	Aussagen über Kommunikationsverhalten in der Gruppe
			3. Unterkategorie	Aussagen über Perspektivenübernahme

2.4.3.3 Gütekriterien der mündlichen Befragung

Im folgenden Abschnitt werden die Gütekriterien der mündlichen Befragung dargestellt. Diese sollen gegliedert nach Gütekriterien der Datenerhebung sowie Gütekriterien der Datenauswertung erörtert werden. In Anlehnung an Liebl (2013) erfolgt hier eine Orientierung an Forschungsbeiträgen der Wissenschaftler Sedlmeyer und Renkewitz (2008), Bortz und Döring (2006) sowie Mayring (2010).

Gütekriterien der Datenerhebung

Im Gegensatz zur quantitativen Datenerhebung sind die Begriffe „Objektivität" und „Reliabilität" unüblich, es wird hingegen eher von „Validität" gesprochen (Legewie, 1987). Diese Kriterien sollen sicherstellen, dass die Daten das zum Ausdruck bringen, was sie zu sagen vorgeben (Bortz & Döring, 2006, S. 326; vgl. Liebl, 2013, S. 149). Wie bereits in Liebl (2013) beschrieben, spielen hier unterschiedliche Textteile eines Falls, Vergleiche von Textteilen unterschiedlicher Fälle, Hintergrundinformationen aus der Literatur und von Experten sowie die „konsensuelle Validierung" eine wichtige Rolle (ebd.).

Im Textmaterial der qualitativen Untersuchung finden sich relativ klare und eindeutige Äußerungen. Äußerungen, die aus Sicht der Erwachsenen nicht oder nur schwer nachvollziehbar sind, wurden von den Kindern so gut wie keine getroffen.

Damit die Validität der Interviewtranskripte erhöht werden kann, werden sowohl alle Gefälligkeitsantworten als auch unglaubwürdigen Aussagen bzgl. der Entwicklung eines Untersuchungsmerkmals nicht ausgeschlossen. In Anlehnung an Hülst (2000) werden diese – für Erwachsene zum Teil nur schwer nachvollziehbaren Äußerungen – der offenen Kategorie „subjektiv empfundene Wirkung und ihre Begründung auf die Entwicklung" zuge-

ordnet (Hülst, 2000, S. 52; vgl. Liebl, 2013, S. 151). Vereinzelt fanden sich Gefälligkeitsantworten, und aus der Perspektive eines Erwachsenen unglaubwürdige Antworten hinsichtlich der Wirkung von Breakdance auf die physische Entwicklung.[5] Außerdem existieren
Äußerungen über die durchgeführten Motoriktests.[6] Im Rahmen der formativen Reliabilitätsprüfung des zweiten Probedurchgangs der inhaltlichen Strukturierung erfolgte eine
konsensuelle Validierung des Textmaterials. In diesem Fall konnten sich die beteiligten Personen auf die Glaubwürdigkeit und den Bedeutungsgehalt des Materials einigen. Konsensbildung fand zwischen dem Forscher und außenstehenden Kollegen, die an der Universität
tätig sind, statt. Es ergab sich eine Übereinstimmung zwischen den involvierten wissenschaftlichen Mitarbeitern und dem Verfasser hinsichtlich der Glaubwürdigkeit des Textmaterials.

Gütekriterien der Datenauswertung

Nach Mayring (2010) sowie Sedlmeyer und Renkewitz (2008) sind die zentralen Gütekriterien der qualitativen Inhaltsanalyse die „Intercodereliabilität" und die „Gültigkeit von Interpretationen" (Mayring, 2010, S. 117 f.; Sedlmeyer & Renkewitz, 2008, S. 750; Vgl. Liebl,
2013, S. 151). Bei der „Intercodereliabilität" wird die Analyse von mehreren Personen
durchgeführt, und anschließend miteinander verglichen. Mithilfe von interpersonaler Konsensbildung wird die Gültigkeit von Interpretationen überprüft (Bortz & Döring, 2006,
S. 335).

Die Transkripte der Studie „Macht Breakdance stark?" wurden zusätzlich zum Verfasser
von zwei weiteren wissenschaftlichen Mitarbeitern analysiert. Hierbei überprüft eine Person die vom Verfasser durchgeführte inhaltliche Strukturierung, indem sie die Endversion
des Codierleitfadens, aber ohne offene Kategorien erhält. Die zweite Person prüft die vom
Autor durchgeführte Zusammenfassung und induktive Kategorienbildung.

Hier wird das Textmaterial anhand der induktiv gebildeten Kategorien deduktiv nach
der inhaltlichen Strukturierung ausgewertet, indem sie hierfür einen konzipierten Codierleitfaden erhält, welcher auf der induktiven Kategorienbildung basiert (vgl. Mayring, 2010).
Die Personen haben mehr Fundstellen als der Verfasser extrahiert. Dies mag daran liegen,
dass sie die Version ohne offene Kategorien, bzw. nur mithilfe der induktiv abgeleiteten
Kategorien erhalten haben. Die abweichenden Zuordnungen wurden besprochen und
konnten auf die unterschiedliche Auslegung der Codierregeln zurückgeführt werden. Die
Diskussion zur Überprüfung der Gültigkeit der Interpretationen machte deutlich, dass die
Abweichungen keine Auswirkungen auf die thematischen Zusammenfassungen beinhalten.
Die Intercodereliabilität kann daher als ausreichend hoch eingeschätzt werden. Die Über-
prüfung der Gültigkeit der Interpretationen erfolgt durch interpersonale Konsensbildung
zwischen dem Verfasser und den beiden wissenschaftlichen Mitarbeitern. Damit die Mitar-
beiter nicht vom Verfasser beeinflusst werden, führt zunächst jeder für sich die einzelnen
Schritte der regelgeleiteten Zusammenfassung durch. Im Gespräch vor Ort an der Univer-

---

[5] Z. B. Schüler: „Ich kann jetzt schneller rennen". I: „Glaubst Du das hat was mit Breakdance zu tun?" Schüler:
     „Ja".
[6] Z. B. I: „Hat sich was verändert für dich seitdem du tanzt?" Schüler: „Ja, ich habe jetzt ein besseres Gleichgewicht,
     weil wir haben ja diese Tests gemacht".

sität erfolgte der anschließende Vergleich. Dieser ergibt eine Übereinstimmung. Unterschiede fanden sich lediglich bei der Betitelung der Kategorien: Ein Mitarbeiter formulierte anstelle „ich traue mich nun zu tanzen" die Kategorie „im darstellenden Medium Tanz traue ich mir nun etwas zu". Hierbei einigte man sich auf die zuerst genannte Kategorie. Eine weitere unterschiedliche Betitelung fand sich in der Kategorie „seitdem ich tanze traue ich mich mehr". Ein Kollege betitelte diese Kategorie ursprünglich als „seitdem ich tanze bin ich selbstbewusster".

Damit kann von einer ausreichend hohen Gültigkeit der Interpretationen ausgegangen werden.

2.5 Setting und Stichprobe

Im folgenden Abschnitt werden allgemeine Aspekte des Settings und der Stichprobe beschrieben. Detaillierte Informationen zur quantitativen- und qualitativen Stichprobe werden in den Abschnitten 2.5.2 sowie 2.5.3 gegeben.

2.5.1 Beschreibung des Settings und der Stichprobe

Beschreibung des Settings

Um eine Vergleichbarkeit zwischen den Gruppen herzustellen wurden Gruppen gewählt, die nach dem Modell „Sport nach 1" organisiert sind. Hier werden konstante Rahmenbedingungen gewährleistet, da alle Kinder mit der Teilnahmebestätigung der entsprechenden AG vereinbaren, dass sie mindestens ein Schulhalbjahr lang eine wöchentliche Teilnahme an der AG bereit sind zu leisten. Im Schulhalbjahr 2018/19 wurden Kinder der AGs „Breakdance" (Interventionsgruppe), der AGs „Handball" und „Mountainbike" (Aktiv-Kontrollgruppe), sowie Schüler des regulären Sportunterrichts im Rahmen der Studie „Macht Breakdance Kinder stark" befragt und mittels Motoriktest untersucht.

Bei der Interventionsgruppe fanden 16 Unterrichtseinheiten à 90 Min. statt, wohingegen bei der Aktiv-Kontrollgruppe ein Termin nicht stattfinden konnte, sodass 15 Einheiten à 90 Min. durchgeführt wurden. Im regulären Sportunterricht fanden ebenfalls 15 Einheiten statt. Reguläre Übungs- und Bewegungszeit waren – bedingt durch Umziehen – ca. 80 Min. Dies gilt sowohl für die Interventions- als auch für beide Kontrollgruppen.

Beschreibung der Stichprobe

Die Interventionsgruppe besteht aus Schülern, welche die Breakdance-AG regelmäßig und wöchentlich besuchen. Wie bereits oben beschrieben, fanden hier 16 Einheiten à 90 Min. statt, wobei die durchschnittliche Bewegungszeit ca. 80 Min. betrug.

Die Aktiv-Kontrollgruppe besteht aus Schülern, die entweder die Mountainbike-AG oder die Handball-AG regelmäßig und wöchentlich besuchten. Auch hier betrug die durchschnittliche Bewegungszeit 80 Min.

Die Null-Kontrollgruppe besteht aus Schülern derselben Schule, die jedoch keine der angebotenen Sport-AGs besuchten und sonst auch keinen organisierten Sport ausübten.

Von allen an der Untersuchung beteiligten Kindern ist von den Eltern eine Einverständniserklärung eingeholt worden, außerdem wurden diese über entsprechenden Ablauf und Vorgehensweise informiert.

Die Datenerhebung erfolgte durch den Verfasser mit Unterstützung von geschulten Hilfskräften.

2.5.2 Stichprobe der quantitativen Untersuchung

Das Wahlfach Breakdance besuchten 29 Kinder. Es wurden bei der Auswertung der Daten diejenigen Kinder nicht berücksichtigt, die entweder unklare Aussagen zu ihren sonstigen sportlichen Aktivitäten trafen, oder die zusätzlich in einer anderen AG aktiv waren. So entstand eine Stichprobengröße von 24 Teilnehmern bei der Interventionsgruppe. In der Aktiv-Kontrollgruppe nahmen 19 Kinder teil, in der Null-Kontrollgruppe waren 20 Kinder an der Untersuchung beteiligt. Alle dieser Kinder trafen zu allen Zeitpunkten klare Aussagen bezüglich deren Untersuchungsmerkmalen und konnten demnach bei der Auswertung der Daten berücksichtigt werden. Es wurden außerdem nur diejenigen Kinder berücksichtigt, die an mindestens 15 der 16 Termine teilnahmen.

Aufgrund der räumlich/örtlichen Nähe zu den Probanden konnten Schüler, im Falle eines Fehlens zum Untersuchungszeitpunkt, zeitnah ergänzend befragt/untersucht werden. So ergab sich eine kontinuierliche Stichprobengröße von n = 24 in der Interventionsgruppe, n = 19 in der Aktiv-Kontrollgruppe und n = 20 in der Null-Kontrollgruppe. Im Folgenden werden die Stichprobendaten dargestellt:

Tabelle 3: Stichprobenstärke pro Gruppe und Vergleichszeiträumen

Gruppe	t1/t2/t3
Breakdance	24
Aktiv-Kontrollgruppe	19
Null-Kontrollgruppe	20
Gesamt	63

Tabelle 4: Stichprobenverteilung innerhalb der Vergleichsgruppe Aktiv-Kontrollgruppe

Aktiv-Kontrollgruppe	t1/t2/t3
Mountainbike	11
Handball	8
Gesamt	19

Vergleichbarkeit der Untersuchungsgruppen

In Abschnitt 1.5.1 wurde über den Zusammenhang zwischen Alltagsaktivität und körperlicher motorischer Leistungsfähigkeit referiert. Auch wenn dieser Zusammenhang noch nicht abschließend erforscht ist, kann davon ausgegangen werden, dass sich die Gruppen hinsichtlich der körperlichen Alltagsaktivität nicht zu stark voneinander unterscheiden dürfen (Starker et al., 2007; Sygusch et al., 2006, S. 83).

Daher sollten die Kinder im Fragebogen angeben, ob sie in ihrer Freizeit ein- bis zweimal, drei- bis viermal, oder mehr als viermal pro Woche im Freien spielen.

Es ist in der Auswertung der Daten zusätzlich eine einfaktorielle Varianzanalyse durchgeführt worden, um zu überprüfen ob und wie stark sich die Gruppen an den drei Erhebungszeitpunkten hinsichtlich ihrer Freizeitaktivität/Spieltage im Freien voneinander unterscheiden. Es zeigen sich kaum Unterschiede im Freizeitverhalten der Kinder, auch die statistische Überprüfung zeigt keine signifikanten Differenzen. Hiermit ist eine Vergleichbarkeit der Gruppen sichergestellt.

Tabelle 5: Ergebnisse der einfaktoriellen Varianzanalyse zur Bestimmung der durchschnittlichen körperlichen Alltagsaktivität pro Gruppe zu den drei Zeitpunkten t1, t2, t3

Zeitraum	t1		t2		t3	
Gruppe	MW	SD	MW	SD	MW	SD
Breakdance-Gruppe	2,91	0,50	3,16	0,63	3,00	0,65
Aktiv-Kontrollgruppe	2,79	0,71	3,00	0,47	2,94	0,52
Null-Kontrollgruppe	2,80	0,69	3,10	0,64	3,15	0,74
Gesamt	**2,83**	**0,63**	**3,08**	**0,58**	**3,03**	**0,63**
Irrtumswahrscheinlichkeit	p=0,761		p=0,660		p=0,599	
F-Wert	F=0,275		F=0,419		F=0,517	
df	df=2		df=2		df=2	

Tabelle 6: Alter der Kinder pro Gruppe während des Vergleichs- und Erhebungszeitpunktes

Zeitraum	t1		t2		t3	
Gruppe	MW	SD	MW	SD	MW	SD
Breakdance	10,58	0,89	10,79	0,68	10,89	0,89
Aktiv-Kontrollgruppe	11,45	0,59	11,56	0,86	11,68	0,78
Null-Kontrollgruppe	11,58	0,46	11,69	0,67	11,73	0,87
Gesamt	**11,20**	**0,64**	**11,34**	**0,73**	**11,43**	**0,84**

2.5.3 Stichprobe der qualitativen Untersuchung

Es wurden elf Kinder interviewt, die mindestens ein Schulhalbjahr Breakdance in der AG betrieben haben. In Anlehnung an frühere Forschungsarbeiten (Kuhn, 2007; Liebl, 2013) orientiert sich die Auswahl an Kleinings (1982, S. 234) „Regel der maximalen strukturellen Variation der Perspektiven": „Wann immer [im Rahmen qualitativer Sozialforschung; Anm. d. V.] von einem Faktor ein Einfluss auf die Ergebnisse vermutet werden kann, muss dieser Faktor variiert werden (ebd.; vgl. Liebl, 2013).

Als erster Faktor wurden die Kinderzeichnungen und somit die Selbsteinschätzungen der Kinder gewählt. Hiermit kann aus unterschiedlichen Perspektiven auf den Schulsport Breakdance und damit auch auf die zu betrachtenden Untersuchungsmerkmale geschlossen werden. Die Auswahl der Kinderzeichnungen erfolgte nach den von Kuhn (2007) festgelegten Kriterien „Vielfalt", „Besonderheit" und „Darstellungsqualität": Mit „Vielfalt" ist „die Anzahl der auf dem Bild dargestellten Aktivitäten" gemeint. Das Kriterium der „Besonderheit" ergibt sich aus dem Vergleich der durch räumliche und administrative Vorgaben ermöglichten (bzw. begrenzten) typischen Aktivitäten (...) und den vom Kind gezeichneten, tatsächlichen Aktivitäten. „Darstellungsqualität" umfasst hingegen „die Möglichkeiten der Bildgestaltung durch Raumorganisation, Farbausdruck und Detailgenauigkeit" (ebd., S. 78 f.).

Nach Kuhn (2007) wird vermutet, dass Kinder mit einem hohen Ausprägungsgrad dieser Kriterien, die jeweilige Situation stärker reflektiert haben, als Kinder mit einem niedrigen Ausprägungsgrad dieser Kriterien (Kuhn, 2007, S. 78; vgl. Liebl, 2013, S. 163).

Als zweiter Faktor wurde auf eine gleichmäßige Verteilung der Alterspanne 10–14 Jahre geachtet. Möglicherweise ist die Perspektive eines 10-jährigen Schülers einer 5. Jahrgangsstufe eine andere als die eines 14-jährigen Schülers einer 7. Jahrgangsstufe [Anm. des Verf.: in einem Fall hat ein Schüler eine Jahrgangsstufe wiederholt und befindet sich dadurch als 14-jähriger in einer 7. Klasse]. Außerdem wurden bei der qualitativen Untersuchung keine Kinder ausgeschlossen, die sich neben der Breakdance-AG noch in einer weiteren AG

Tabelle 7: Angaben zur Interviewstichprobe

Alter (MW)		
11,72		
zus. Sport AG		
	Ja	1
	Nein	10
Sportverein		
	Ja	5
	Nein	6

oder in einem Sportverein befinden. Es wurde auch hier die „Regel der maximalen struktu-rellen Variation der Perspektiven" umgesetzt, da sowohl Kinder ausgewählt wurden, die nur die Breakdance-AG besuchten, als auch Kinder, die zusätzlich einen anderen organisierten Sport ausübten.

Es wurden elf Jungen nach den genannten Faktoren ausgewählt. Hierbei handelt es sich um eine Klumpenstichprobe (vgl. Bös et al., 2004, S. 31; vgl Kuhn, 2007, S. 76 ff., vgl. Liebl, 2013, S. 163), die auf der anfallenden Stichprobe der quantitativen Untersuchung basiert.

2.6 Beschreibung des Unterrichtskonzepts

2.6.1 Welche Bewegungen und Aspekte des Breakdance erwerben die Kinder?

Im Folgenden ist eine knappe Übersicht zusammengestellt, welche Figuren und Bewegun-gen die Kinder erwerben.

Top Rocks:
Die teilnehmenden Kinder erwerben einzelne Basisschritte und Kombinationen: India Rock, Salsa Rock, Side Step, Sidetaps, Cross Steps, verschiedene Variationen des Salsa Rocks.

Alle Schritte werden mit entsprechenden Kicks und Slides des Standbeines geübt und mit verschiedenen Armkombinationen präsentiert, um so dem individuellen Aspekt, aber auch dem physisch-koordinativen Aspekt gerecht zu werden.

Des Weiteren werden Bewegungen erworben, die einen hohen Anspruch an das Koor-dinationsvermögen der Schüler haben. Im Wesentlichen sind dies Bewegungen aus dem Bereich „Shuffling" und Schritte wie der „Moon Walk", „V-Step", „T-Step" oder der „Run-ning Man".

Brooklyn Rocks:
Mit dieser Aufgabe werden die Schüler ermutigt, sich darzustellen.

Sie sollen lernen, in die Top Rocks oder Freezes eine bestimmte Pose, eine Gestik oder Mimik einzubauen, um den Ausdrucksgehalt der Bewegungen zu forcieren.

Hier zeigt sich ein fließender Übergang zum darstellendem Spiel/Pantomime.

Footworks / Down Rocks:
Überschaubare, und für Schüler schnell zu erlernende Down Rocks sind der 2 Step, 3 Step (mit Variationen), 4 Step (mit Variationen), 6 Step (mit Variationen).

Freezes:
Freezes im Stand sind motorisch leicht auszuführen, bedürfen jedoch etwas Mut zum Aus-druck.

Powermoves:

- Coffee Mill
- Elbow Freeze
- Baby Freeze
- Air Swipe
- Worm
- Caterpillar (vgl. Worm)
- Monkey Flip als Voraussetzung für den später zu erlernenden Handstützüberschlag rückwärts
- One hand freeze
- Nackenkippe
- Backspin als Voraussetzung für die spätere zu erlernende Windmill

Im Folgenden werden die dem Breakdance zugrundeliegenden Aspekte, bezogen auf die unterrichtliche Anwendung, erörtert.

Gegenseitiger Respekt

Dies ist ein wichtiger Aspekt, der gerade im Rahmen der Untersuchung didaktisch nie aus den Augen verloren werden darf. Gerade bei den für Jungen noch neuen und unbekannten Bewegungen bedarf es eines hohen Maßes an Ermutigung und gegenseitiger Wertschätzung, um die Motivation und das Erfolgserlebnis entsprechend hoch zu halten.

Tanz vs. Akrobatik

Immer wieder entsteht die Diskussion, wie groß der Anteil an akrobatischen Elementen sein darf, um den tänzerischen Aspekt im Breakdance nicht zu verlieren.

Mittlerweile besteht die einheitliche Meinung, dass trotz aller akrobatischen Elemente der Bezug und das Bewegen zur Musik deutlich erkennbar sein sollte (Rode, 2016). Aus diesem Grund ist es den Schülern im Laufe der Ausbildung freigestellt, wie sie ihr eigenes „Setting" gestalten.

Individualität

Sollte für einen Schüler mehr der tänzerische Aspekt mittels Top Rocking im Focus stehen, kann für einen anderen Schüler der Fokus ganz klar auf den akrobatischeren Elementen liegen.

Kommunikation

Breaker lernen voneinander. Da jede genormte Bewegung viel Platz für den eigenen Style, das eigene Interpretieren bzw. die eigene Realisierung einer vielleicht sehr schwierigen Bewegungsform bietet, sind Breaker auf gegenseitige Unterstützung und gegenseitige Hilfestellungen angewiesen. Dies zeigt sich im Training durch die selbstverständliche Hilfestellung der Schüler untereinander.

Battles
Diese formale Umsetzung in einem gebildeten Kreis an Zuschauern und Mittänzern bietet einen guten Rahmen für einen friedlichen tänzerischen Kampf zum physischen Kräftevergleich, aber auch zur Fähigkeit sich mit dem bisher erlernten Repertoire zu präsentieren.

Natürlich sind nach oben hin keine Grenzen gesetzt. Zuvor Beschriebenes soll vor allem ein Niveau an Grundfertigkeiten beschreiben, welches die Schüler im Laufe ihres Wahlfaches Breakdance erlangen sollen.

2.6.2 Konzeptionelles Verfahren beim Breakdance-Unterricht

In der Literatur findet man so gut wie keine didaktische Handreichung, die ein Lehrkonzept zum Erwerb der (Schul-)Sportart Breakdance bietet. Daher wurde vom Autor eine Anzahl verschiedener Settings aus dem Bereich Tanz, Breakdance, Modelle zur Stärkung der psychosozialen Ressourcen sowie Forschungsbeiträge zum Thema Persönlichkeitsentwicklung und (Selbst-)Bildung im Sport studiert, miteinander verglichen und anschließend in ein – allen Facetten gerecht werdendes – Konzept integriert. Aufgrund der hohen Anmeldezahlen im Wahlfach Breakdance wurde vom Autor der Studie für jedes zweite Training ein zweiter Breakdance Lehrer engagiert, welcher zum einen v. a. für Einzelkorrekturen im Rahmen des Stationstrainings zur Verfügung stand, zum anderen aber auch dazu beigetragen hat, dass die Kinder einen abwechslungsreichen sowie höchst motivierenden und ansprechenden Unterricht erhalten haben.

So entstand ein Unterrichtskonzept unter Einbezug folgender Forschungsbeiträge und Konzepte:

- mit dem gemeinsamen Erarbeiten von Tanzinhalten und deren Präsentationen sind die Prinzipien „der Kompetenzerfahrung, der reflexiven Sportvermittlung und der individualisierten Lernbegleitung" (Reichel, 2012, S. 13; vgl. Conzelmann et al., 2011, S. 64) Hauptbestandteile der Unterrichtsinszenierung
- mit vorhandener Literatur (Rode, 2016)
- mit früheren Forschungsarbeiten zum Thema Erziehung und (Selbst-)Bildung im Sport (Kuhn, 2007; Kuhn & Laging, 2018; vgl. Abschnitt 1.3.3)
- mit früheren Forschungsarbeiten zum Thema Tanz (Reichel, 2012; vgl. Abschnitt 1.5)
- mit früheren Forschungsarbeiten zum Thema Stärkung psychosozialer Ressourcen (Sygusch, 2007; Biemann, 2005; vgl. Abschnitt 1.4)
- mit den Ausführungen zur Sozialisation im Sport und dem Modell der Breakdance-bezogenen Sozialisation (vgl. Abschnitt 1.3)
- im Abgleich mit eigener didaktischer Unterrichtserfahrung des Autors als Lehrer an Schulen, als Dozent an der Sportuniversität sowie als ausgebildeter Trainer C im Bereich Gymnastik/Tanz

Im folgenden Abschnitt wird der theoretische Hintergrund der Unterrichtsstunden in Anlehnung an Reichel (2012), Rode (2016), Aebli (1997), Sygusch (2007), Kuhn & Laging

(2018) und Biemann (2005) beschrieben. Einige Beiträge wurden bereits dargestellt. Da diese für die Gestaltung des Unterrichtmodells jedoch von hoher Bedeutsamkeit sind, wurden sie erneut zusammengefasst (vgl. Kuhn et.al., 2018). Anknüpfend daran wird ein typischer Unterrichtsverlauf dargestellt.

Theoretische Grundlage der Unterrichtsstunden

Als eine Grundlage der Breakdance Stunden galt zum einen Reichels Forschungsarbeit „Persönlichkeitsentwicklung durch Tanz in der Schule". Im Folgenden werden die Inhalte des Unterrichts im Tanz an Schulen nach Reichel (2012) dargestellt (Reichel, 2012, S. 12 ff.):

- *Entwicklung der Körperwahrnehmung*: der Körper soll Denken erfassen, als Reflexionsfläche dienen und die Möglichkeit der Transformation bieten
- *Bewegungsaufträge*: eigene Tanzbewegungen sollen selbst entdeckt werden (über Improvisationen)
- *Körperkontakt erleben*: über Hebe- oder Haltefiguren soll der Körperkontakt erlebt werden können
- *sich selbst präsentieren*: in einer Aufführungssituation sollen eigene Bewegungssequenzen (Solo oder in der Gruppe) vorgeführt werden

Die Wirkungen eines so inszenierten Tanzunterrichts werden nach Reichel (2012) in folgende Hauptkategorien zusammengefasst (Reichel, 2012, S. 12 ff.):

- *Veränderungen im Körper- und Bewegungskonzept*: Körperbewusstsein entsteht, Freude an Körperlichkeit wird entdeckt
- *Förderung der Kreativität und Individualität*: offen werden für Neues, gesteigerte Selbstaufmerksamkeit, sich selbst präsentieren
- *Veränderung sozialer Parameter*: Zugehörigkeit spüren, ein gemeinsames Ziel erreichen, miteinander umgehen
- *Lebenskompetenz erleben (Selbstwirksamkeitserfahrungen)*

Diese hier genannten Ziele und Wirkungen wurden bereits unter den Begriffen „Lebenslagen", „Entwicklungsaufgaben", „Lebensführung" und „Veränderungen über die Zeit" im zuvor formulierten Abschnitt 1.3.3.3 im „Modell der Breakdance-bezogenen Sozialisation" beschrieben: Durch die Auseinandersetzung mit dem Medium Breakdance ist anzunehmen, dass sich ähnliche Wirkungen, wie zuvor von Reichel beschrieben, abzeichnen. Exemplarisch dargestellt können dies der Aufbau einer positiven Einstellung zu sich selbst und der Aufbau an Selbstwirksamkeit durch den Aspekt der „*Individualität*" sein. Darüber hinaus wäre ein Aufbau von Kooperationsfähigkeit, Gewissen und Moral durch den Aspekt „*Kommunikation*" und den Aspekt des „*gegenseitigen Respekts*" möglich. Dafür bedarf es allerdings an „Rückmeldungen" (Sygusch, 2007; vgl. Abschnitt 1.4.3). Hierfür sind in den Unterrichtsstunden die „kognitiven Phasen" vorgesehen.

Nach Rode (2016) sind folgende Inhalte und Aspekte für Breakdance von Bedeutsamkeit (vgl. Abschnitt 1.2.5 und 1.2.6):

- Erwerb motorischer Fertigkeiten (Top Rocks, Down Rocks, Freezes, Footworks, Powermoves)
- gegenseitiger Respekt

- Individualität
- Kommunikation
- Battles
- Tanz vs. Akrobatik

„Indem eine Gruppe ein Sachproblem gemeinsam bearbeitet, interagieren zugleich die einzelnen Partner untereinander. Sie lernen nicht nur sachlich ein Problem zu lösen, sondern auch zu kooperieren und gemeinsam zu diskutieren" (Aebli, 1997, S. 124).

Nach Aebli (1997) sind folgende Aspekte zu einer Förderung der psychosozialen Ressource „Kooperationsfähigkeit" bedeutsam (Aebli, 1997, S. 124, vgl. Abschnitt 1.4.3.2):

- motorische Aufgabenstellungen
- sozial-kooperative Aufgabenstellungen, in denen die Lernenden in Abhängigkeit voneinander gebracht werden, sodass Lösungen nur über eine Gruppenleistung möglich sind (z. B. Erarbeiten von Gruppenchoreographien)
- sportartspezifische Ziele
- das Prinzip der (Mit-)Verantwortung, z. B. bei der Entwicklung von Zielen und Regeln

Nach Sygusch (2007) sind weitere Aspekte zur Förderung der psychosozialen Ressourcen bedeutsam (Sygusch, 2007, vgl. Abschnitt 1.4.1.3):

- der Lehrer oder Trainer als Vorbild, respektvolles Verhalten, Focus auf langfristige Ziele, Gelegenheiten zur Mitverantwortung schaffen
- die Trainingsgruppe als Partner, die Akzeptanz, Zugehörigkeit, soziales Wohlbefinden geben

Als methodische Prinzipien werden angewandt:

- aufgreifen
- inszenieren
- thematisieren

Nach Biemann (2005) sind die Aspekte „Sichern von Erfolgen", „Modelllernen", „Lenkung der kausalen Attribuierungen", „Leistungsrückmeldungen", „Kontrolle negativer affektiver Reaktionen" und „Betonung positiver Affekte" bedeutsam für die Förderung der Selbstwirksamkeitserwartung von Kindern im Sportunterricht (Biemann, 2005, S. 57 ff.; vgl. Abschnitt 1.4.1.3).

Nach Kuhn (2007), sowie Kuhn, Leffler und Liebl (2018) findet im Sportunterricht ein Aufeinandertreffen von Freiwilligkeit und Zwang und von körperlicher Begegnung in den unterschiedlichsten Rollen und Formen statt, die für Kinder herausfordernd bis grenzerfahrend sein können" (Kuhn, Leffler & Liebl, 2018; vgl. Abschnitt 1.3.5.2). Diese „krisenhaften Situationen" können kreiert werden durch die unterschiedlichsten Aufgabenstellungen und können sowohl motorische („Top Rocks" oder „Powermoves" erwerben), als auch kognitive oder psychosoziale Absicht (Gruppenchoreographien, kreative Gestaltung) haben.

Kinder können im Sportunterricht Selbstvertrauen, Mut, Stärke und Ruhe entwickeln. Sie können lernen, sich selbst und andere einzuschätzen, sie können ihr Können, ihre Selbstwirksamkeitserwartung, Empathie-, Selbstbestimmungs- und Solidaritätsfähigkeit steigern, die Bereitschaft zur Selbstpräsentation entwickeln und stolz auf ihre im Sportunterricht erworbenen Kompetenzen werden, (...) [sowie; Anm. d. Verf.] zahlreiche erlebens- und handlungsbedeutsame kategoriale und figurale Deutungsmuster – etwa in Bezug auf Fairness, gutes Spiel, Gewinnen und Verlieren, Mannschaft Taktik, Individualität, Wohlbefinden, Sicherheit, Kondition, Motivation und Didaktik – erwerben und verändern. Sie können Gemeinschaft, Vertrauen und Solidarität erfahren, (...) Eindrücke mit und von ihrem Körper gewinnen und Sportunterricht als Spielraum oder Pflichtveranstaltung wahrnehmen. (Kuhn, Leffler und Liebl, 2018, S. 387; vgl. Abschnitt 1.3.5.2).

Nach Reichel (2012) soll die Inszenierung des Tanzunterrichts so erfolgen, dass dieser den methodisch-didaktischen Prinzipien für optimalen Bewegungsunterricht gerecht wird. Aufgrund der Vorerfahrung des Autors als langjähriger Sportlehrer wird ein Konzept erstellt, welches zuvor beschriebenes sowie alle genannten Ziele, Wirkungen, Maßnahmen zur Förderung psychosozialer Ressourcen und Beiträge zur (Selbst-)Bildung im Sport integriert und im Unterrichtsmodell berücksichtigt.

Typischer Unterrichtsverlauf
Im Folgenden wird ein allgemeiner Überblick über den Aufbau einer Breakdance-Stunde gegeben, die die oben genannten Aspekte, Methoden und Überlegungen beinhaltet.

Tabelle 8: Typischer Aufbau einer Breakdance-Stunde

Phase	Inhalt	Ziel
Einleitung	Aufwärmen	Siehe Tab. 6
Einleitung	kognitive Phase 1	Siehe Tab. 6
Hauptteil	Schwerpunkt 1	
Hauptteil	kognitive Phase 2	
Hauptteil	Schwerpunkt 2 / Ziel	
Schluss	Abschluss	
Schluss	kognitive Phase 3	

Zur weiteren Verdeutlichung werden in der folgenden Tabelle die oben genannten Inhalte (zusammengefasst) in den allgemeinen Stundenaufbau integriert:

Tabelle 9: Übersicht über Stundenablauf mit motorischen Aufgaben und psychosozialen Aspekten

Phase	Inhalt	Ziel
Einleitung	**Aufwärmen:** (allg. Erwärmung, Wunschspiel) **kognitive Phase 1** „Aufgreifen" Mitentscheidung der Kinder bei der Auswahl des Stundenschwerpunkts; Wünsche, Erwartungen, Ansprüche und Forderungen des Kindes	Selbstvertrauen, Mut, Stärke und Ruhe entwickeln. Sich selbst und andere einschätzen, Können, Selbstwirksamkeitserwartung, Empathie-, Selbstbestimmungs- und Solidaritätsfähigkeit steigern. Kategoriale und figurale Deutungsmuster – etwa in Bezug auf Fairness, gutes Spiel, Gewinnen und Verlieren, Mannschaft Taktik, Individualität, Wohlbefinden, Sicherheit, Kondition, Motivation und Didaktik erwerben und verändern (Kuhn et al., 2018, S. 387).
Hauptteil	**Schwerpunkt 1** „Inszenieren" von allgemeinen, noch sportartfernen Bewegungsaufgaben, über die Anwendung sportartspezifischer motorischer Fertigkeiten, dem Stellen gezielter Aufgaben sportartspezifischer Lernsituationen bis zu sportartspezifischen Wettkampf- und Leistungssituationen (Sygusch, 2007). Erwerb von Top Rocks, Powermoves und Footworks, Schaffen von „krisenhaften Zuständen" **kognitive Phase 2** Kommunikation über die Elemente und psychosozialen Aspekte: gegenseitiger Respekt, Individualität, Kommunikation, Tanz vs. Akrobatik, kooperatives Verhalten, gegenseitige Hilfestellungen, Akzeptanz, Zugehörigkeit spüren, soziales Wohlbefinden, Rückmeldungen, Sichern von Erfolgen, Betonung positiver Affekte, Kontrolle negativer affektiver Reaktionen **Schwerpunkt 2 / Ziel** Gruppenbattle, Solobattle, Choreographie, unter Einbezug der Elemente und psychosoz. Aspekte: gegenseitigen Respekt, Individualität, Kommunikation, Tanz vs. Akrobatik, Bereitschaft zur Selbstpräsentation entwickeln	
Schluss	**Abschluss** Präsentation Entspannung **kognitive Phase 3** „Thematisieren", „Fremdheitserfahrungen", Rückmeldungen	

Einleitung
Aufwärmen
Ziel des ersten Abschnitts ist die optimale Vorbereitung auf den Hauptteil der Stunde. Hierzu soll ein funktionelles Erwärmen erfolgen. Vor dem funktionellen Erwärmen dürfen Kinder, in Anlehnung an den Aspekt „Aufgreifen" (Sygusch, 2007), über die Wahl des allgemeinen Aufwärmprogramms/-spiels mitentscheiden. Ein für diese Stundenphase typisches Spiel ist die Inszenierung des Spiels „Feuer, Wasser, Blitz" in modifizierter Form: Die

Kinder bewegen sich frei im Raum zur Musik. Beim Stopp der Musik ruft der Lehrer eines der drei Signale „Feuer", „Wasser", „Blitz".

Zunächst wird das Spiel in altbekannter Art und Weise gespielt. Im weiteren Verlauf wird dieses jedoch tanzspezifischer gestaltet. Bei „Feuer" sollen die Kinder einen „Freeze" im Stand, bei „Blitz" einen ihnen bekannten „Down Rock" auf dem Boden ausführen. Bei „Wasser" werden die Kinder aufgefordert, einen „Top Rock" ihrer Wahl zu tanzen. So kann das Spiel nach und nach immer Breakdance-spezifischer gestaltet werden: Es kann von den Kindern gefordert werden, bei „Feuer" einen „Baby Freeze", bei „Blitz" einen „Powermove", und bei „Wasser" einige „Footworks" auszuführen. Die schwierigste „Stufe" ist diejenige, in der gefordert wird, alle Bewegungen passend zum Beat der Musik auszuführen. Zeitlich sind für diesen Abschnitt ca. 10 Min. vorgesehen. Zusätzlich findet ein funktionelles Erwärmen in Form einer kurzen Kräftigungseinheit statt. Kinder sollen hier Liegestütze, Kniebeugen und Übungen zur Rumpfkräftigung ausführen.

Kognitive Phase 1
In Anlehnung an „Aufgreifen" (Sygusch, 2007) sollen die Kinder über den jeweiligen Stundenschwerpunkt mitentscheiden dürfen. Den Wünschen, Erwartungen, Ansprüchen und Forderungen des Kindes soll hier entsprochen werden. Für eine realistische und zeiteinsparende Umsetzung demonstriert der Lehrer verschiedene Breakdance-spezifische Bewegungen (sowohl Top Rocks, Down Rocks, Powermoves, Freezes), von denen zwei bis drei von den Schülern als Stundenschwerpunkt ausgewählt werden. Diese werden im Laufe der aktuellen Stunde erarbeitet bzw. erworben. Alle nicht gewählten, aber zuvor vom Lehrer demonstrierten Bewegungen werden in einer der nächsten Einheiten erarbeitet werden. Dies wird mit den Kindern entsprechend thematisiert und hat den Vorteil, dass im Laufe der Zeit dem Wunsch aller Kinder entsprochen werden kann. Wie in Abschnitt 1.4.1.3 bereits beschrieben, soll eine psychosoziale Förderung durch die entsprechende positive Unterrichtsatmosphäre ständig und nebenbei erfolgen.

Hauptteil
Schwerpunkt 1
Der erste Hauptteil der Stunde bietet viele Möglichkeiten zur Eigenrealisation im tänzerischen Bereich. So werden hier Top Rocks sowie Down Rocks und Powermoves gemeinsam erworben. Differenzierungsmöglichkeiten bieten sich hier durch die Wahl der Schüler, ob sie vorwiegend an Top Rocks oder an Down Rocks bzw. Powermoves arbeiten möchten. Organisatorisch wird dies in Form eines Stationsbetriebes realisiert.

In jeder dieser drei bis vier Stationen gibt es vom Lehrer ausgewählte „Experten", die als „Hilfslehrer" agieren. So lernen sich die Kinder mit der Zeit gegenseitig ihre „Lieblings-Moves". Zeitlich gesehen nehmen diese beiden Teile der Stunde ca. 20 Min. in Anspruch.

Kognitive Phase 2
Nach Absolvieren der ersten Übungseinheit „Stundenschwerpunkt 1", erfolgt eine Trinkpause. Im Anschluss erfolgt in der „kognitiven Phase 2" ein Gespräch mit den Schülern über die allgemeinen Aspekte „Zugehörigkeit spüren" und „soziales Wohlbefinden" sowie über die Breakdance-typischen Aspekte „gegenseitiger Respekt", „Individualität", „Kommunika-

tion", „Tanz vs. Akrobatik". Zusätzlich werden „kooperatives Verhalten" und „gegenseitige Hilfestellungen" besprochen. Dieser Abschnitt der Stunde nimmt ca. 5 Min. in Anspruch.

Schwerpunkt 2 / Ziel
Im zweiten Hauptteil der Stunde findet eine Gruppenerarbeitung statt, um das neu gelernte zu üben und das bereits in vorherigen Stunden erworbene Repertoire zu festigen. Hierbei variieren die Kleingruppen von ca. 3–4 Schülern pro Gruppe von Stunde zu Stunde. Der Lehrer gibt verschiedene Aufgabenstellungen, je nach Leistungsvermögen der Schüler. Exemplarisch soll hier eine typische Aufgabenstellung formuliert werden:
    „Gestaltet eine Choreographie bestehend aus vier Achtern (Choreographieeinheiten). Dabei sollen eine Drehung, eine Verwringung, ein Teil am Boden sowie ein bis zwei verschiedene Top Rocks vorkommen".
    Die Schüler haben nun Zeit, sich – je nach Leistungsstand der jeweiligen Gruppenmitglieder – eine Choreographie zu überlegen, die sie am Ende dieses Stundenabschnittes im Circle aufführen. Dieser Teil der Stunde nimmt ca. 25–30 Min. in Anspruch.

Schluss
Abschluss
Nachdem jede Gruppe ihre Kurzchoreographie aufgeführt hat, gibt es nun die Möglichkeit, im Circle einen kleinen „Battle" zu inszenieren. Jeder Schüler darf – auf freiwilliger Basis – einen Solo-Teil aufführen.
    Als zusätzlichen motivationalen Aspekt bekommt jeder Schüler pro Teilnahme an der Gruppenchoreographie einen Punkt. Für jeden „Solo-Auftritt" gibt es nochmals einen Punkt. Ziel ist es, dass am Ende des Schulhalbjahres eine bestimmte Punktzahl erreicht wird.
    Am Ende der Stunde wird eine kurze Entspannungseinheit in Form eines Dehnens und leisen Bewegens zu Musik durchgeführt. Der Lehrer gibt den Kindern Rückmeldung und Zusammenfassung über die durchgeführte Trainingseinheit sowie einen Ausblick auf die nächsten Stunden. Außerdem soll an dieser Stelle ein Bewusstsein über die eigene Leistung der Stunde geschaffen werden.

3 Darstellung der Ergebnisse

In diesem Kapitel werden sowohl die Ergebnisse der quantitativen als auch die Ergebnisse der qualitativen Datenerhebung dargestellt.

Zunächst werden in Abschnitt 3.1 die quantitativen Daten mittels statistischer Auswertung dargestellt. Hier erfolgt anhand der formulierten Hypothesen ein – zeitlich gesehener – t1/t2/t3 Vergleich, welcher aber zusätzlich aufgrund von statistisch bedeutsamer Analyse in einen t1/t2, t2/t3, sowie t1/t3 Abschnitt untergliedert werden muss. Anschließend werden, zur Beantwortung der Nebenfragestellung, in Abschnitt 3.2 die qualitativen Ergebnisse beschrieben, um abschließend in Abschnitt 3.3 eine zusammenfassende Beantwortung der Fragestellungen zu formulieren.

3.1 Ergebnisse der quantitativen Untersuchung

Die Auswertung der quantitativen Daten erfolgte mit dem Statistikprogramm SPSS (Version 25). Die Auswertungsmethoden (univariate einfaktorielle Varianzanalyse, univariate einfaktorielle Kovarianzanalyse sowie univariate zweifaktorielle Varianzanalyse mit Messwiederholung) wurden zuvor in Abschnitt 2.4.2.2 beschrieben.

Als Irrtumswahrscheinlichkeit werden bei der Auswertung ein Signifikanzniveau von $p \leq 0,05$ (*) als signifikant, $p \leq 0,01$ (**) als sehr signifikant und $p \leq 0,001$ (***) als hochsignifikant gewählt. Ein Signifikanzniveau über $0,05$ gilt nicht als signifikant und damit als statistisch nicht bedeutsam. Allerdings wird in Anlehnung an Bös, Hänsel und Schott (2004, S. 114) und früheren Forschungsarbeiten (Liebl, 2013) ein Signifikanzniveau von $p \leq 0,1$ als potentiell inhaltlich bedeutsam gesehen, sofern es eine mittlere Effektstärke aufweist (Sedlmeyer & Renkewitz, 2008, S. 479).

- als kleiner Effekt gilt $eta^2 \geq 0,01$
- als mittlerer Effekt gilt $eta^2 \geq 0,06$
- als großer Effekt gilt $eta^2 \geq 0,14$

In den Abbildungen und Tabellen zur Darstellung der Ergebnisse erscheinen die folgenden Abkürzungen und Begriffe: „MW" steht für den Mittelwert der entsprechenden Merkmale, „SD" für Standartabweichung sowie „MW Diff" für Mittelwertdifferenz. Der Buchstabe „n" steht für die Anzahl an erhobenen Daten. Die Abkürzungen „df" stehen für die Freiheitsgrade, „F" für die Teststatistik (F-Wert), „p" für die Irrtumswahrscheinlichkeit, die Effektstärke wird als „eta^2" angegeben (Rasch et.al., 2010).

3.1.1 Überprüfung der Voraussetzungen

Eine Auswertung von quantitativen Daten ist sowohl an inhaltliche als auch an statistische Voraussetzungen gebunden.

Inhaltliche Voraussetzungen

Inhaltliche Voraussetzungen fordern, dass sich die Geschlechterverteilung innerhalb der Untersuchungs- und Vergleichsgruppen nicht überzufällig unterscheiden dürfen, da diese sonst nicht vergleichbar wären. Da es sich bei der durchgeführten Untersuchung ausschließlich um eine Untersuchung mit Jungen handelt, ist die Voraussetzung bezüglich der Geschlechterverteilung erfüllt.

Als zweite inhaltliche Voraussetzung ist gefordert, dass sich die Ausgangswerte zwischen Untersuchungsgruppe und Vergleichsgruppen nicht überzufällig unterscheiden dürfen, da sonst Ergebnisverzerrungen entstehen könnten. Diese Voraussetzung wurde mittels univariaten einfaktoriellen Varianzanalysen geprüft.

Die Ergebnisse zeigen, dass sich die Untersuchungsgruppen hinsichtlich der Ausgangswerte der einzelnen Merkmale zu t1 bei nahezu allen Untersuchungsmerkmalen jedoch signifikant unterscheiden.

Im Folgenden wird ein Überblick über signifikante Ausgangsunterschiede zu t1 zwischen Untersuchungsgruppe und beiden Vergleichsgruppen gegeben:

Tabelle 10: Überblick über die Ausgangsunterschiede zu t1

Untersuchungsmerkmal	F	df	p	eta^2
Standweitsprung	12,157	2	0,000	0,404
Liegestütz	13,139	2	0,000	0,305
Sit Ups	6,792	2	0,002	0,185
Seitl. Hin- und Herspringen	6,578	2	0,003	0,180
Balancieren rückwärts	3,311	2	0,043	0,099
SWK allgemein	8,578	2	0,010	0,222
SWK Sportartspezifisch	49,722	1	0,000	0,548
Kooperationsfähigkeit	9,521	2	0,000	0,241

Anhand der deskriptiven Statistik zeigt sich, dass die Ausgangswerte der Null-Vergleichsgruppe zu t1 meist deutlich höher als die der Untersuchungsgruppe (Breakdance-Gruppe) und der Aktiv-Vergleichsgruppe sind. Ursachen werden in Abschnitt 4.1 beschrieben und diskutiert.

Um den Einfluss der unterschiedlichen Ausgangswerte auf die physische und psychische Entwicklung einschätzen und berücksichtigen zu können, wird somit zusätzlich zur univariaten zweifaktoriellen Varianzanalyse mit Messwiederholung eine univariate einfaktorielle Kovarianzanalyse durchgeführt (Bortz, 2005, S. 361 ff.), wobei die Ausgangswerte zu t1 als Kovariate (Kontrollvariable) in die Analyse mit einfließen, und die entsprechenden Mittelwertdifferenzen als abhängige Variable dienen.

Hierbei gilt Folgendes:

Liegt ein signifikanter Einfluss der Kovariate vor, gilt das Ergebnis der Kovarianzanalyse (Ancova), liegt kein signifikanter Einfluss der Kovariate vor, gilt das Ergebnis der Varianzanalyse (Anova). Aus diesem Grund wird der Untersuchungszeitraum t1/t2/t3 bei der Anova für die Ancova unterteilt in einen t1/t2, t2/t3, sowie einen t1/t3 Zeitraum.

Statistische Voraussetzungen

Die statistischen Voraussetzungen fordern, dass die Stichproben der Untersuchungs- und Vergleichsgruppen in Bezug auf abhängige Variablen Normalverteilung und Varianzhomogenität aufweisen sollten. Mittels Levene- bzw. Kolomogorov-Smirnov-Test wurden diese Voraussetzungen überprüft.

Das Ergebnis zeigt an, dass Varianzhomogenität bzw. Normalverteilung nicht bei allen Auswertungen erfüllt sind. Laut Rost (2007, S. 191) dürfen die entsprechenden Auswertungen dennoch mit Einschränkungen interpretiert werden, da Varianzanalysen relativ robust gegenüber der Verletzung dieser Voraussetzungen sind (vgl. Bortz, 2005, S. 284 ff., 328, 352 ff.; Sedlmeier & Renkewitz, 2008, S. 448 ff.).

Als Einschränkung wird in Anlehnung an Bühl (2008, S. 447) und Rost (2007, S. 191) das nächsthöhere Signifikanzniveau gewählt: Die entsprechenden Ergebnisse gelten damit erst ab dem 1 % Signifikanzniveau als statistisch bedeutsam (vgl. Liebl, 2013, S. 174).

Als statistisch bedeutsam gilt ein Ergebnis, wenn es das 5 % Signifikanzniveau unterschreitet und die Voraussetzungen Normalverteilung bzw. Varianzhomogenität nicht verletzt sind. Bei Verletzung dieser Voraussetzungen wird für statistische Bedeutsamkeit das 1 % Signifikanzniveau angenommen (Liebl, 2013, S. 174). Als inhaltlich bedeutsam gilt ein Ergebnis, bei dem $p < 0,1$ und eine mittlere Effektstärke ($eta^2 \geq 0,06$) gilt, sofern weder Normalverteilung noch Varianzhomogenität verletzt sind.

Eine Übersicht über das zu interpretierende Signifikanzniveau gibt folgende Tabelle:

Tabelle 11: Überblick über das zu wählende Signifikanzniveau p
(SWS = Standweitsprung, LS = Liegestütz, seitS = seitliches Springen, BR = balancieren rückwärts, Swk Spa = sportartspezifische Selbstwirksamkeit, Swk Allg = allgemeine Selbstwirksamkeit, Koop. = Kooperationsfähigkeit)

Merkmal	SWS	LS	seitS	Sit Ups	BR	Swk Spa	Swk Allg	Koop.
p	≤ 0,01	≤ 0,01	≤ 0,05	≤ 0,05	≤ 0,05	≤ 0,05	≤ 0,01	≤ 0,01

3.1.2 Quantitative Ergebnisse

Die Ergebnisse werden in die Vergleichszeiträume t1/t2/t3 sowie t1/t2, t2/t3, t1/t3, unterteilt.

Des Weiteren gliedert sich die Ergebnisdarstellung in die Untersuchungsmerkmale Schnellkraft in den Beinen, Kraftausdauer in den oberen Extremitäten, Kraftausdauer im Rumpfbereich, Koordination unter Präzisionsdruck sowie Koordination unter Zeitdruck.

Sofern statistische beziehungsweise inhaltlich bedeutsame Ergebnisse vorliegen, werden diese im entsprechenden Untersuchungszeitraum dargestellt.

3.1.2.1 Bedeutsame Ergebnisse: physische Entwicklung

Die univariate zweifaktorielle Varianzanalyse mit Messwiederholung zeigt bei allen Untersuchungsmerkmalen im t1/t2/t3 Zeitraum inhaltlich bzw. statistisch bedeutsame Interaktionseffekte. Aufgrund der signifikanten Ausgangsunterschiede wurden zusätzlich univariate einfaktorielle Kovarianzanalysen durchgeführt, wobei der t1/t2/t3 Vergleichszeitraum in einen t1/t2, t2/t3 sowie t1/t3 Abschnitt untergliedert werden musste.

Koordination unter Präzisionsdruck
Ergebnis der Anova im t1/t2/t3 Vergleichszeitraum:
Für die Koordination unter Präzisionsdruck, überprüft mithilfe des Test-Items „Balancieren rückwärts", ergibt die univariate zweifaktorielle Varianzanalyse mit Messwiederholung zwischen t1/t2/t3 einen hoch signifikanten Haupteffekt Zeit (F = 8,635, df = 2, p = 0,000***, eta^2 = 0,126), sowie einen hochsignifikanten Interaktionseffekt zwischen Gruppe und Zeit (F = 12,338, df = 4, p = 0,000***, eta^2 = 0,291).

Der Post-Hoc-Test weißt einen hoch signifikanten Unterschied zwischen den Gruppen Breakdance- und Aktiv-Gruppe auf, sowie eine Signifikanz zwischen der Interventionsgruppe und der Null-Gruppe.

Aufgrund der signifikanten Ausgangsunterschiede wurde zusätzlich eine univariate einfaktorielle Kovarianzanalyse durchgeführt. Im Folgenden wird ein Überblick über die einzelnen Abschnitte des Untersuchungszeitraumes gegeben:

Tabelle 12: „Balancieren rückwärts" im t1/t2/t3 Vergleichszeitraum (Anova)
(Anm.: AKG = Aktiv-Kontrollgruppe, NKG = Null-Kontrollgruppe, A = signifikanter Ausgangsunterschied)

Gruppe	MW (SD)			MW Diff			n
	t1	t2	t3	t2 - t1	t3 - t2	t3 - t1	
Breakdance	27,792 (7,071)	30,917 (5,625)	34,250 (4,883)	3,125	3,333	6,458	24
AKG	23,158 (4,180)	24,263 (5,258)	24,579 (5,357)	1,105	0,316	1,421	19
NKG	25,100 (5,848)	28,450 (7,037)	22,750 (6,882)	3,350	-5,700	-2,350	20
Haupteffekt Zeit				**Interaktionseffekt**			
F = 8,635, df = 2, p = 0,000***, eta^2 = 0,126				F = 12,338, df = 4, p = 0,000***, eta^2 = 0,291 **(A)**			

Tabelle 13: „Balancieren rückwärts" im t1/t2 Abschnitt im t1/t2/t3 Vergleichszeitraum

Gruppe	MW Diff	n	Effekt Gruppe (Anova)	Effekt Gruppe Kovariate	Effekt Gruppe (Ancova)
Breakdance	3,125	24	$F = 1{,}323$, df = 2	$F = 50{,}948$, df = 1	$F = 50{,}948$, df = 2
AKG	1,105	19	$p = 0{,}274$	$p = 0{,}000^{***}$	$p = 0{,}047^{*}$
NKG	3,350	20	$eta^2 = 0{,}341$	$eta^2 = 0{,}463$	$eta^2 = 0{,}990$

Tabelle 14: „Balancieren rückwärts" im t2/t3 Abschnitt im t1/t2/t3 Vergleichszeitraum

Gruppe	MW Diff	n	Effekt Gruppe (Anova)	Effekt Gruppe Kovariate	Effekt Gruppe (Ancova)
Breakdance	3,333	24	$F = 19{,}255$, df = 2,	$F = 45{,}198$, df = 1	$F = 27{,}830$, df = 2
AKG	0,316	19	$p = 0{,}000^{***}$	$p = 0{,}000^{***}$	$p = 0{,}000^{***}$
NKG	-5,700	20	$eta^2 = 0{,}391$	$eta^2 = 0{,}434$	$eta^2 = 0{,}485$

Tabelle 15: „Balancieren rückwärts" im t1/t3 Abschnitt im t1/t2/t3 Vergleichszeitraum

Gruppe	MW Diff	n	Effekt Gruppe (Anova)	Effekt Gruppe Kovariate	Effekt Gruppe (Ancova)
Breakdance	6,458	24	$F = 15{,}542$, df = 2	$F = 32{,}029$, df = 1	$F = 25{,}362$, df = 2
AKG	1,421	19	$p = 0{,}000^{***}$	$p = 0{,}000^{***}$	$p = 0{,}000^{***}$
NKG	-2,350	20	$eta^2 = 0{,}341$	$eta^2 = 0{,}352$	$eta^2 = 0{,}462$

t1/t2 Abschnitt:

Hier zeigt die univariate einfaktorielle Kovarianzanalyse einen hochsignifikanten Einfluss der Kovariate „Balancieren zu t1" an ($F = 50{,}948$, df = 1, $p = {,}000^{***}$, $eta^2 = 0{,}463$). Dieser Einfluss verändert den nicht signifikanten Gruppeneffekt der Anova, es ist somit eine signifikante Wirkung der Gruppenzugehörigkeit in diesem Abschnitt nachweisbar (Ancova: $F = 50{,}948$, df = 2, $p = 0{,}047^{*}$, $eta^2 = 0{,}990$; Anova : $F = 1{,}323$, df = 2, $p = 0{,}274$, $eta^2 = 0{,}042$).

t2/t3 Abschnitt:

Hier zeigt die univariate einfaktorielle Kovarianzanalyse einen hochsignifikanten Einfluss der Kovariate „Balancieren zu t1" an ($F = 45{,}198$ df = 1, $p = 0{,}000^{***}$, $eta^2 = 0{,}434$). Dieses führt zu einem sehr signifikanten Gruppeneffekt. (Anova: $F = 19{,}225$, df = 2, $p = 0{,}000^{***}$, $eta^2 = 0{,}391$; Ancova: $F = 27{,}830$, df = 2, $p = 0{,}000^{***}$, $eta^2 = 0{,}485$). In diesem Abschnitt ist demnach ebenfalls eine sehr signifikante Wirkung der Gruppenzugehörigkeit nachweisbar.

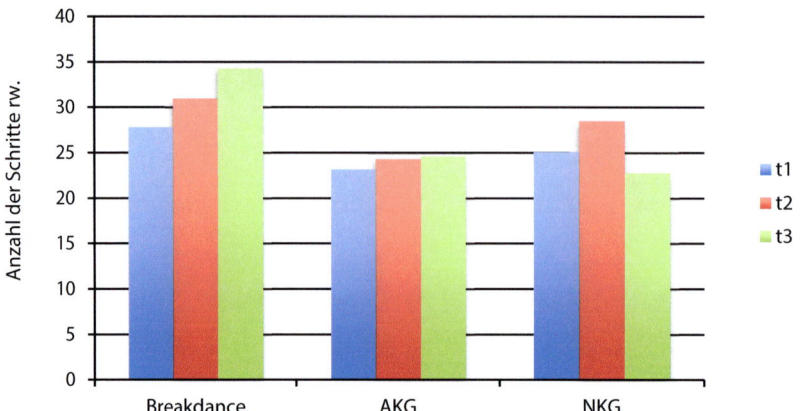

Abbildung 6: Anzahl „Balancieren rückwärts" im t1/t2/t3-Verlauf

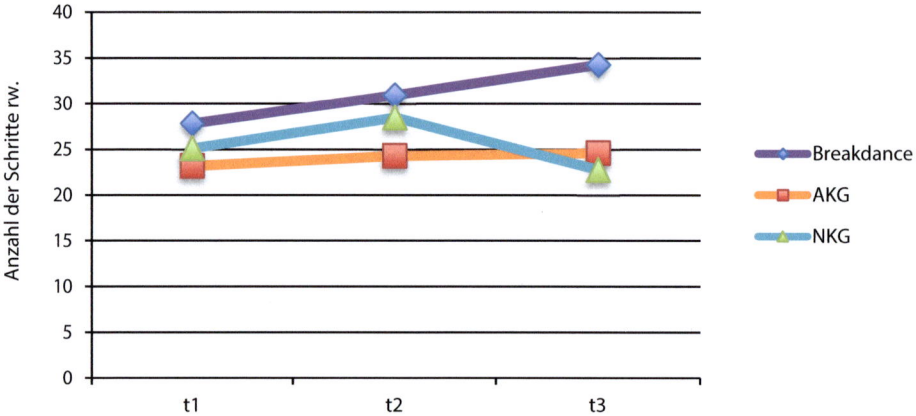

Abbildung 7: Anzahl „Balancieren rückwärts" im t1/t2/t3-Verlauf

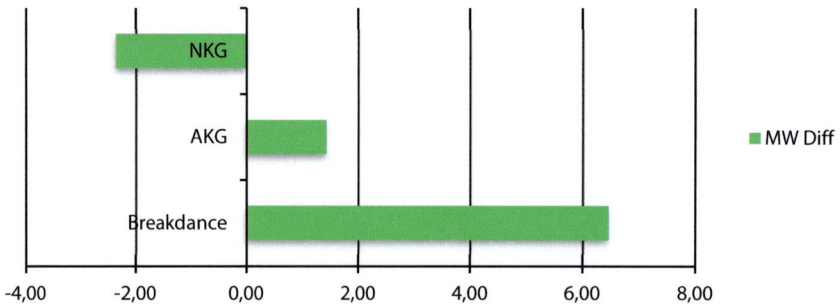

Abbildung 8: Mittelwertdifferenzen „Balancieren rückwärts" t3-t1

t1/t3 Abschnitt:
Hier zeigt die univariate einfaktorielle Kovarianzanalyse einen hochsignifikanten Einfluss der Kovariate „Balancieren zu t1" an (F = 32,029, df = 1, p = 0,000***, eta^2 = 0,352). Dieser Einfluss führt zu einem hoch signifikanten Gruppeneffekt (Anova: F = 15,542, df = 2, p = 0,000***, eta^2 = 0,341; Ancova: F = 25,362, df = 2, p = 0,000***, eta^2 = 0,462). Es ist somit eine hoch signifikante Wirkung der Gruppenzugehörigkeit nachweisbar.

Fazit:
Die univariaten einfaktoriellen Kovarianzanalysen zeigen – mit den parallel durchgeführten einfaktoriellen Varianzanalysen – dass die Gruppenzugehörigkeit in beiden Untersuchungszeiträumen eine statistisch bedeutsame Rolle bei der Anzahl an seitlichem Hin- und Herspringen spielt.

Der Post-Hoc-Test weißt im t1/t2/t3 Vergleichszeitraum einen statistisch bedeutsamen Unterschied zwischen der Interventionsgruppe und beiden Kontrollgruppen auf. Diese Aussage wird bestätigt durch das Ergebnis der durchgeführten Ancova. Im Bereich der Koordination unter Präzisionsdruck sind demnach signifikante Gruppenwirkungen nachweisbar, anhand der Mittelwertdifferenzen ist ersichtlich, dass die Interventionsgruppe in beiden Erhebungszeiträumen stets die höchsten Leistungszuwächse besitzt.

Schnellkraft in den Beinen
Für die Schnellkraft in den Beinen, überprüft mithilfe des Test-Items „Schnellkraft in den Beinen", ergibt die univariate zweifaktorielle Varianzanalyse mit Messwiederholung zwischen t1/t2/t3 einen hochsignifikanten Haupteffekt Zeit (F = 26,493, df = 2, p = 0,000***, eta^2 = 0,306) sowie einen hochsignifikanten Interaktionseffekt zwischen Gruppe und Zeit (F = 6,032, df = 3,257, p = 0,000***, eta^2 = 0,167).

Aufgrund der signifikanten Ausgangsunterschiede wurde zusätzlich eine univariate einfaktorielle Kovarianzanalyse durchgeführt. Im Folgenden wird ein Überblick über die einzelnen Abschnitte des Untersuchungszeitraumes gegeben:

t1/t2 Abschnitt:
Hier zeigt die univariate einfaktorielle Kovarianzanalyse einen hochsignifikanten Einfluss der Kovariate „Standweitsprung zu t1" an (F = 1542,681, df = 1, p = 0,000***, eta^2 = 0,963). Dieser Einfluss bestätigt, dass in diesem Abschnitt kein signifikanter Gruppeneffekt (Anova: F = 1,722, df = 2, p = 0,187, eta^2 = 0,054) (Ancova: F = 5,207, df = 2, p = 0,08, eta^2 = 0,150) nachweisbar ist, aufgrund des mittleren Effekts jedoch inhaltlich bedeutsam ist.

t2/t3 Abschnitt:
Hier zeigt die univariate einfaktorielle Kovarianzanalyse einen hochsignifikanten Einfluss der Kovariate „Standweitsprung zu t1" an (F = 1542,618, df = 1, p = 0,000***, eta^2 = 0,963). Dieser Einfluss verändert den signifikanten Gruppeneffekt jedoch kaum, damit ist also eine signifikante Wirkung der Gruppenzugehörigkeit nachweisbar (Anova: F = 8,493, df = 2, p = 0,001*, eta^2 = 0,221; Ancova: F = 9,587, df = 2, p = 0,000***, eta^2 = 0,245).

t1/t3 Abschnitt:

Hier zeigt die univariate einfaktorielle Kovarianzanalyse einen hochsignifikanten Einfluss der Kovariate „Standweitsprung zu t1" an (F = 765,193, df = 1, p = 0,000***, eta^2 = 0,290). Dieser Einfluss verändert den signifikanten Gruppeneffekt jedoch nicht, demnach ist auch hier eine signifikante Wirkung der Gruppenzugehörigkeit nachweisbar (Anova: F = 7,040, df = 2, p = 0,002, eta^2 = 0,190; Ancova: F = 12, 042, df = 2, p = 0,000***, eta^2 = 0,290).

Tabelle 16: „Standweitsprung" t1/t2/t3 Vergleichszeitraum (Anova)
(Anm.: AKG= Aktiv-Kontrollgruppe, NKG = Null-Kontrollgruppe, A= signifikanter Ausgangsunterschied, L = signifikanter Levene Test)

Gruppe	MW (SD)			MW Diff			n
	t1	t2	t3	t2 - t1	t3 - t2	t3 - t1	
Breakdance	150,750 (11,391)	152,000 (11,252)	155,667 (11,416)	1,25	3,667	4,9167	24
AKG	136,579 (11,354)	136,421 (11,067)	137,842 (10,767)	-0,158	1,421	1,2632	19
NKG	152,450 (16,401)	153,450 (14,774)	154,100 (14,153)	1,000	0,65	1,65	20

Haupteffekt Zeit	Interaktionseffekt
F = 26,493, df = 2, p = 0,000*** eta^2 = 0,306	F = 6,032, df = 3,257, p = 0,000*** eta^2 = 0,167 **(AL)**

Tabelle 17: „Standweitsprung" t1/t2 Abschnitt im t1/t2/t3 Vergleichszeitraum

Gruppe	MW Diff	n	Effekt Gruppe (Anova)	Effekt Gruppe Kovariate	Effekt Gruppe (Ancova)
Breakdance	1,250	24	F = 1,722 df = 2	F = 1542,681, df = 1	F = 5,207, df = 2
AKG	-0,158	19	p = 0,187	p = 0,000***	p = 0,08
NKG	1,000	20	eta^2 = 0,054	eta^2 = 0,963	eta^2 = 0,150

Tabelle 18: „Standweitsprung" t2/t3 Abschnitt im t1/t2/t3 Vergleichszeitraum

Gruppe	MW Diff	n	Effekt Gruppe (Anova)	Effekt Gruppe Kovariate	Effekt Gruppe (Ancova)
Breakdance	**3,667**	24	F = 8,493, df = 2,	F = 1542,618, df = 1	F = 12,042, df = 2
AKG	1,421	19	p = 0,001*	p = 0,000***	p = 0,000***
NKG	0,650	20	eta^2 = 0,221	eta^2 = 0,963	eta^2 = 0,290

Tabelle 19: „Standweitsprung" t1/t3 Abschnitt im t1/t2/t3 Vergleichszeitraum

Gruppe	MW Diff	n	Effekt Gruppe (Anova)	Effekt Gruppe Kovariate	Effekt Gruppe (Ancova)
Breakdance	**4,917**	24	F = 7,040, df = 2,	F = 765,193, df = 1	F = 12,042, df = 2
AKG	1,263	19	p = 0,002*	p = 0,000***	p = 0,000***
NKG	1,650	20	eta^2 = 0,190	eta^2 = 0,290	eta^2 = 0,290

Fazit:

Die univariaten einfaktoriellen Kovarianzanalysen zeigen – mit den parallel durchgeführten einfaktoriellen Varianzanalysen – dass die Gruppenzugehörigkeit v. a. im zweiten Untersuchungszeitraum eine statistisch bedeutsame Rolle bei der Verbesserung der Schnellkraft in den Beinen spielt. Da es sich bei den signifikanten Gruppeneffekten jeweils um die höchste Signifikanzstufe handelt, kann das Ergebnis, trotz der verletzten Voraussetzung Varianzhomogenität als statistisch bedeutsam angesehen werden (Rost, 2007, S. 191; vgl. Abschnitt 3.1.1).

Anhand der Mittelwertdifferenzen ist zu erkennen, dass die Interventionsgruppe „Breakdance" stets die höchsten Leistungszuwächse besitzt. Diese sind im zweiten Untersuchungsabschnitt von statistischer Bedeutsamkeit.

Der Post-Hoc-Test weist einen signifikanten Unterschied zwischen der Interventionsgruppe und der Aktiv-Kontrollgruppe auf, jedoch nicht zwischen der Interventionsgruppe und der Null-Kontrollgruppe.

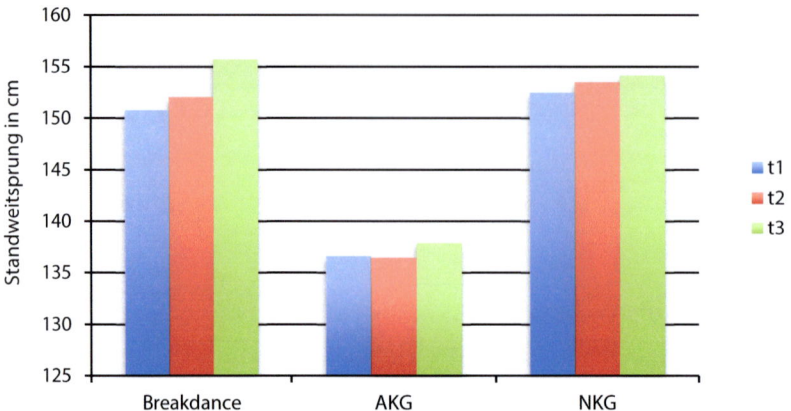

Abbildung 9: Leistungen „Standweitsprung" im t1/t2/t3-Verlauf

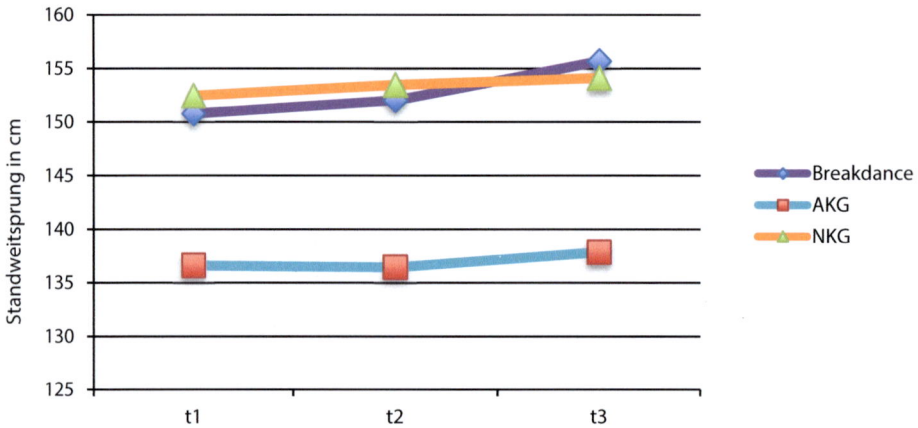

Abbildung 10: Leistungen „Standweitsprung" im t1/t2/t3-Verlauf

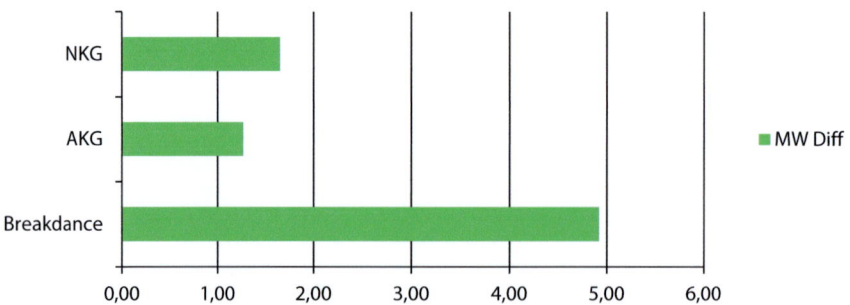

Abbildung 11: Mittelwertdifferenz t3-t1

Kraftausdauer in den oberen Extremitäten

Für die Kraftausdauer, die durch das Test-Item „Liegestütz" gemessen wurde, ergibt die univariate zweifaktorielle Varianzanalyse mit Messwiederholung zwischen t1/t2/t3 einen hochsignifikanten Haupteffekt Zeit (F = 18,330, df = 2, p = 0,000***, eta^2 = 0,234) sowie einen hochsignifikanten Interaktionseffekt zwischen Gruppe und Zeit (F = 11,710, df = 4, p = 0,000***, eta^2 = 0,220).

Aufgrund der signifikanten Ausgangsunterschiede wurde zusätzlich eine univariate einfaktorielle Kovarianzanalyse durchgeführt. Im Folgenden wird ein Überblick über die einzelnen Abschnitte des Untersuchungszeitraumes gegeben:

t1/t2 Abschnitt:
Hier zeigt die univariate einfaktorielle Kovarianzanalyse einen hochsignifikanten Einfluss der Kovariate „Anzahl Liegestütz zu t1" an (F = 137,961, df = 1, p = 0,000***, eta^2 = 0,700). Dieser Einfluss führt dazu, dass in diesem Abschnitt der signifikante Gruppeneffekt verschwindet. Es ist keine signifikante Wirkung der Gruppenzugehörigkeit in diesem Abschnitt nachweisbar, jedoch eine inhaltlich bedeutsame (Anova: F = 4,605, df = 2, p = 0,014, eta^2 = 0,133) (Ancova: F = 1,474, df = 2, p = 0,023, eta^2 = 0,058).

t2/t3 Abschnitt:
Hier zeigt die unvariate einfaktorielle Kovarianzanalyse einen hochsignifikanten Einfluss der Kovariate „Anzahl Liegestütz zu t1" an (F = 666,710 df = 1, p = 0,000***, eta^2 = 0,919). Dieser Einfluss verändert den signifikanten Gruppeneffekt der Anova jedoch kaum (Anova: F = 10,710 df = 2, p = 0,000***, eta^2 = 0,263; Ancova: F = 7,846, df = 2, p = 0,001*, eta^2 = 0,210). In diesem Abschnitt ist demnach eine signifikante Wirkung der Gruppenzugehörigkeit nachweisbar.

Tabelle 20: „Liegestütz" t1/t2/t3 Vergleichszeitraum (Anova)
(Anm.: AKG = Aktiv-Kontrollgruppe, NKG = Null-Kontrollgruppe, A = signifikanter Ausgangsunterschied, L = signifikanter Levene Test)

Gruppe	MW (SD)			MW Diff			n
	t1	t2	t3	t2 - t1	t3 - t2	t3 - t1	
Breakdance	10,083 (3,134)	11,500 (2,874)	13,000 (2,750)	1,417	1,500	2,916	24
AKG	12,053 (2,990)	12,263 (2,825)	12,684 (2,604)	0,210	0,421	0,632	19
NKG	14,950 (3,284)	14,800 (3,792)	15,200 (3,636)	-0,150	0,400	0,250	20

Haupteffekt Zeit	Interaktionseffekt
F = 18,330, df = 2, p = 0,000*** eta^2 = 0,234	F = 11,710, df = 4, p = 0,000*** eta^2 = 0,220 **(AL)**

Tabelle 21: Anzahl „Liegestütz" im t1/t2 Abschnitt im t1/t2/t3 Vergleichszeitraum

Gruppe	MW Diff	n	Effekt Gruppe (Anova)	Effekt Gruppe Kovariate	Effekt Gruppe (Ancova)
Breakdance	1,417	24	$F = 4{,}605$, df $= 2$	$F = 137{,}961$, df $= 1$	$F = 1{,}474$, df $= 2$
AKG	0,21	19	p $=0{,}014$	p $= 0{,}000^{***}$	p $= 0{,}023$
NKG	-0,15	20	$eta^2 = 0{,}133$	$eta^2 = 0{,}700$	$eta^2 = 0{,}058$

Tabelle 22: Anzahl „Liegestütz" im t2/t3 Abschnitt im t1/t2/t3 Vergleichszeitraum

Gruppe	MW Diff	n	Effekt Gruppe (Anova)	Effekt Gruppe Kovariate	Effekt Gruppe (Ancova)
Breakdance	1,500	24	$F = 10{,}710$, df $= 2$	$F = 666{,}710$, df $= 1$	$F = 7{,}846$, df $= 2$
AKG	0,421	19	p $= 0{,}000^{***}$	p $= 0{,}000^{***}$	p $= 0{,}001^*$
NKG	0,400	20	$eta^2 = 0{,}263$	$eta^2 = 0{,}919$	$eta^2 = 0{,}210$

Tabelle 23: Anzahl Liegestütz im t1/t3 Abschnitt im t1/t2/t3 Vergleichszeitraum

Gruppe	MW Diff	n	Effekt Gruppe (Anova)	Effekt Gruppe Kovariate	Effekt Gruppe (Ancova)
Breakdance	2,916	24	$F = 10{,}976$, df $= 2$	$F = 89{,}843$, df $= 1$	$F = 4{,}536$, df $= 2$
AKG	0,632	19	p $= 0{,}000^{***}$	p $= 0{,}000^{***}$	p $= 0{,}010^*$
NKG	0,250	20	$eta^2 = 0{,}268$	$eta^2 = 0{,}604$	$eta^2 = 0{,}133$

t1/t3 Abschnitt:

Hier zeigt die univariate einfaktorielle Kovarianzanalyse einen hochsignifikanten Einfluss der Kovariate „Anzahl Liegestütz zu t1" an ($F = 89{,}843$, df $= 1$, p $= 0{,}000^{***}$, $eta^2 = 0{,}604$). Dieser Einfluss relativiert zwar den signifikanten Gruppeneffekt (Anova: $F = 10{,}976$, df $= 2$, p $= 0{,}000^{***}$, $eta^2 = 0{,}268$; Ancova: $F = 4{,}536$, df $= 2$, p $= 0{,}01^*$, $eta^2 = 0{,}133$), aufgrund des p-Wertes und des hohen Effekts ist trotzdem eine signifikante Wirkung der Gruppenzugehörigkeit nachweisbar.

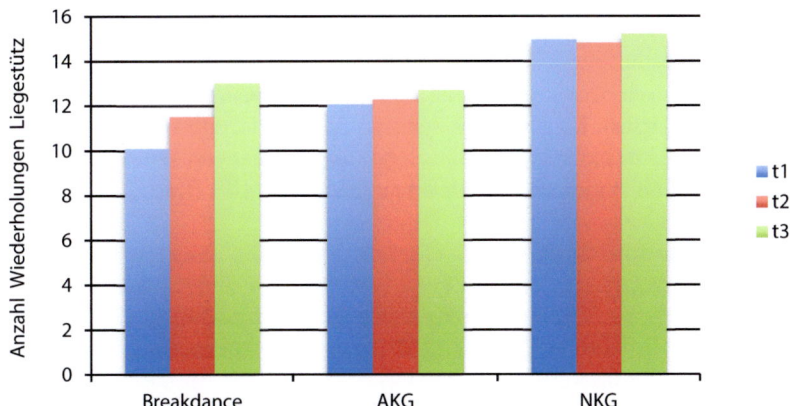

Abbildung 12: Leistungen „Anzahl Liegestütz" im t1/t2/t3-Verlauf

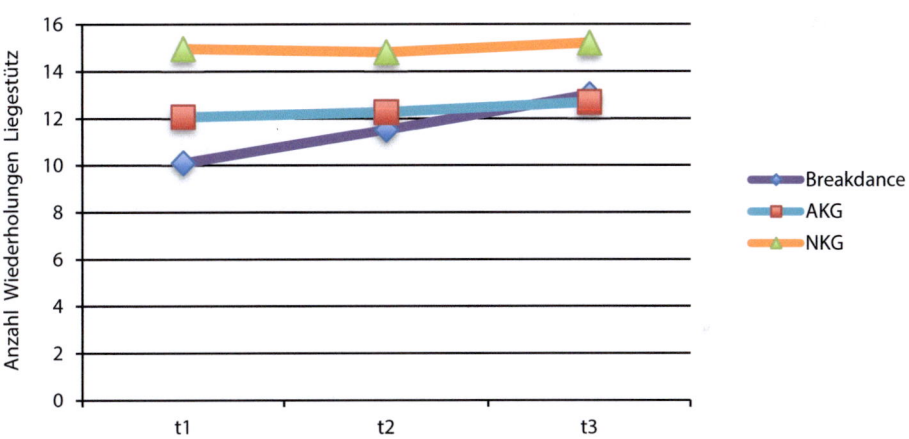

Abbildung 13: Leistungen „Anzahl Liegestütz" im t1/t2/t3-Verlauf

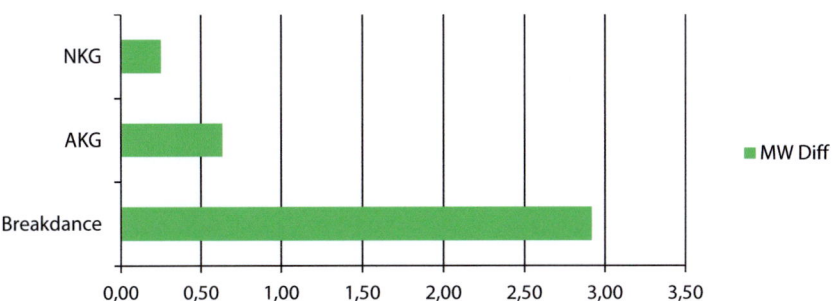

Abbildung 14: Mittelwertdifferenz „Anzahl Liegestütz" t3-t1

Fazit:

Die univariaten einfaktoriellen Kovarianzanalysen zeigen – mit den parallel durchgeführten einfaktoriellen Varianzanalysen – dass die Gruppenzugehörigkeit v. a. im zweiten Untersuchungszeitraum eine statistisch bedeutsame Rolle bei der Verbesserung der Kraftausdauer in den oberen Extremitäten spielt. Da es sich bei den signifikanten Gruppeneffekten jeweils um die höchste Signifikanzstufe handelt, kann das Ergebnis, trotz der verletzten Voraussetzung Varianzhomogenität, als statistisch bedeutsam angesehen werden (Rost, 2007, S. 191; vgl. Abschnitt 3.1.1).

Anhand der Mittelwertdifferenzen ist zu erkennen, dass die Interventionsgruppe „Breakdance" stets die höchsten Leistungszuwächse besitzt. Diese sind im zweiten Erhebungsabschnitt von statistischer Bedeutsamkeit, sowie im t1/t3 und t1/t2/t3 Untersuchungszeitraum. Der Post-Hoc-Test weißt im t1/t2/t3 Vergleichszeitraum einen signifikanten Unterschied zwischen der Interventionsgruppe und der Null-Kontrollgruppe auf, jedoch nicht zwischen der Interventionsgruppe und der Aktiv-Kontrollgruppe. Auffallend ist der Leistungsrückgang der Null-Kontrollgruppe im zweiten Erhebungszeitraum.

Kraftausdauer im Rumpfbereich

Für die Kraftausdauer im Rumpfbereich, überprüft mithilfe des Test-Items „Sit Ups" ergibt die univariate zweifaktorielle Varianzanalyse mit Messwiederholung zwischen t1/t2/t3 einen hochsignifikanten Haupteffekt Zeit (F = 28,969, df = 2, p = 0,000***, eta^2 = 0,326) sowie einen hochsignifikanten Interaktionseffekt zwischen Gruppe und Zeit (F = 16,212, df = 4, p = 0,000***, eta^2 = 0,351).

Aufgrund der signifikanten Ausgangsunterschiede wurde zusätzlich eine univariate einfaktorielle Kovarianzanalyse durchgeführt. Im Folgenden wird ein Überblick über die einzelnen Abschnitte des Untersuchungszeitraumes gegeben:

t1/t2 Abschnitt:

Hier zeigt die univariate einfaktorielle Kovarianzanalyse einen hochsignifikanten Einfluss der Kovariate „Anzahl Liegestütz zu t1" an (F = 184,793, df = 1, p = 0,000***, eta^2 = 0,758). Dieser Einfluss führt zu einem hoch signifikanten Gruppeneffekt, es ist eine hoch signifikante Wirkung der Gruppenzugehörigkeit in diesem Abschnitt nachweisbar (Ancova: F = 20,732, df = 2, p = 0,000***, eta^2 = 0,413; Anova: F = 6,187, df = 2, p = 0,023*, eta^2 = 0,058).

t2/t3 Abschnitt:

Hier zeigt die unvariate einfaktorielle Kovarianzanalyse einen hochsignifikanten Einfluss der Kovariate „Anzahl Liegestütz zu t1" an (F = 1355,066, df = 1, p = 0,000***, eta^2 = 0,958). Dieser Einfluss verändert den signifikanten Gruppeneffekt der Anova jedoch nicht (Anova: F = 17,521, df = 2, p = 0,000***, eta^2 = 0,369; Ancova: F = 9,587, df = 2, p = 0,000***, eta^2 = 0,245). In diesem Abschnitt ist demnach ebenfalls eine hoch signifikante Wirkung der Gruppenzugehörigkeit nachweisbar.

Tabelle 24: „Sit Ups" t1/t2/t3 Vergleichszeitraum (Anova)
(Anm.:   AKG = Aktiv-Kontrollgruppe,   NKG = Null-Kontrollgruppe,   A = signifikanter   Ausgangsunterschied,
L = signifikanter Levene Test)

Gruppe	MW (SD)			MW Diff			n
	t1	t2	t3	t2 - t1	t3 - t2	t3 - t1	
Breakdance	16,375 (2,779)	18,083 (3,035)	20,250 (2,358)	1,708	2,167	3,870	24
AKG	16,000 (2,906)	16,053 (2,549)	16,316 (3,247)	0,053	0,263	0,3158	19
NKG	19,400 (3,912)	19,550 (4,186)	19,950 (4,371)	0,150	0,400	0,550	20

Haupteffekt Zeit	Interaktionseffekt
$F = 28,969$, df = 2, $p = 0,000$***	$F = 16,212$, df = 4, $p = 0,000$***
$eta^2 = 0,326$	$eta^2 = 0,351$, **(A)**

Tabelle 25: Anzahl „Sit Ups" im t1/t2 Abschnitt im t1/t2/t3 Vergleichszeitraum

Gruppe	MW Diff	n	Effekt Gruppe (Anova)	Effekt Gruppe Kovariate	Effekt Gruppe (Ancova)
Breakdance	1,708	24	$F = 6,187$, df = 2	$F = 184,793$, df = 1	$F = 20,732$, df = 2
AKG	0,053	19	$p = 0,023$	$p = 0,000$***	$p = 0,000$***
NKG	0,150	20	$eta^2 = 0,058$	$eta^2 = 0,758$	$eta^2 = 0,413$

Tabelle 26: Anzahl „Sit Ups" im t2/t3 Abschnitt im t1/t2/t3 Vergleichszeitraum

Gruppe	MW Diff	n	Effekt Gruppe (Anova)	Effekt Gruppe Kovariate	Effekt Gruppe (Ancova)
Breakdance	2,167	24	$F = 17,521$, df = 2	$F = 1355,066$, df = 1	$F = 9,587$, df = 2
AKG	0,263	19	$p = 0,000$***	$p = 0,000$***	$p = 0,000$***
NKG	0,400	20	$eta^2 = 0,369$	$eta^2 = 0,958$	$eta^2 = 0,245$

Tabelle 27: „Sit Ups" im t1/t3 Abschnitt im t1/t2/t3 Vergleichszeitraum

Gruppe	MW Diff	n	Effekt Gruppe (Anova)	Effekt Gruppe Kovariate	Effekt Gruppe (Ancova)
Breakdance	3,870	24	$F = 7,040$, df $= 2$	$F=765,193$, df $= 1$	$F = 12,042$, df $= 2$
AKG	0,316	19	$p = 0,002^*$	$p = 0,000^{***}$	$p = 0,000^{***}$
NKG	0,550	20	$eta^2 = 0,190$	$eta^2 = 0,928$	$eta^2 = 0,290$

t1/t3 Abschnitt:

Hier zeigt die univariate einfaktorielle Kovarianzanalyse einen hochsignifikanten Einfluss der Kovariate „Standweitsprung zu t1" an ($F = 765,193$, df $= 1$, $p = 0,000^{***}$, $eta^2 = 0,928$). Dieser Einfluss bestätigt den signifikanten Gruppeneffekt (Anova: $F = 7,040$, df $= 2$, $p = 0,002^*$, $eta^2 = 0,190$; Ancova: $F = 12,042$, df $= 2$, $p = 0,000^{***}$, $eta^2 = 0,290$). Es ist somit eine hoch signifikante Wirkung der Gruppenzugehörigkeit nachweisbar.

Fazit:

Die univariaten einfaktoriellen Kovarianzanalysen zeigen – mit den parallel durchgeführten einfaktoriellen Varianzanalysen – dass die Gruppenzugehörigkeit in beiden Untersuchungszeiträumen eine statistisch bedeutsame Rolle bei der Verbesserung der Kraftausdauer im Rumpfbereich spielt, es sind signifikante Gruppenwirkungen nachweisbar.

Anhand der Mittelwertdifferenzen ist ersichtlich, dass die Interventionsgruppe in beiden Erhebungszeiträumen stets die höchsten Leistungszuwächse verzeichnet.

Der Post-Hoc-Test weist allerdings lediglich einen inhaltlich bedeutsamen Unterschied zwischen der Interventionsgruppe und der Aktiv-Kontrollgruppe im t1/t2/t3- als auch im t1/t3-Vergleichszeitraum auf.

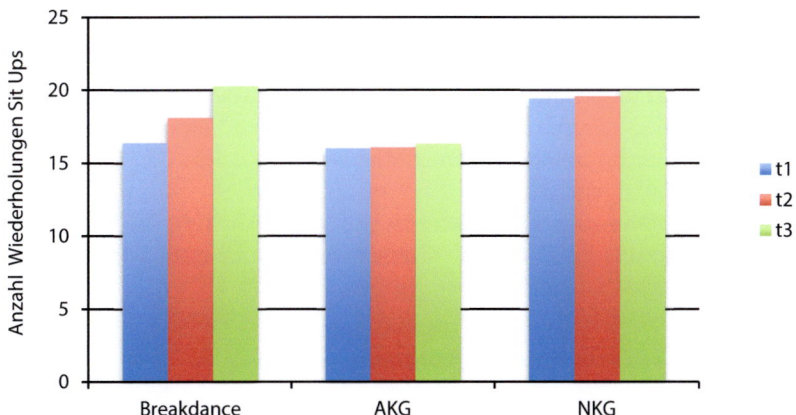

Abbildung 15: Anzahl Wiederholungen „Sit Ups" im t1/t2/t3-Verlauf

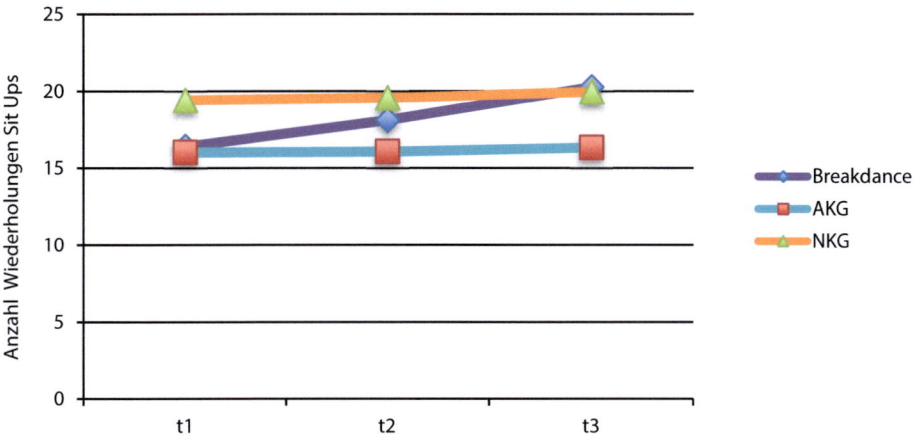

Abbildung 16: Leistungen „Sit Ups" im t1/t2/t3-Verlauf

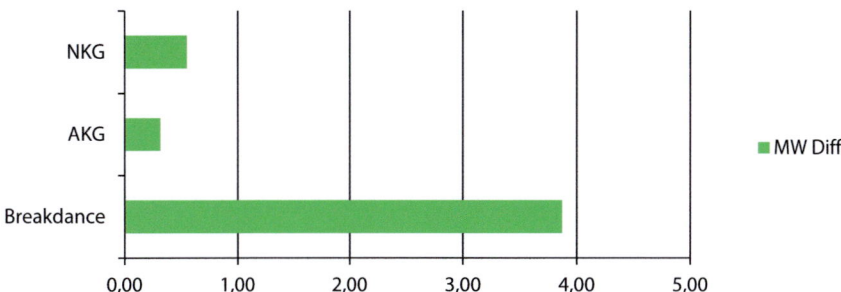

Abbildung 17: Mittelwertdifferenzen „Kraftausdauer im Rumpfbereich" t3-t1

Koordination unter Zeitdruck

Ergebnis der Anova im t1/t2/t3 Vergleichszeitraum:

Für die Koordination unter Zeitdruck, überprüft mithilfe des Test-Items „seitliches Hin- und Herspringen" ergibt die univariate zweifaktorielle Varianzanalyse mit Messwiederholung zwischen t1/t2/t3 keinen signifikanten Haupteffekt Zeit ($F = 0{,}026$, df = 2, p = 0,974, $eta^2 = 0{,}000$), jedoch einen hochsignifikanten Interaktionseffekt zwischen Gruppe und Zeit ($F = 12{,}966$, df = 4, p = 0,000***, $eta^2 = 0{,}302$).

Aufgrund der signifikanten Ausgangsunterschiede wurde zusätzlich eine univariate einfaktorielle Kovarianzanalyse durchgeführt. Im Folgenden wird ein Überblick über die einzelnen Abschnitte des Untersuchungszeitraumes gegeben:

Tabelle 28: „Seitl. Hin- und Herspringen" im t1/t2/t3 Vergleichszeitraum (Anova)
(Anm.: AKG = Aktiv-Kontrollgruppe, NKG = Null-Kontrollgruppe, A = signifikanter Ausgangsunterschied, L = signifikanter Levene Test)

Gruppe	MW (SD)			MW Diff			n
	t1	t2	t3	t2 - t1	t3 - t2	t3 - t1	
Breakdance	28,789	29,292	30,708	0,503	1,416	1,919	24
	(4,309)	(4,592)	(4,930)				
AKG	29,789	29,895	29,789	0,196	-0,106	0,000	19
	(6,250)	(5,466)	(5,255)				
NKG	33,900	32,600	31,400	-1,300	-1,200	-2,500	20
	(5,139)	(4,382)	(4,795)				

Haupteffekt Zeit	Interaktionseffekt
$F = 0{,}026$, df = 2, p = 0,974	$F = 12{,}966$, df = 4, p = 0,000***
$eta^2 = 0{,}000$	$eta^2 = 0{,}302$, **(A)**

Tabelle 29: „Seitl. Hin- und Herspringen" im t1/t2 Abschnitt im t1/t2/t3 Vergleichszeitraum

Gruppe	MW Diff	n	Effekt Gruppe (Anova)	Effekt Gruppe Kovariate	Effekt Gruppe (Ancova)
Breakdance	1,000	24	$F = 8{,}616$, df = 2	$F = 418{,}438$, df =1	$F = 3{,}649$, df = 2
AKG	0,196	19	p = 0,001**	p = 0,000***	p = 0,032*
NKG	-1,300	20	$eta^2 = 0{,}223$	$eta^2 = 0{,}876$	$eta^2 = 0{,}110$

Tabelle 30: „Seitl. Hin- und Herspringen" im t2/t3 Abschnitt im t1/t2/t3 Vergleichszeitraum

Gruppe	MW Diff	n	Effekt Gruppe (Anova)	Effekt Gruppe Kovariate	Effekt Gruppe (Ancova)
Breakdance	1,416	24	F = 9,899, df = 2	F = 327,347, df = 1	F = 8,221, df = 2
AKG	-0,106	19	p = 0,000***	p =0,000***	p = 0,001**
NKG	-1,200	20	eta^2 = 0,248	eta^2 = 0,847	eta^2 = 0,218

Tabelle 31: „Seitl. Hin- und Herspringen" im t1/t3 Abschnitt im t1/t2/t3 Vergleichszeitraum

Gruppe	MW Diff	n	Effekt Gruppe (Anova)	Effekt Gruppe Kovariate	Effekt Gruppe (Ancova)
Breakdance	2,713	24	F = 16,211, df = 2	F = 146,584, df = 1	F = 9,376, df = 2
AKG	0,000	19	p = 0,05*	p = 0,000***	p = 0,060
NKG	-2,500	20	eta^2 = 0,351	eta^2 = 0,713	eta^2 = 0,241

t1/t2 Abschnitt:
Hier zeigt die univariate einfaktorielle Kovarianzanalyse einen hochsignifikanten Einfluss der Kovariate „seitl. Hin- und Herspringen zu t1" an (F = 418,438, df = 1, p = 0,000***, eta^2 = 0,876). Dieser Einfluss führt zu einem signifikanten Gruppeneffekt, es ist eine signifikante Wirkung der Gruppenzugehörigkeit in diesem Abschnitt nachweisbar (Ancova: F = 3,649, df = 2, p = 0,032*, eta^2 = 0,110; Anova : F = 8,616, df = 2, p = 0,001, eta^2 = 0,223).

t2/t3 Abschnitt:
Hier zeigt die unvariate einfaktorielle Kovarianzanalyse einen hochsignifikanten Einfluss der Kovariate „Anzahl Liegestütz zu t1" an (F = 327,347 df = 1, p = 0,000***, eta^2 = 0,847). Dieses führt zu einem sehr signifikanten Gruppeneffekt. (Anova: F = 9,899, df = 2, p = 0,000***, eta^2 = 0,248; Ancova: F = 8,221, df = 2, p = 0,001**, eta^2 = 0,218). In diesem Abschnitt ist demnach ebenfalls eine signifikante Wirkung der Gruppenzugehörigkeit nachweisbar.

t1/t3 Abschnitt:
Hier zeigt die univariate einfaktorielle Kovarianzanalyse einen hochsignifikanten Einfluss der Kovariate „Standweitsprung zu t1" an (F = 146,584, df = 1, p = 0,000***, eta^2 = 0,713). Dieser Einfluss führt zu einem hoch signifikanten Gruppeneffekt (Anova: F = 16,211, df = 2, p = 0,000***, eta^2 = 0,351; Ancova: F = 9,376, df = 2, p = 0,000***, eta^2 = 0,241). Es ist somit eine Signifikante Wirkung der Gruppenzugehörigkeit nachweisbar.

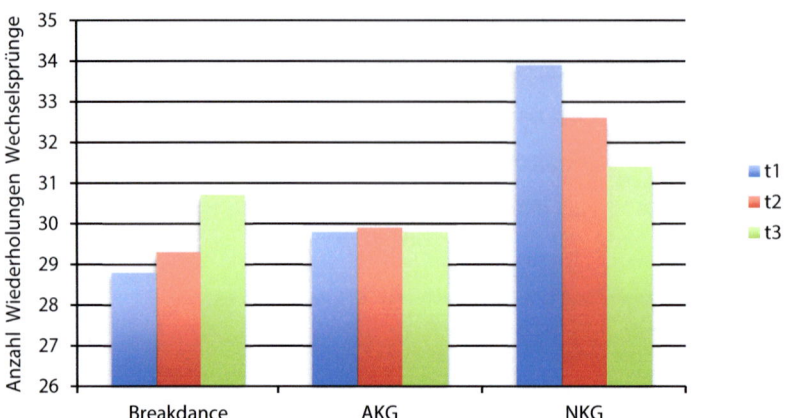

Abbildung 18: Anzahl Wiederholungen „seitliches Hin- und Herspringen" im t1/t2/t3-Verlauf

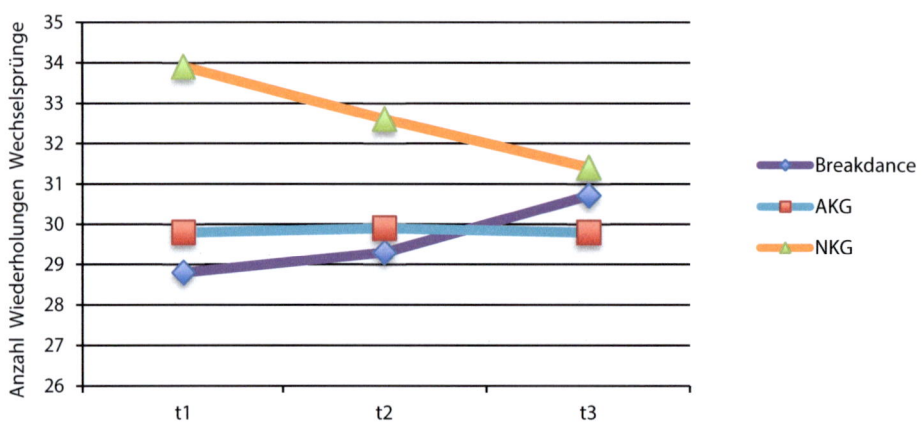

Abbildung 19: Anzahl „seitliches Hin- und Herspringen" im t1/t2/t3-Verlauf

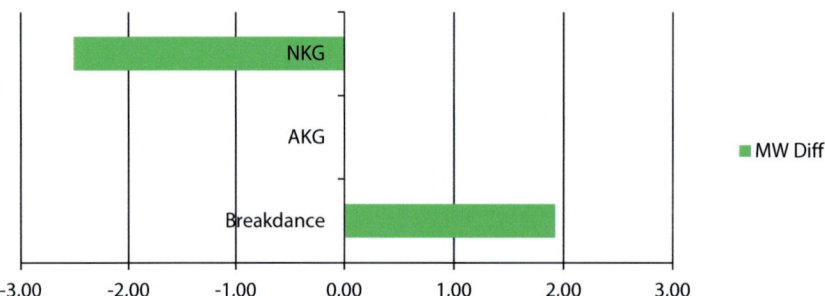

Abbildung 20: Mittelwertdifferenzen „seitliches Hin- und Herspringen" t3-t1

Fazit:
Die univariaten einfaktoriellen Kovarianzanalysen zeigen – mit den parallel durchgeführten einfaktoriellen Varianzanalysen – dass die Gruppenzugehörigkeit in beiden Untersuchungszeiträumen eine statistisch bedeutsame Rolle bei der Anzahl an seitlichem Hin- und Herspringen spielt. Im Bereich der Koordination unter Zeitdruck sind demnach signifikante Gruppenwirkungen nachweisbar, anhand der Mittelwertdifferenzen ist ersichtlich, dass die Interventionsgruppe in beiden Erhebungszeiträumen stets die höchsten Leistungszuwächse besitzt. Allerdings weist der Post-Hoc-Test im t1/t2/t3 Vergleichszeitraum lediglich einen inhaltlich bedeutsamen Unterschied zwischen der Interventionsgruppe und der Null-Kontrollgruppe auf, jedoch nicht zwischen der Interventionsgruppe und der Aktiv-Kontrollgruppe.

3.1.2.2 Bedeutsame Ergebnisse: psychosoziale Entwicklung

Die Ergebnisse werden anhand der Untersuchungsmerkmale „sportartspezifische Selbstwirksamkeit", „allgemeine Selbstwirksamkeit" sowie „Kooperationsfähigkeit" beschrieben.

Sportartspezifische Selbstwirksamkeit
Für die quantitative Untersuchung des Merkmals „sportartspezifische Selbstwirksamkeit" überprüft mithilfe des in Abschnitt 2.4.1.2 beschriebenen Fragebogenteils, bestehend aus 14 Einzelfragen, ergibt die univariate zweifaktorielle Varianzanalyse mit Messwiederholung zwischen t1/t2/t3 einen hoch signifikanten Haupteffekt Zeit ($F = 57,778$, $df = 2$, $p = 0,000^{***}$, $eta^2 = 0,585$), sowie einen hochsignifikanten Interaktionseffekt zwischen Gruppe und Zeit ($F = 53,276$, $df = 2$, $p = 0,000^{***}$, $eta^2 = 0,565$).

Aufgrund der signifikanten Ausgangsunterschiede wurde zusätzlich eine univariate einfaktorielle Kovarianzanalyse durchgeführt. Im Folgenden wird ein Überblick über die einzelnen Abschnitte des Untersuchungszeitraumes gegeben:

t1/t2 Abschnitt:
Hier zeigt die univariate einfaktorielle Kovarianzanalyse keinen signifikanten Einfluss der Kovariate „sportartspezifische Selbstwirksamkeit zu t1" an ($F = 3,256$, $df = 1$, $p = 0,079$, $eta^2 = 0,075$). Dieser Einfluss verändert den signifikanten Gruppeneffekt der Anova nicht. Es ist in diesem Abschnitt eine hoch signifikante Wirkung der Gruppenzugehörigkeit nachweisbar (Anova: $F = 14,973$, $df = 1$, $p = 0,000^{***}$, $eta^2 = 0,276$; Ancova: $F = 0,380$, $df = 1$, $p = 0,846$, $eta^2 = 0,001$).

t2/t3 Abschnitt:
Hier zeigt die univariate einfaktorielle Kovarianzanalyse einen signifikanten Einfluss der Kovariate „sportartspezifische Selbstwirksamkeit zu t2" an ($F = 11,728$, $df = 1$, $p = 0,001^{**}$, $eta^2 = 0,227$). Dies führt zu einem sehr signifikanten Gruppeneffekt (Anova: $F = 40,587$, $df = 2$, $p = 0,000^{***}$, $eta^2 = 0,497$; Ancova: $F = 89,783$, $df = 2$, $p = 0,000^{***}$, $eta^2 = 0,692$). In diesem Abschnitt ist demnach eine sehr signifikante Wirkung der Gruppenzugehörigkeit nachweisbar.

Tabelle 32: „Sportartspezifische Selbstwirksamkeit" im t1/t2/t3 Vergleichszeitraum (Anova)
(Anm.: AKG = Aktiv-Kontrollgruppe, A = signifikanter Ausgangsunterschied, L = signifikanter Levene Test)

Gruppe	MW (SD)			MW Diff			n
	t1	t2	t3	t2 - t1	t3 - t2	t3 - t1	
Breakdance	2,233 (0,251)	2,773 (0,526)	3,592 (0,123)	0,54	0,819	1,359	24
AKG	3,039 (0,485)	2,995 (0,291)	3,060 (0,299)	-0,044	0,065	0,021	19

Haupteffekt Zeit	Interaktionseffekt
$F = 57,778$, df $= 2$, $p = 0,000$*** $eta^2 = 0,585$	$F = 53,276$, df $= 2$, $p = 0,000$*** $eta^2 = 0,565$, **(A)**

Tabelle 33: „Sportartspezifische Selbstwirksamkeit" im t1/t2 Abschnitt im t1/t2/t3 Vergleichszeitraum

Gruppe	MW Diff	n	Effekt Gruppe (Anova)	Effekt Gruppe Kovariate	Effekt Gruppe (Ancova)
Breakdance	0,540	24	$F = 14,973$, df $= 1$ $p = 0,000$***, $eta^2 = 0,276$	$F = 3,256$, df $= 1$ $p = 0,079$ $eta^2 = 0,075$	$F = 0,38$, df $= 1$ $p = 0,846$ $eta^2 = 0,001$
AKG	-0,044	19			

Tabelle 34: „Sportartspezifische Selbstwirksamkeit" im t2/t3 Abschnitt im t1/t2/t3 Vergleichszeitraum

Gruppe	MW Diff	n	Effekt Gruppe (Anova)	Effekt Gruppe Kovariate	Effekt Gruppe (Ancova)
Breakdance	0,819	24	$F = 40,587$, df $= 2$ $p = 0,000$*** $eta^2 = 0,497$	$F = 11,728$, df $= 1$ $p = 0,001$** $eta^2 = 0,227$	$F = 89,783$, df $= 2$ $p = 0,000$*** $eta^2 = 0,692$
AKG	0,065	19			

Tabelle 35: „Sportartspezifische Selbstwirksamkeit" im t1/t3 Abschnitt im t1/t2/t3 Vergleichszeitraum

Gruppe	MW Diff	n	Effekt Gruppe (Anova)	Effekt Gruppe Kovariate	Effekt Gruppe (Ancova)
Breakdance	1,359	24	$F = 128,673$, df $= 1$ $p = 0,000$*** $eta^2 = 0,758$	$F = 2,407$, df $= 1$ $p = 0,129$ $eta^2 = 0,057$	$F = 43,095$, df $= 1$ $p = 0,000$*** $eta^2 = 0,519$
AKG	0,021	19			

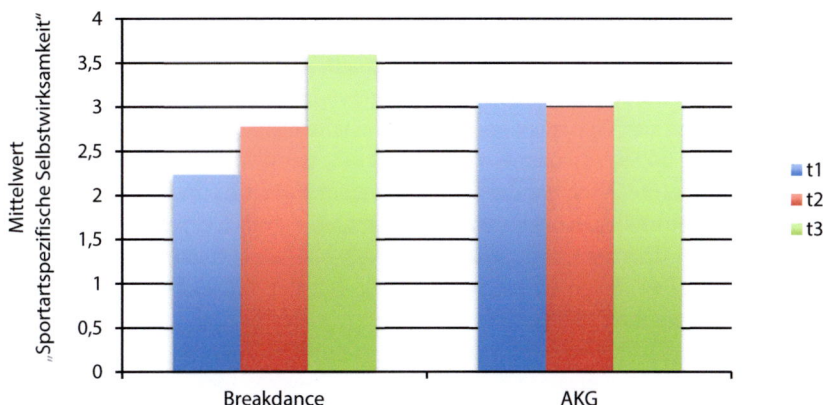

Abbildung 21: Mittelwerte „Sportartspezifische Selbstwirksamkeit" im t1/t2/t3-Verlauf

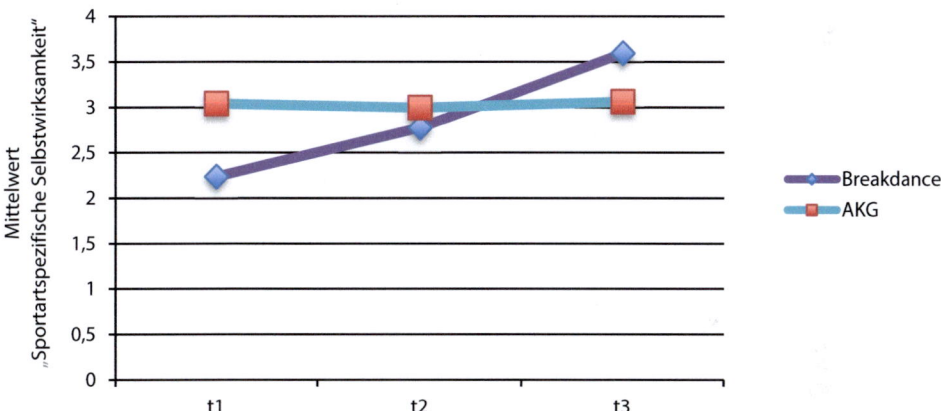

Abbildung 22: Mittelwerte „Sportartspezifische Selbstwirksamkeit" im t1/t2/t3-Verlauf

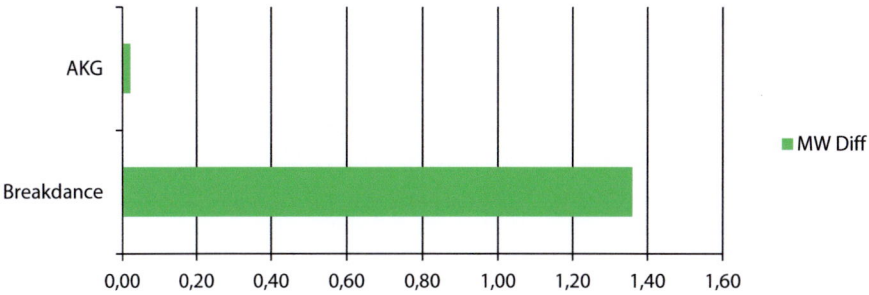

Abbildung 23: Mittelwertdifferenz „Sportartspezifische Selbstwirksamkeit" t3-t1

t1/t3 Abschnitt:
Hier zeigt die univariate einfaktorielle Kovarianzanalyse erneut keinen signifikanten Einfluss der Kovariate „Sportartspezifische Selbstwirksamkeit zu t1" an (F = 2,407, df = 1, p = 0,129, eta^2 = 0,057). Anhand des Ergebnisses der Anova im Messzeitraum t1/t3 ist die hoch signifikante Wirkung der Gruppenzugehörigkeit nachweisbar (Anova: F = 128,673, df = 1, p = 0,000***, eta^2 = 0,758; Ancova: F = 43,095, df = 1, p = 0,000***, eta^2 = 0,519). Es ist somit eine hoch signifikante Wirkung der Gruppenzugehörigkeit nachweisbar.

Die univariaten einfaktoriellen Kovarianzanalysen zeigen – mit den parallel durchgeführten Varianzanalysen – dass die Gruppenzugehörigkeit in allen Untersuchungszeiträumen eine statistisch sehr bzw. höchst bedeutsame Rolle bei der Entwicklung der sportartspezifischen Selbstwirksamkeit spielt.

Anhand der Mittelwertdifferenzen ist zusätzlich ersichtlich, dass die Interventionsgruppe in beiden Erhebungszeiträumen stets den höchsten Zuwachs besitzt.

Allgemeine Selbstwirksamkeit
Ergebnis der Anova im t1/t2/t3 Vergleichszeitraum:
Für die quantitative Untersuchung des Merkmals „allgemeine Selbstwirksamkeit" überprüft mithilfe des in Abschnitt 2.4.1.2 beschriebenen Fragebogenteils, bestehend aus elf Einzelfragen, ergibt die univariate zweifaktorielle Varianzanalyse mit Messwiederholung zwischen t1/t2/t3 einen signifikanten Haupteffekt Zeit (F = 6,449, df = 2, p = 0,002*, eta^2 = 0,097), sowie einen hoch signifikanten Interaktionseffekt zwischen Gruppe und Zeit (F = 40,765, df = 4, p = 0,000***, eta^2 = 0,576).

Aufgrund der signifikanten Ausgangsunterschiede wurde zusätzlich eine univariate einfaktorielle Kovarianzanalyse durchgeführt. Im Folgenden wird ein Überblick über die einzelnen Abschnitte des Untersuchungszeitraumes gegeben:

t1/t2 Abschnitt:
Hier zeigt die univariate einfaktorielle Kovarianzanalyse einen signifikanten Einfluss der Kovariate „allgemeine Selbstwirksamkeit zu t1" an (F = 6,366, df = 1, p = 0,014*, eta^2 = 0,097). Dieser Einfluss führt zu einem höchst signifikanten Gruppeneffekt, es ist in diesem Abschnitt eine signifikante Wirkung der Gruppenzugehörigkeit nachweisbar (Ancova: F = 12,050, df = 2, p = 0,000***, eta^2 = 0,290; Anova : F = 1,722, df = 2, p = 0,187, eta^2 = 0,054). Der Post-Hoc-Test zeigt einen hoch signifikanten Unterschied zwischen der Interventionsgruppe und der Null-Kontrollgruppe, jedoch nicht zwischen der Interventions- und der Aktiv-Kontrollgruppe.

t2/t3 Abschnitt:
Hier zeigt die univariate einfaktorielle Kovarianzanalyse erneut einen sehr signifikanten Einfluss der Kovariate „allgemeine Selbstwirksamkeit zu t2" an (F = 13,262 df = 1, p = 0,001**, eta^2 = 0,854). Dieses führt zu einem hoch signifikanten Gruppeneffekt, und bestätigt das Ergebnis der Anova (Ancova: F = 72,144, d f = 2, p = 0,000***, eta^2 = 0,854; Anova: F = 38,089, df = 2, p = 0,000***, eta^2 = 0,559). In diesem Abschnitt ist demnach eine sehr bzw. hoch signifikante Wirkung der Gruppenzugehörigkeit nachweisbar. Der Post-Hoc-Test weist einen sehr signifikanten Unterschied zwischen der Interventionsgruppe

und der Aktiv-Kontrollgruppe auf sowie einen hoch signifikanten Unterschied zwischen der Interventionsgruppe und der Null-Kontrollgruppe.

t1/t3 Abschnitt:
Hier zeigt die univariate einfaktorielle Kovarianzanalyse keinen signifikanten Einfluss der Kovariate „allgemeine Selbstwirksamkeit zu t1" an (F = 3,120, df = 1, p = 0,873, eta^2 = 0,000). Anhand des Ergebnisses der Anova im Messzeitraum t1/t3 ist die hoch signifikante Wirkung der Gruppenzugehörigkeit nachweisbar (Anova: F = 70,742, df = 2, p = 0,000***, eta^2 = 0,702; Ancova: F = 129,182, df = 2, p = 0,000***, eta^2 = 0,814). Der Post-Hoc-Test weist eine hoch signifikante Wirkung zwischen der Interventionsgruppe und der Null-Kontrollgruppe, jedoch nicht zwischen der Interventions- und der Aktiv-Kontrollgruppe auf.

Tabelle 36: „allgemeine Selbstwirksamkeit" im t1/t2/t3 Vergleichszeitraum (Anova)
(Anm.: AKG = Aktiv-Kontrollgruppe, NKG = Null-Kontrollgruppe, A = signifikanter Ausgangsunterschied, L = signifikanter Levene Test)

Gruppe	MW (SD)			MW Diff			n
	t1	t2	t3	t2 - t1	t3 - t2	t3 - t1	
Breakdance	2,411 (0,296)	2,992 (0,396)	3,510 (0,202)	0,518	0,518	1,099	24
AKG	2,994 (0,542)	2,952 (0,205)	2,974 (0,263)	-0,042	0,022	-0,200	19
NKG	2,717 (0,533)	2,551 (0,412)	2,217 (0,135)	-0,166	-0,334	-0,501	20
Haupteffekt Zeit				Interaktionseffekt			
F = 6,449, df = 2, p = 0,002** eta^2 = 0,097				F = 40,765, df = 4, p = 0,000*** eta^2 = 0,576 **(AL)**			

Tabelle 37: „allgemeine Selbstwirksamkeit" im t1/t2 Abschnitt im t1/t2/t3 Vergleichszeitraum

Gruppe	MW Diff	n	Effekt Gruppe (Anova)	Effekt Gruppe Kovariate	Effekt Gruppe (Ancova)
Breakdance	0,518	24	F = 1,722, df = 2	F = 6,366, df = 1	F = 12,050, df = 2
AKG	-0,042	19	p = 0,187	p = 0,014*	p = 0,000***
NKG	-0,166	20	eta^2 = 0,054	eta^2 = 0,097	eta^2 = 0,290

Tabelle 38: „allgemeine Selbstwirksamkeit" im t2/t3 Abschnitt im t1/t2/t3 Vergleichszeitraum

Gruppe	MW Diff	n	Effekt Gruppe (Anova)	Effekt Gruppe Kovariate	Effekt Gruppe (Ancova)
Breakdance	0,518	24	F = 38,089, df = 2	F = 13,262, df = 1	F = 72,144, df = 2
AKG	0,022	19	p = 0,000***	p = 0,001**	p = 0,000***
NKG	-0,334	20	eta^2 = 0,559	eta^2 = 0,854	eta^2 = 0,854

Tabelle 39: „allgemeine Selbstwirksamkeit" im t1/t3 Abschnitt im t1/t2/t3 Vergleichszeitraum

Gruppe	MW Diff	n	Effekt Gruppe (Anova)	Effekt Gruppe Kovariate	Effekt Gruppe (Ancova)
Breakdance	1,099	24	F = 70,742, df = 2	F = 3,120, df = 1	F = 129,182, df = 2
AKG	-0,200	19	p = 0,000***	p = 0,873	p = 0,000**
NKG	-0,501	20	eta^2 = 0,702	eta^2 = 0,000	eta^2 = 0,814

Die univariaten einfaktoriellen Kovarianzanalysen zeigen – mit den parallel durchge-führten Varianzanalysen – dass die Gruppenzugehörigkeit v. a. im zweiten Untersuchungs-zeitraum eine statistisch bedeutsame Rolle bei der Entwicklung der allgemeinen Selbstwirk-samkeit spielt.

Der Post-Hoc-Test weißt im t2/t3 Vergleichszeitraum einen statistisch sehr bzw. hoch signifikanten Unterschied zwischen der Interventionsgruppe und den Aktiv- bzw. Null-Kontrollgruppen auf. Im t1/t3 Zeitraum zeigt der Post-Hoc-Test eine signifikante Wirkung zwischen der Interventions- und der Null-Kontrollgruppe. Anhand der Mittelwertdifferen-zen ist ersichtlich, dass die Interventionsgruppe in beiden Erhebungszeiträumen stets die höchsten Leistungszuwächse besitzt. Da es sich bei den signifikanten Gruppeneffekten je-weils um die höchste Signifikanzstufe handelt, kann das Ergebnis, trotz der verletzten Vo-raussetzung Varianzhomogenität als statistisch bedeutsam angesehen werden (Rost, 2007, S. 191; vgl. Abschnitt 3.1.1).

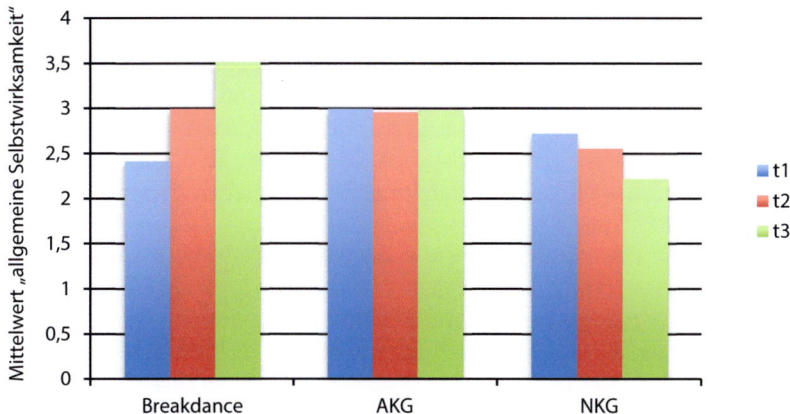

Abbildung 24: Mittelwerte „allgemeine Selbstwirksamkeit" im t1/t2/t3-Verlauf

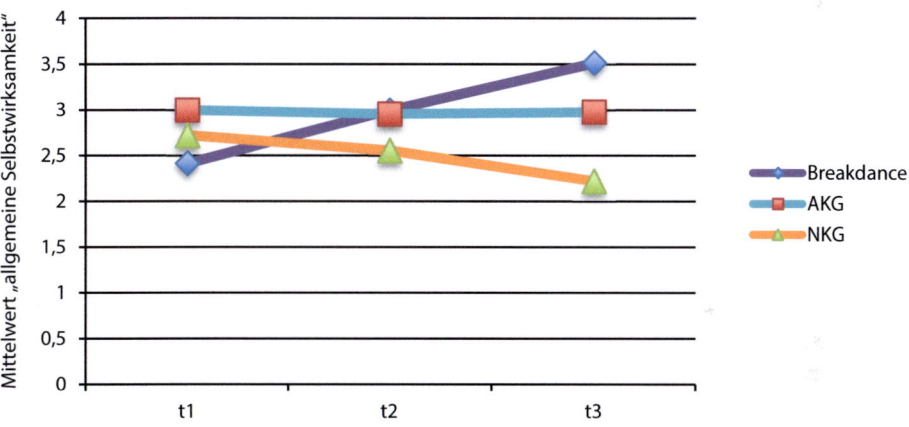

Abbildung 25: Mittelwerte „allgemeine Selbstwirksamkeit" im t1/t2/t3-Verlauf

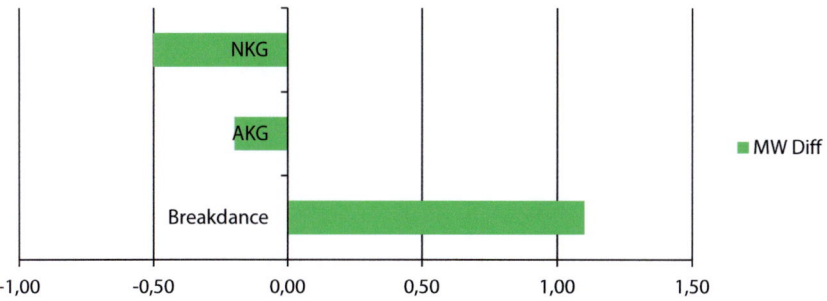

Abbildung 26: Mittelwertdifferenz „allgemeine Selbstwirksamkeit" t3-t1

Kooperationsfähigkeit

Ergebnis der Anova im t1/t2/t3 Vergleichszeitraum:

Für die quantitative Untersuchung des Merkmals „Kooperationsfähigkeit " überprüft mithilfe des in Abschnitt 2.4.1.2 beschriebenen Fragebogenteils, bestehend aus 16 Einzelfragen, ergibt die univariate zweifaktorielle Varianzanalyse mit Messwiederholung zwischen t1/t2/t3 einen hoch signifikanten Haupteffekt Zeit (F = 20,598, df = 2, p = 0,000***, eta^2 = 0,256), sowie einen hochsignifikanten Interaktionseffekt zwischen Gruppe und Zeit (F = 37,919, df = 4, p = 0,000***, eta^2 = 0,558).

Der Post-Hoc-Test weist einen Unterschied von inhaltlicher Bedeutsamkeit zwischen der Gruppe Breakdance und der Aktiv-Kontrollgruppe sowie einen hoch signifikanten Unterschied zwischen der Interventions- und der Null-Kontrollgruppe auf.

Aufgrund der signifikanten Ausgangsunterschiede wurde zusätzlich eine univariate einfaktorielle Kovarianzanalyse durchgeführt. Im Folgenden wird ein Überblick über die einzelnen Abschnitte des Untersuchungszeitraumes gegeben:

t1/t2 Abschnitt:

Hier zeigt die univariate einfaktorielle Kovarianzanalyse einen signifikanten Einfluss der Kovariate „Kooperationsfähigkeit zu t1" an (F = 1542,618, df = 1, p = 0,001*, eta^2 = 0,963). Dieser Einfluss relativiert den signifikanten Gruppeneffekt der Anova, es ist in diesem Abschnitt eine inhaltlich bedeutsame Wirkung der Gruppenzugehörigkeit nachweisbar (Ancova: F = 5,207, df = 2, p = 0,008, eta^2 = 0,150; Anova : F = 13,279, df = 2, p = 0,000***, eta^2 = 0,307).

Tabelle 40: „Kooperationsfähigkeit" im t1/t2/t3 Vergleichszeitraum (Anova)
(Anm.: AKG = Aktiv-Kontrollgruppe, NKG = Null-Kontrollgruppe, A = signifikanter Ausgangsunterschied, L = signifikanter Levene-Test)

Gruppe	MW (SD)			MW Diff			n
	t1	t2	t3	t2 - t1	t3 - t2	t3 - t1	
Breakdance	2,345 (0,275)	2,976 (0,284)	3,452 (0,234)	0,631	0,476	1,107	24
AKG	2,932 (0,595)	2,988 (0,306)	3,137 (0,319)	0,056	0,149	0,205	19
NKG	2,561 (0,426)	2,569 (0,450)	2,204 (0,239)	0,008	-0,365	-0,358	20
Haupteffekt Zeit				Interaktionseffekt			
F = 20,598, df = 2, p = 0,000*** eta^2 = 0,256				F = 37,919, df = 4, p = 0,000*** eta^2 = 0,558 **(AL)**			

Tabelle 41: „Kooperationsfähigkeit" im t1/t2 Abschnitt im t1/t2/t3 Vergleichszeitraum

Gruppe	MW Diff	n	Effekt Gruppe (Anova)	Effekt Gruppe Kovariate	Effekt Gruppe (Ancova)
Breakdance	0,631	24	$F = 13{,}279$, df = 2	$F = 1542{,}618$, df = 1	$F = 5{,}207$, df = 2
AKG	0,056	19	$p = 0{,}000^{***}$	$p = 0{,}001^{*}$	$p = 0{,}080$
NKG	0,008	20	$eta^2 = 0{,}307$	$eta^2 = 0{,}963$	$eta^2 = 0{,}150$

Tabelle 42: „Kooperationsfähigkeit" im t2/t3 Abschnitt im t1/t2/t3 Vergleichszeitraum

Gruppe	MW Diff	n	Effekt Gruppe (Anova)	Effekt Gruppe Kovariate	Effekt Gruppe (Ancova)
Breakdance	0,476	24	$F = 41{,}958$, df = 2	$F = 24{,}721$, df = 1	$F = 102{,}966$, df = 2
AKG	0,149	19	$p = 0{,}000^{***}$	$p = 0{,}000^{***}$	$p = 0{,}000^{***}$
NKG	-0,365	20	$eta^2 = 0{,}583$	$eta^2 = 0{,}295$	$eta^2 = 0{,}777$

Tabelle 43: „Kooperationsfähigkeit" im t1/t3 Abschnitt im t1/t2/t3 Vergleichszeitraum

Gruppe	MW Diff	n	Effekt Gruppe (Anova)	Effekt Gruppe Kovariate	Effekt Gruppe (Ancova)
Breakdance	1,107	24	$F = 61{,}312$, df = 2	$F = 5{,}211$, df = 1	$F = 139{,}037$, df = 2
AKG	0,205	19	$p = 0{,}000^{***}$	$p = 0{,}026$	$p = 0{,}000^{***}$
NKG	-0,358	20	$eta^2 = 0{,}671$	$eta^2 = 0{,}081$	$eta^2 = 0{,}825$

t2/t3 Abschnitt:
Hier zeigt die univariate einfaktorielle Kovarianzanalyse einen hoch signifikanten Einfluss der Kovariate „Kooperationsfähigkeit zu t1" an ($F = 24{,}721$, df = 1, $p = 0{,}000^{***}$, $eta^2 = 0{,}295$). Dieses bestätigt den hoch signifikanten Gruppeneffekt. (Anova: $F = 41{,}958$ df = 2, $p = 0{,}000^{***}$, $eta^2 = 0{,}583$; Ancova: $F = 102{,}966$, df = 2, $p = 0{,}000^{***}$, $eta^2 = 0{,}777$). Der Post-Hoc-Test weist eine hoch signifikante Wirkung zwischen der Interventionsgruppe und der Null-Kontrollgruppe auf, jedoch keine Signifikanz zwischen der Interventions- und der Aktiv-Kontrollgruppe.

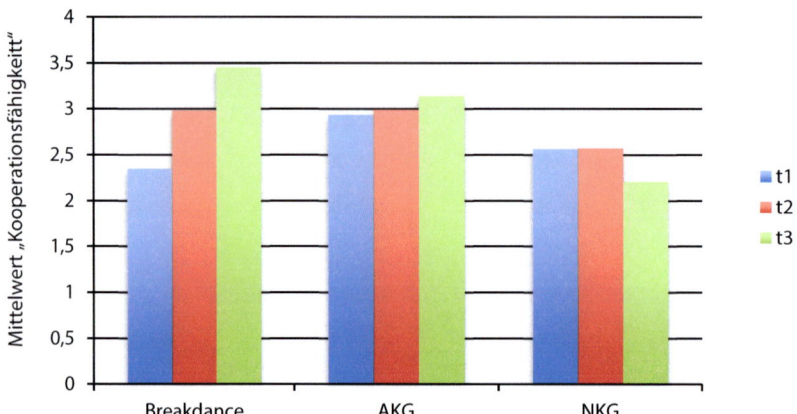

Abbildung 27: Mittelwerte „Kooperationsfähigkeit" im t1/t2/t3-Verlauf

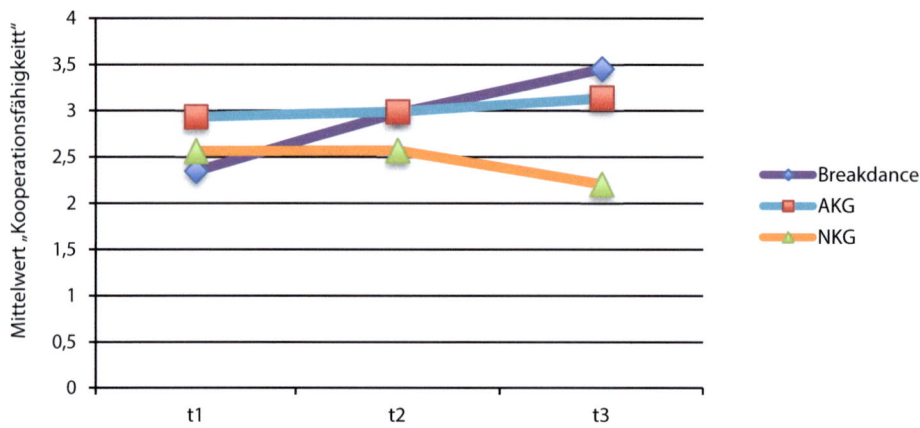

Abbildung 28: Mittelwerte „Kooperationsfähigkeit" im t1/t2/t3-Verlauf

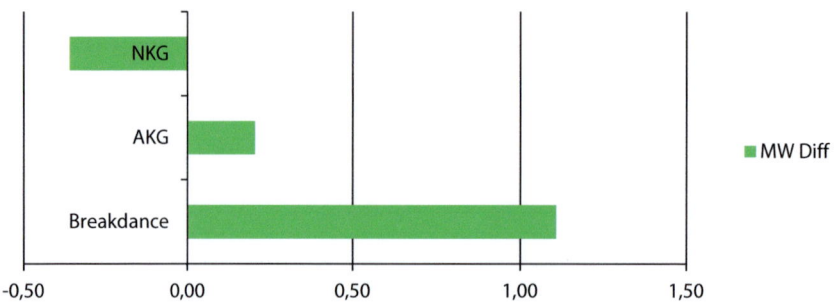

Abbildung 29: Mittelwertdifferenz „Kooperationsfähigkeit" t3-t1

t1/t3 Abschnitt:
Hier zeigt die univariate einfaktorielle Kovarianzanalyse einen signifikanten Einfluss der Kovariate „Kooperationsfähigkeit zu t1" an (F = 5,211, df = 1, p = 0,026, eta² = 0,081). Somit ist eine hoch signifikante Wirkung der Gruppenzugehörigkeit nachweisbar, das Ergebnis der Ancova bestätigt die Resultate, die sich aus der Anova Berechnung ergeben haben. (Anova: F = 61,312,   df = 2,   p = 0,000***,   eta² = 0,671;   Ancova: F = 139,037,   df = 2, p = 0,000***, eta² = 0,825). Der Post-Hoc-Test weist eine hoch signifikante Wirkung zwischen der Interventionsgruppe und der Null-Kontrollgruppe, jedoch nicht zwischen der Interventions- und der Aktiv-Kontrollgruppe auf.

Die univariaten einfaktoriellen Kovarianzanalysen zeigen – mit den parallel durchgeführten einfaktoriellen Varianzanalysen – dass die Gruppenzugehörigkeit v. a. im zweiten Untersuchungszeitraum eine statistisch bedeutsame Rolle bei der Entwicklung der Kooperationsfähigkeit spielt.

Fazit:
Der Post-Hoc-Test weist im t1/t3 Vergleichszeitraum einen statistisch höchst bedeutsamen Unterschied zwischen der Interventionsgruppe und der Null-Kontrollgruppe auf. Allerdings zeigt der Post-Hoc-Test keinen statistisch bedeutsamen Unterschied zwischen der Interventionsgruppe und der Aktiv-Kontrollgruppe. Anhand der Mittelwertdifferenzen ist trotzdem ersichtlich, dass die Interventionsgruppe in beiden Erhebungszeiträumen stets die höchsten Leistungszuwächse besitzt, auch deutlich höhere Leistungszuwächse als die Aktiv-Kontrollgruppe. Auffällig ist der Leistungsrückgang der Null-Kontrollgruppe im zweiten Erhebungszeitraum. Da es sich bei den signifikanten Gruppeneffekten jeweils um die höchste Signifikanzstufe handelt, kann das Ergebnis, trotz der verletzten Voraussetzung Varianzhomogenität, als statistisch bedeutsam angesehen werden (Rost, 2007, S. 191; vgl. Abschnitt 3.1.1).

3.1.3 Zusammenfassung

Die Ergebnisse werden aufgegliedert in physische und psychosoziale Untersuchungsmerkmale.

Physische Untersuchungsmerkmale
Die Untersuchungsgruppe schnitt deskriptiv in Bezug auf den motorischen Leistungszuwachs in allen Untersuchungsmerkmalen besser als die beiden Vergleichsgruppen ab. Bei den Interaktionseffekten zeigen sich bei fast allen Merkmalen statistische Veränderungen zugunsten der Interventionsgruppe. Untermauert wird diese Aussage zum Teil durch signifikante Post-Hoc-Tests. Die stärksten bedeutsamen Unterschiede lassen sich bei der Koordination unter Präzisionsdruck, der Kraftausdauer in den oberen Extremitäten sowie der Schnellkraft in den Beinen feststellen.

Koordination unter Präzisionsdruck
Hier zeigen sich signifikant bedeutsame Einflüsse der Gruppenzugehörigkeit. Die Leistungszuwächse der Interventionsgruppe sind – im gesamten Untersuchungszeitraum gesehen – deutlich höher als die der beiden Kontrollgruppen Der Post-Hoc-Test zeigt hochsignifikante Unterschiede zwischen Interventions- und beiden Vergleichsgruppen.

Schnellkraft in den Beinen
Hier zeigen sich signifikant bedeutsame Einflüsse der Gruppenzugehörigkeit vor allem im zweiten Vergleichszeitraum. Dabei sind die Leistungszuwächse der Interventionsgruppe bedeutend höher als die beider Vergleichsgruppen. Diese Unterschiede werden durch signifikante Interaktionseffekte (Anova mit Messwiederholung) bzw. Gruppeneffekte (Ancova und Anova im t2/t3 sowie Anova im t1/t3 Zeitraum) bestätigt. Da es sich bei den Gruppen- und Interaktionseffekten jeweils um die höchste Signifikanzstufe handelt, können die Gruppen- bzw. Interaktionseffekte als statistisch bedeutsam angesehen werden, obwohl die Voraussetzung Normalverteilung bzw. Varianzhomogenität verletzt ist.

Der Post-Hoc-Test beschreibt einen statistisch signifikanten Unterschied zwischen der Interventionsgruppe und der Aktiv-Kontrollgruppe.

Kraftausdauer in den oberen Extremitäten
Hier zeigen sich ebenfalls bedeutsame Einflüsse der Gruppenzugehörigkeit. In beiden Vergleichszeiträumen sind die Leistungszuwächse der Interventionsgruppe bedeutend höher als die beider Vergleichsgruppen. Diese Unterschiede werden durch signifikante Interaktionseffekte (Anova mit Messwiederholung) bzw. Gruppeneffekte (Ancova und Anova) bestätigt. Da es sich jeweils um die höchste Signifikanzstufe handelt, können die Gruppen- bzw. Interaktionseffekte daher als statistisch bedeutsam angesehen werden, obwohl die Voraussetzung Normalverteilung bzw. Varianzhomogenität verletzt ist. Der Post-Hoc-Test beschreibt einen signifikanten Unterschied zwischen der Interventionsgruppe und der Null-Kontrollgruppe, jedoch nicht zwischen der Interventions- und der Aktiv-Kontrollgruppe.

Kraftausdauer im Rumpfbereich
Die Leistungszuwächse der Interventionsgruppe sind auch hier in beiden Untersuchungszeiträumen deutlich höher als die der beiden Vergleichsgruppen. Diese Unterschiede werden durch hoch signifikante Interaktions- (Anova mit Messwiederholung) sowie Gruppeneffekte (Anova und Ancova) untermauert. Sie können als statistisch bedeutsam angesehen werden. Der Post-Hoc-Test zeigt einen Unterschied im Leistungszuwachs der Interventionsgruppe von inhaltlicher Bedeutsamkeit im Vergleich zur Aktiv-Kontrollgruppe.

Koordination unter Zeitdruck
Bei der Koordination unter Zeitdruck zeigen sich signifikant bedeutsame Einflüsse der Gruppenzugehörigkeit in allen Zeiträumen, bestätigt durch signifikante Interaktionseffekte (Anova mit Messwiederholung) sowie signifikante Gruppeneffekte (Anova und Ancova).

Anhand der Mittelwertdifferenzen zeigen sich in der Interventionsgruppe stets die höchsten Leistungszuwächse. Der Post-Hoc-Test weist einen Unterschied von inhaltlicher

Bedeutsamkeit zwischen der Interventionsgruppe und der Null-Kontrollgruppe auf. Auffällig ist der Leistungsrückgang der Null-Kontrollgruppe im zweiten Erhebungszeitraum.

Psychosoziale Untersuchungsmerkmale
Die quantitative Untersuchung zeigt sowohl inhaltlich- als auch statistisch bedeutsame Unterschiede in der Entwicklung der psychosozialen Ressourcen.

Die stärksten Veränderungen zeigen sich beim Merkmal „sportartspezifische Selbstwirksamkeit". Hier sind in allen Untersuchungszeiträumen im Interaktionseffekt statistisch hoch signifikante Veränderungen zugunsten der Interventionsgruppe nachweisbar.

Die Interaktionseffekte bei der allgemeinen Selbstwirksamkeit sind ebenfalls statistisch signifikant. Im zweiten Untersuchungszeitraum (t2/t3) weist die Interventionsgruppe im Vergleich zu beiden Kontrollgruppen (Post-Hoc-Test) einen Leistungszuwachs von statistisch hoher Bedeutsamkeit auf. Bei der Befragung zur Kooperationsfähigkeit zeigen sich im Zwischengruppenvergleich signifikante Unterschiede der Interventionsgruppe im Vergleich zur Null-Kontrollgruppe sowie inhaltlich bedeutsame Unterschiede zwischen Interventions- und Aktiv-Kontrollgruppe. Im Folgenden werden die einzelnen Untersuchungsmerkmale zusammenfassend dargestellt:

Sportartspezifische Selbstwirksamkeit
Die Untersuchung zeigt, dass in allen drei Erhebungszeiträumen die Gruppenzugehörigkeit eine bedeutsame Rolle spielt: die Interventionsgruppe zeigt deutlich höhere Leistungszuwächse als die Aktiv-Kontrollgruppe.

Diese Unterschiede sind im t1/t2 Abschnitt hoch signifikant, im t2/t3 Abschnitt sehr signifikant und sowohl im t1/t3 als auch im t1/t2/t3 Abschnitt ebenfalls hoch signifikant.

Allgemeine Selbstwirksamkeit
Im t2/t3 Abschnitt ist im Zwischengruppenvergleich eine hoch signifikante Wirkung der Gruppenzugehörigkeit nachweisbar. Der Post-Hoc-Test weist hier einen sehr signifikanten Unterschied zwischen der Interventionsgruppe und der Aktiv-Kontrollgruppe sowie eine hoch signifikante Wirkung zwischen der Interventionsgruppe und der Null-Kontrollgruppe auf. Es zeigen sich im t1/t2/t3 Untersuchungszeitraum hoch signifikante Interaktionseffekte. Im Zwischengruppenvergleich zeigen sich Unterschiede zwischen der Interventions- und der Null-Kontrollgruppe, aber nicht zwischen der Interventions- und der Aktiv-Kontrollgruppe. Dies gilt auch für den t1/t3 Untersuchungszeitraum.

Kooperationsfähigkeit
Die Interventionsgruppe hat stets den höchsten Leistungszuwachs zu verzeichnen. Im Interaktionseffekt lassen sich signifikante Wirkungen zwischen Gruppe und Zeit nachweisen. Der Unterschied ist im Zwischengruppenvergleich jedoch nur zwischen der Interventions- und der Null-Kontrollgruppe im t2/t3- sowie im t1/t3 Untersuchungszeitraum von statistischer Bedeutsamkeit.

Im t1/t2/t3 Untersuchungszeitraum weist der Post-Hoc-Test lediglich einen inhaltlich bedeutsamen Unterschied zwischen der Gruppe Breakdance und Aktiv-Kontrollgruppe auf, jedoch auch einen hoch signifikanten Unterschied zwischen der Interventions- und der Null-Kontrollgruppe.

3.2 Ergebnisse der qualitativen Untersuchung

Die Transkripte wurden mithilfe der qualitativen Inhaltsanalyse nach Mayring (2010) ausgewertet. In Abschnitt 3.2.1 werden die Interviewpartner kurz dargestellt. Die Ergebnisse werden ausführlich in Abschnitt 3.2.2 dargestellt, und in Abschnitt 3.2.3 zusammengefasst.

3.2.1 Kurzbeschreibung der Interviewpartner

Aus Gründen der Übersichtlichkeit wurde jedem Schüler, mit dem ein Interview geführt wurde, eine entsprechende Codiernummer (CN) zugewiesen. Nach jeder Aussage ist in Klammern die entsprechende CN, Seitenanzahl des Interviews und entsprechende Zeilenangabe angegeben. Aus Datenschutzgründen wurden die Namen der Schüler vom Autor der Studie geändert[7].

Tabelle 44: Kurzbeschreibung der Interviewpartner

Matthias	(CN 0)	Alter:11	treibt organisierten Sport in der Breakdance AG
Diego	(CN 1)	Alter: 12	treibt organisierten Sport in der Breakdance AG und im Fußballverein
Kai	(CN 2),	Alter: 11	treibt organisierten Sport in der Breakdance AG und im Turnverein
David	(CN 3)	Alter: 12	treibt organisierten Sport in der Breakdance AG
Flo	(CN 4)	Alter: 12	treibt organisierten Sport in der Breakdance AG
Marco	(CN 5)	Alter: 12	treibt organisierten Sport in der Breakdance AG
Anton	(CN 6)	Alter: 12	treibt organisierten Sport in der Breakdance AG und Mountainbike AG
Korbinian	(CN 7)	Alter: 10	treibt organisierten Sport in der Breakdance AG und in der Tanzschule
Tom	(CN 8)	Alter:10	treibt organisierten Sport in der Breakdance AG
Marlon	(CN 9)	Alter:14	treibt organisierten Sport in der Breakdance AG und im Fußballverein
Marvin	(CN 10)	Alter: 13	treibt organisierten Sport in der Breakdance AG und im Fußballverein

---

[7] Laut Genehmigung „X.7-BO6106/50/15" zur Durchführung der Studie

3.2.2 Darstellung qualitativer Ergebnisse

In folgender Tabelle erfolgt eine thematische Zusammenfassung pro Auswertungskategorie. Anhand der Buchstabenkürzel können die Kategorien den thematischen Zusammenfassungen zugeordnet werden.

Tabelle 45: Thematische Zusammenfassungen pro Auswertungskategorie
(durch die Angabe der Buchstabenkürzel können die Kategorien den thematischen Zusammenfassungen zugeordnet werden)

Bereich der Auswertung		offene (induktive) bzw. deduktive Auswertungskategorie	thematische Zusammenfassung
physische Entwicklung (A)	induktive Kategorien	subjektiv empfundene Wirkung und ihre Begründung in Bezug auf die physische Entwicklung (A.c)	Thema: „darin bin ich jetzt auch besser"
	deduktive Kategorienanwendung	subjektiv empfundene Wirkung und ihre Begründung in Bezug auf konditionelle Fähigkeiten (A.a)	Thema: „stärker in meinen Muskeln" 1. Aspekt: subjektiv empfundene Wirkung von Breakdance auf die Kraftfähigkeit 2. Aspekt: Begründungen für die gesteigerte Kraftfähigkeit
		subjektiv empfundene Wirkung und ihre Begründung in Bezug auf koordinative Fähigkeiten (A.b)	Thema: „da bin ich jetzt geschickter drin" 1. Aspekt: subjektiv empfundene Wirkung von Breakdance auf die Koordinationsfähigkeit 2. Aspekt: Begründungen für die gesteigerte Koordinationsfähigkeit
psychosoziale Entwicklung (B)	induktive Kategorienbildung	subjektiv empfundene Wirkung und ihre Begründung in Bezug auf personale Aspekte der psychosozialen Entwicklung (B.e)	Thema: Selbstvertrauen, Selbstbehauptung, Freude 1. Aspekt: Selbstvertrauen, Stolz 2. Aspekt: Spaß, Freude
		subjektiv empfundene Wirkung und ihre Begründung in Bezug auf soziale Aspekte der psychosozialen Entwicklung (B.h)	Thema: Hilfsbereitschaft, Kooperationsbereitschaft

Bereich der Auswertung		offene (induktive) bzw. deduktive Auswertungskategorie	thematische Zusammenfassung	
psychosoziale Entwicklung (B)	deduktive Kategorienanwendung	subjektiv empfundene Wirkung in Bezug auf **sportartspezifische Selbstwirksamkeit** (B.a)	Thema: „ich traue mich jetzt zu tanzen"	
		subjektive Begründung bzgl. der Wirkung auf sportartspezifische Selbstwirksamkeit (B.b)	1. Unterkategorie	Thema: „ich kann jetzt den Move XY"
			2. Unterkategorie	Thema: „jeder macht das so, wie er kann"
		subjektiv empfundene Wirkung in Bezug auf **allgemeine Selbstwirksamkeit** (B.c)	Thema: „ich traue mir jetzt mehr zu"	
		subjektive Begründung bezüglich der Wirkung auf allgemeine Selbstwirksamkeit (B.d)	1. Unterkategorie	Thema: „seit ich tanze, traue ich mich mehr"
			2. Unterkategorie	Thema: „für bestimmte andere Schüler wäre es gut, Breakdance zu machen".
		subjektive empfundene Wirkung in Bezug auf **Kooperationsfähigkeit** (B.f)	Thema: „der Zusammenhalt in der Gruppe gefällt mir"	
		subjektive Begründung bezüglich der Wirkung auf die Kooperationsfähigkeit (B.g)	1. Unterkategorie	Thema: „wir helfen uns gegenseitig"
			2. Unterkategorie	Thema: „wir unterstützen uns gegenseitig indem wir uns Moves erklären"

3.2.2.1 Kinderperspektive auf die physische Entwicklung

Wirkungen und Begründung bezüglich konditioneller Fähigkeiten (A.a)
Thema: „stärker in meinen Muskeln"

subjektiv empfundene Wirkung auf die Kraftfähigkeit (1.Aspekt)
Zehn der befragten Kinder sind der Meinung, dass sie mehr Kraft bekommen haben, seitdem sie Breakdance betreiben.

Matthias berichtet, dass er „mehr Körperspannung und mehr Kraft" bekommen hat (0,6,23).

Laut Diego ist Breakdance verantwortlich dafür, dass er „mehr Kraft im Bizeps und im Armbereich" bekommen hat (1,16,18). Kai ist der Meinung, in „den Beinen mehr Kraft" bekommen zu haben: Ergänzend fügt er hinzu: „Also ich kann schneller rennen, mich schneller bewegen, ich kann auch z. B. höher springen" (2,24,25). David erzählt, dass er sich „stärker fühlt", seitdem er Breakdance betreibt (3,29,10). Konkretisiert wird dies in seinen Aussagen, dass „er sich im Bauch und in den Armen kräftiger fühlt" (3,30,21). Flo bestätigt: „Also kräftiger auf jeden Fall. Ein bisschen mehr Muskeln auch wiederaufgebaut". (4,37,15). Anton ist der Meinung, in den Armen kräftiger geworden zu sein (6,51,2). Korbinian weiß, dass es sehr viel Kraft in den Armen bedarf, um einen Air Freeze umzusetzen (7,52,14). Außerdem findet er, dass er mehr Kraft bekommen hat: „Ich habe mehr Kraft. Früher hatte ich nicht so viel" (7,56,21). Tom: „Das Gefühl schon stärker zu sein, ist schon ein bisschen da" (8,61,31). Marlon ist der Meinung, generell mehr Kraft bekommen zu haben (9,68,18), v. a. aber im Bauch und den Beinen (9,68,25). Marvin berichtet davon, mehr Kraft bekommen zu haben, die ihm auch „Kraft in anderen Sportarten gibt" (10,70,9), wie z. B. im Badminton (10,70,16). Konkretisiert wird dies in der gesteigerten Armkraft (10,70,16) und der gesteigerten Körperspannung (10,72,17).

Begründungen für die gesteigerte Kraftfähigkeit (2. Aspekt)
Matthias begründet seine gesteigerte Kraftfähigkeit nur durch eine Nachfrage bzgl. der Trainingshäufigkeit und dadurch, dass „man mehr übt" (0,6,7). Diego begründet seine (empfundene) gesteigerte Kraft dadurch, „dass man im Breakdance viel mit den Händen macht" (1, 16,28). Und „man spannt sich auch oft an". Flo erzählt, dass er kräftiger wurde und wieder mehr Muskeln aufgebaut hat, dadurch könne er jetzt die Freezes auch besser (4,37,15). Daraus lässt sich schließen, dass er seine gesteigerten Kraftfähigkeiten auf das viele Üben der Freezes begründet. Anton begründet seine gesteigerte Kraft in den Armen mit seinen ständigen Versuchen sich zu drehen, und bestimmte Moves zu üben: „Also halt mit solchen Moves, da zum Beispiel drehe ich mich, dann verliere ich auch Power oder mache zum Beispiel einen Handstand und drehe mich dabei irgendwie so" (6,50,28). Korbinian begründet seine gesteigerte Kraft mit den vielen Übungen zum Baby Freeze: „Und dieser Baby Freeze, den kann ich jetzt auch besser. Früher, da bin ich gleich hingefallen". (7,56,27). Marlon begründet seine gesteigerten Kraftverhältnisse durch das Üben und Ausführen der Powermoves, der Freezes, Handstände und Sprünge (9,68,24). Marvin begründet seine gesteigerte Kraft durch das Üben und Ausführen von Überschlagbewegungen oder Handständen (10,70,16).

Wirkungen und Begründungen bezüglich koordinativer Fähigkeiten (A.b)
Thema: „da bin ich jetzt geschickter drin"

subjektiv empfundene Wirkungen auf die Koordination
Sechs Kinder berichten über das Gefühl insgesamt geschickter geworden zu sein, seitdem
sie Breakdance betreiben.
   Kai berichtet, er habe das Gefühl, insgesamt geschickter geworden zu sein. Allerdings
führt er dies nicht genauer aus und stellt auch keine Begründungen dar (2,24,23). David
ergänzt, das Gefühl zu haben, insgesamt geschickter geworden zu sein (3,30,25). Auch
Marco erzählt, er habe das Gefühl insgesamt „ein bisschen geschickter geworden zu sein"
(5,43,26). Außerdem glaubt er auch „im Rennen etwas schneller geworden zu sein"
(5,43,27). Auch Anton hat das Gefühl, dass er viel schneller ist als vorher (6,50,23) und insgesamt geschickter im Alltag. Korbinian hat das Gefühl ein verbessertes Gleichgewicht bekommen zu haben: „Ja, zum Beispiel, früher da bin ich immer so, halt wenn ich so Handstand gemacht habe, bin ich immer hingefallen. Jetzt kann ich ihn so länger. So, ich kann
auch sogar laufen so ein bisschen mit Handstand" (7,56,32). Tom ist der Meinung sowohl
kräftiger als auch insgesamt noch geschickter geworden zu sein, seitdem er Breakdance betreibt (8,61,31). Marvin berichtet davon, dass er bei „Tricks mit den Füßen" nun geschickter
ist (10,73,26).

Begründungen für die verbesserte Koordination
Anton berichtet, dass sich Breakdance für ihn anbietet, sich körperlich auszupowern: „Also
ich brauche halt immer sehr viel Power zum Rauslassen und bei Breakdance mache ich das
einfach halt" (6,50,23). „Also vorher hatte ich ein kleines Problemchen mit meiner Koordination. Da bin ich halt immer gegen Sachen gelaufen. Und jetzt ist es halt richtig viel einge-
stellt worden" (6,51,7). Marvin begründet seine gesteigerte Koordination dadurch, dass zur
Musik getanzt wird: „Wenn man jetzt irgendwelche Tricks mit den Füßen macht, auch nur
zum Rhythmus. Weil man breakt ja oft zur Musik. Rhythmus ist auch, finde ich, ganz gut.
Also da hat man auf jeden Fall ein besseres Gefühl bekommen, wenn man tanzen will"
(10, 73, 26).

Sonstige Wirkungen auf die physische Entwicklung (A.c)
Matthias berichtet, dass er seine „Arme vorher nicht so stark bewegen konnte" (0,7,21).
Diego berichtet, dass er nun geschickter sei, da er „nun den Worm ausführen könne". Eine
genauere Begründung stellt er allerdings nicht dar. David spricht über die Notwendigkeit
von Beweglichkeit (3,30,4). Marlon berichtet, dass er durch Breakdance „fit" bleibt
(9,64,14). Marvin berichtet auch davon, Breakdance zu betreiben um „fit zu bleiben und um
eine gute Körperspannung zu haben" (10,70,6). Ihn begeistert die akrobatische Komponente, die Breakdance bietet, und, dass „von einer Bank mal ein Rückwärtssalto oder so
etwas gemacht" wird. „Einfach, das ist auch ganz cool" (10,70,23).

3.2.2.2 Kinderperspektive auf die psychosoziale Entwicklung

Wirkung in Bezug auf sportartspezifische Selbstwirksamkeit (B.a)

Thema: „ich traue mich mittlerweile zu tanzen"

Drei Schüler berichten, dass sie sich mittlerweile trauen, vor Leuten zu tanzen.

Diego: „Ein Freund hat bei mir übernachtet, wir haben immer gebreakt, meine Schwester war die Jury sozusagen. Und sie hat angeguckt, wer bessere Moves kann" (1,11,18). Flo berichtet, dass er im Wohnzimmer die „Coffee Mill" tanzt (4,34,14). Außerdem berichtet er vom Tanzauftritt und erläutert den Ablauf des Solos beim Auftritt (4,38,4). Marco berichtet, dass er sich nun traut, vor Leuten tänzerisch aufzutreten (5,42,18).

Begründung bzgl. der Wirkung auf sportartspezifische Selbstwirksamkeit (B.b)

1. Unterkategorie

Thema: „ich kann jetzt bestimmte „Breakdance-Moves"

10 Schüler sind der Meinung, einige spezielle Breakdance-spezifische Bewegungen ausführen zu können.

Matthias: „Ich kann auch zum Beispiel den Monkey Flip, wo man sich überschlägt, oder die Kaffeemühle, wo man sich ganz schnell im Kreis dreht, oder den Baby Freeze (0,3,1). Diego berichtet von der „Welle" dem „Baby-Freeze" der „Coffee Mill" (1,10,22), die er zuhause aufgeführt hat, oder dem „Two-Step" und „Three-Step", die er nun kann (1,12,26). Außerdem traut er sich nun zu Musik zu tanzen. „Weil ich mir sicher bin, dass ich die Moves, die ich gelernt habe, kann" (1,12,16). Auch Kai berichtet, dass er nun die Bewegungen „Baby Freeze", „Six Step", „Three Step", „Coffee Mill", „Welle", „Top Rock", „Elbow Freeze" selbst ausführen kann und diese daher auf dem Bild [welches zum Interview mitgebracht wurde, Anm. d. V.] gezeichnet hat (2,18,23). Flo erzählt, dass er „über Top Rocks berichten könne, wie „man die so macht" (4,32,14) und erläutert den Ablauf seines Solos beim Auftritt: „Wir haben zu dritt so erstmal die Top Rocks gemacht, dann die Welle so runter. Manche sind runter gerollt, wir sind dann drüber gesprungen. Nochmal Welle, Baby Freeze und dann sind wir wieder raus (4,38,7). Marco nennt die Moves „Baby Freeze", „Six Step", „Kaffeemühle", „Elbow Freeze", „Welle" und „Air Swipe", die er lernt und mittlerweile beherrscht. Diese führt er in seiner Freizeit Zuhause auf (5,39,29). Anton berichtet von den Moves „Elbow Freeze", „Coffe Mill" und „Baby Freeze", die er nun gelernt hat und umsetzen kann (6,47,9). Korbinian berichtet das gleiche und fügt noch „Air Freeze" und „Six Step" hinzu (7,53,16). Ebenso berichtet Tom von „Top Rocks", „Kaffeemühle", und „Baby Freeze" (8,58). Marlon berichtet von einigen Powermoves, wie Backflip oder Sideflip, die er gelernt hat (9, 68,18). Ähnlich ist es bei Marvin. Auch ihn begeistert der akrobatische Anteil, den Breakdance beinhaltet (10,70,24), und dass er nun „zum Beispiel einen Rückwärtssalto von irgendwelchen Sachen runter" machen kann (10,72,16). Und: „Das habe ich gelernt. Dann zum Beispiel Six Step oder Handstände. Handstände auf einem Arm. Dann Kopfstände. Und noch Powermoves und so etwas" (10,72,17).

2. Unterkategorie

Thema: „ich bin generell besser geworden im Tanzen"

Vier Kinder sind der Meinung generell besser im Tanzen geworden zu sein, seitdem sie Breakdance betreiben. Diego ist sich sicher, dass er die Moves, die er gelernt hat, kann (1,12,16). Kai nennt, dass ihm die Bewegung am Tanzen gefällt (3,20,16). David gefällt es, „wenn alle so klatschen und man in der Mitte tanzt und versucht der Beste zu sein" (3,28,26). Flo berichtet, dass er zunächst „die Welle" nicht umsetzen konnte, er dies dann aber gelernt hat: „Also die Welle, die fand ich ganz cool eigentlich. Die habe ich am Anfang gar nicht gekonnt" (4,33,6). Außerdem berichtet er darüber, dass er nun weitere Moves umsetzen kann: „Die Kaffeemühle war eigentlich ganz cool. Der Baby Freeze war am Anfang auch eigentlich relativ cool" (4,33,9). Auch Marco gefällt, dass er neue Moves lernt (5,40,9). Genauso wie Korbinian: „Also mir gefällt es, dass ich so neue Moves lerne und so Powermoves.." (7,53,26).

Wirkung auf allgemeine Selbstwirksamkeit (B.c)

Thema: „ich traue mir jetzt mehr zu"

Sechs Kinder sind der Meinung sich mehr zu trauen, seit sie tanzen.

Matthias berichtet, dass er, seit er Breakdance macht, mehr Selbstbewusstsein hat, dass er mehr schaffen kann" (0,5,9), und „vorher nicht so viel Vertrauen in sich selbst gehabt hat". Und, dass „man umso stolzer beim Battle ist, je cooler die Moves aussehen und wenn ein paar kleine Fehler dabei sind, macht es ja auch nichts" (0,4,18). Ähnliches berichtet Kai: „Ja, also am meisten gefällt mir auch der Circle, weil da kann man halt reingehen und zeigen, was man kann. Das hat mein Selbstbewusstsein verstärkt" (2,21,28). David berichtet: „Seitdem ich Breakdance mache, kann ich sehr viel anderes Zeug" (3,29,10). Außerdem ergänzt er: „Ich fühle mich stärker" (3,29,14). Er fühlt sich gut, wenn die anderen Kinder sagen, „dass es voll cool ist" (3,27,21).

Ähnliches berichtet Flo: „Ich bin definitiv selbstbewusster geworden" (4,37,1). Und: „Nehmen wir als Beispiel, wenn ich mich bisher nicht vom Dreier springen getraut hätte, wäre ich jetzt bestimmt schon vom Dreier gesprungen" (4,37,3). Außerdem: „Manche schwereren Sachen traue ich mich nun auch. Es ist mir auch wirklich am Anfang nicht so wirklich wichtig was die anderen sagen. Hauptsache, es sieht eigentlich ganz gut aus und mir gefällt es" (5,37,8). Marco äußert, dass er „viele neue Moves gelernt hat und sich nun mehr traut" (5,42,14), und „das Gefühl hat, durch Breakdance selbstbewusster geworden zu sein" (5,44,20). Korbinian findet auch, dass Breakdance gut wäre für schüchterne Kinder, da er selbst selbstbewusster wurde durch Breakdance" (7,55,6). Marlon berichtet, dass er nun „fitter, entspannter, vielleicht auch, ja, selbstbewusster vor allem", sei. Und: „...das ist schon so. Auf der Bühne stehen übt man da ja auch gut. Und das stärkt auf jeden Fall das Selbstbewusstsein" (9,67,8). Marvin: „Also, wenn man Tricks beherrscht, dann fühlt man sich selbstbewusster, teilweise" (10,72,24).

Begründung bzgl. der Wirkung auf allgemeine Selbstwirksamkeit (B.d)

1. Unterkategorie
Thema: „seit ich tanze, traue ich mich mehr, weil…"
Vier Kinder sind der Meinung, dass es am Tanzen liegt, dass sie sich mehr zu trauen.
Matthias berichtet, dass er „sich vorher nicht so viel getraut hat" (0,6,5). Kai begründet
sein gesteigertes Selbstbewusstsein dadurch, dass er nach Stürzen immer wieder aufge-
standen ist und weiter geübt hat" (2,23,3). Marlon berichtet, dass er gut bei Mädchen
ankommt, wenn er ihnen erzählt, dass er tanzt oder wenn er vor ihnen tanzt (9,65,2)
und, dass er beliebter ist, seitdem er sich traut, vor Leuten zu tanzen (9,68,9). Marvin
berichtet, dass er sich selbstbewusster fühlt, wenn er die Tricks gut beherrscht: „Man
fühlt sich auf jeden Fall selbstbewusster, wenn man die Tricks gut beherrscht"
(10,72,26).

2. Unterkategorie
Thema: „für bestimmte andere Schüler wäre es gut, auch Breakdance zu machen"
Sechs Kinder sind der Meinung, dass es für bestimmte andere Schüler auch gut wäre
Breakdance zu betreiben, da dadurch deren Selbstbewusstsein steigen könnte.
Matthias berichtet, dass es für einen Schüler seiner Klasse gut wäre, zum Training zu
kommen, da „er sich halt auch nicht so viel traut." und dieser sich „dann wie die meisten
anderen Breaker auch mehr traut" (0,6,17). Kai ist der Meinung, Breakdance sei gut für
Schüler die zwar was können, aber noch keine Sportart für sich entdeckt hätten" (2,24,2).
Daraus lässt sich auf die hohe Wertigkeit schließen, die er mit dem Medium Breakdance
verbindet. Außerdem hält er akrobatisch/turnerisch talentierte Kinder für Breakdance
als potentiell geeignet (2,24,10). Marco wünscht sich Kinder ins Breakdance Programm,
die noch nicht so selbstbewusst sind, „damit die selbstbewusster werden" (5,44,15). Korbinian ist der Meinung, Breakdance wäre gut für schüchterne Kinder, „die sich nicht so
viel trauen. Die können dann mutiger werden, wenn sie zum Beispiel Handstand machen oder so. Und die können auch, nicht nur mutiger werden, die können auch noch
mehr" (7,56,7).
Marvin und Marlon berichten davon, dass sie es besser fänden, wenn schon sportliche
Kinder am Breakdance Unterricht teilnehmen würden, da die Gruppe durch unsportli-
chere Kinder gegebenenfalls behindert werden würde oder die Kinder den hohen sportlichen Anforderungen ggf. nicht gewachsen sein könnten" (10,72,7). Marvin hat eine
differenzierte Sichtweise: „Also, wenn man schon selbstbewusst ist, bevor man Breakdance macht, ist es auf jeden Fall einfacher. Aber wenn man nicht so selbstbewusst ist,
dann kann man es auf jeden Fall beim Breakdance lernen" (10,73,12).

Sonstige Wirkungen auf personale Aspekte der psychosozialen Entwicklung (B.e)

1. *Unterkategorie*
   Thema: „Motivation, Stolz"
   Vier Kinder äußern sich zum Thema „Motivation" und „Stolz" positiv.
   Für Anton ist der motivationale Aspekt, den Breakdance für ihn mitbringt sehr hoch.
   Er ist der Meinung, durch Breakdance zu lernen, sich zu motivieren und Durchhaltevermögen aufzubauen (6,46,1). Er geht zum Training, „wenn er mal traurig ist", um sich
   zu motivieren (6,47,4). Daher glaubt er auch, dass Breakdance gut für Kinder ist, „die
   halt sehr viel gestresst sind und halt in der Schule Stress haben und so halt die ganze Zeit
   keine Lust haben, irgendwas zu machen. Dass sie halt auch mal ein Hobby haben"
   (6,49,31). „Und jetzt macht es mir, also motiviert es mich, macht mich glücklich, habe
   ich Spaß dran. Und ich habe eigentlich da richtig Bock drauf immer" (6,50,6). Korbinian
   ist der Meinung, motivierter zu sein, seitdem er Breakdance betreibt (7,53,55). Marlon:
   „Also ich kann es von mir sagen, ich weiß, wenn man dann so was macht, da ist man
   schon auch stolz auf sich selber, dass man zu so etwas in der Lage ist, was manche Menschen nicht können. Dann fühlt man sich auch ein bisschen besonders" (9,66,7).
   Marvin erzählt von „Sachen, wozu die meisten normalen Menschen sozusagen nicht in
   der Lage sind, wo man halt einfach coole Tricks macht, Sachen, auf die andere neidisch
   sein können" (9,64,15).

2. *Unterkategorie*
   Thema: „Spaß und Freude"
   Alle elf befragten Schüler sind begeistert vom Breakdance und der Meinung, viel Spaß
   und Freude am Breakdance zu haben.
   Matthias erzählt, „dass wir viel Spaß hatten und, dass viele Leute zum Auftritt gekom-
   men sind (0,2,4) und dass eigentlich alles am Tanzen Spaß macht" (0,3,29). Diego berichtet, dass ihm „die Coffee Mill auch sehr gefällt" (1,8,28). Kai gefallen die Moves die
   er jetzt beherrscht und dass er begeistert von Breakdance ist (2,18,16). Hierbei gefällt
   ihm vor allem, dass die Moves differenziert geschult werden können: „Und bei Breakdance ist es halt so, wir machen erstmal ganz einfach, beziehungsweise wir machen
   Übungen und dann werden die schwerer. Also wir gehen die langsam an und dann machen wir es immer besser und so schneller und so" (2,21,22). Auch aus Davids Äußerungen zu dem von ihm gemalten Bild lässt sich die freudvolle Assoziation mit dem
   Medium Breakdance ableiten: „Ich habe einen Jungen gemalt, der Breakdance tanzt und
   dem macht das schon sehr viel Spaß" (3,25,10). Und mir gefällt am Breakdance, „dass
   so im Kopf alles sich dreht und bewegt" (3,25,2). Flo bestätigt: „Ich finde Breakdance
   eigentlich cool, ist mal was Anderes im Gegensatz zu ganz normal Tanzen oder so oder
   andere Sportarten (4,30,16). Auch Marco fand den Breakdance Auftritt „sehr gut"
   (5,39,20). Ebenso Anton, welcher der Meinung ist beim Breakdance Auftritt „sehr viel
   Spaß" gehabt zu haben (6,45,28). Korbinian erzählt über das gemeinsame Tanzen und
   den Spaß, den sie dabei gehabt haben (7,53,4). Tom erwähnt, dass es beim Breakdance
   nichts gibt, das ihm nicht gefallen würde (8,59,21). Marlon berichtet, dass er Breakdance
   macht, „weil es ihm wirklich Spaß macht" (9,64,14). Marvin: „Es macht einfach Spaß.

Und wenn man das mit Kumpels macht, dann ist auch eigentlich noch mal cooler" (10,70,29).

Wirkungen auf die Kooperationsfähigkeit (B.f)

Thema: „Der Zusammenhalt in der Gruppe gefällt mir"
Sechs Kinder sind der Meinung, dass Breakdance förderlich für den Zusammenhalt ist.

Matthias erzählt, er würde seinem Freund schreiben, dass Breakdance was mit Gemeinschaft zu tun hat, dass man „jetzt nicht alleine ist" (0,2,25) und, dass ihm „der Zusammenhalt am Tanzen gefällt" (0,3,29). Diego berichtet, dass seine Freunde und er sich im Training gegenseitig geholfen haben (1,15,18). Kai nennt als Hauptaspekt seiner Freude am Tanzen „die Gruppe, weil alleine [ist er, Anm. d. V.] halt gerade nicht so gut" (3,20,16). Anton lobt die Gemeinschaft beim Breakdance: I: „Was gefällt Dir so sehr am Breakdance?" B: „Die Gemeinschaft" (6,46,31). Korbinian gefällt, dass sich die Kinder beim Breakdance gegenseitig anfeuern, bejubeln und unterstützen: „Und dass mich so alle anjubeln, dass wir dann gemeinsam zusammenhalten" (7,53,26). Korbinian ist der Meinung, dass durch Breakdance sein eigener Teamgeist gestärkt wird: „Und dann stärkt sich halt auch mein Teamgeist" (7,55,5). Tom erzählt, dass ihm am meisten gefällt, dass „man eine Gruppe ist und dass man zusammen tanzt und nicht jeder einzeln" (8,59,21). Marlon berichtet von einer generellen Aufgeschlossenheit der Breakdancer: „Vor allem so beim Breakdance ist es ja auch so, auch wenn du nicht so gut tanzen kannst, die meisten Breaker sind da voll offen und finden trotzdem, dass du deine Sachen gut machst. Und das stärkt auch dein Selbstbewusstsein. Dass du einfach nur, weil du noch nicht so gut bist, nicht ausgeschlossen wirst sozusagen" (9,66,22).

Begründung bzgl. der Wirkung auf die Kooperationsfähigkeit (B.g)

1. Unterkategorie
   Thema: „Wir helfen uns gegenseitig"
   Sieben Kinder sind der Meinung, dass Breakdance förderlich für die Kooperationsfähigkeit ist, weil sich die Kinder gegenseitig helfen und unterstützen.
   Matthias berichtet, dass man jetzt nicht alleine ist, weil man bei manchen Tricks eine Hilfestellung benötigt (0,2,26). Dies beschreibt auch Kai sowie, „dass man noch was lernt von den anderen" (2,20,19). Anton gefällt die Gemeinschaft beim Breakdance: „die Leute, die man halt unterstützen kann. Wenn man Hilfe braucht, also halt, kriegt man halt Hilfe" (6,46,31). Korbinian berichtet, dass er beim Erlernen des „Air Freezes" von anderen Schülern gestützt und gehalten wurde (7,55,12). Marlon erzählt, wie er sich mit seinem Freund gemeinsam verschiedene Powermoves, wie „Backflip" und „Sideflip" erarbeitet hat (9,63,7). Außerdem berichtet er von gegenseitiger Diagnostik und Beratung: „Und der hat auch immer geschaut, wenn er Fehler macht, dass man es verbessert und sowas" (9,63,27). Marvin: „Wenn man sich dann helfen kann. Und dann kann man schauen, was der andere kann und was man selbst nicht kann. Dann kann man von dem Anderen vielleicht noch was lernen oder so" (10,70,30). Außerdem berichtet er von der hohen Motivationswirkung, wenn ihn die Freunde anfeuern und unterstützen: „Wenn Kumpels dabei sind, kann man das einfach lernen, dass man, wenn man sich jetzt eigentlich nicht traut einen Trick vor allen zu machen, dass man das zum Beispiel übt.

Oder, dass die Kumpels einen anfeuern. Dadurch macht es einem auch mehr Spaß. Und wenn man dann den Trick nicht schafft oder so, dann ist es auch eigentlich nicht so schlimm" (10,73,15).

2. *Unterkategorie*
Thema: „Wir unterstützen uns gegenseitig indem wir uns „Moves" erklären".
Vier Kinder erklären sich gegenseitig Tanzbewegungen und Breakdance-typische „Moves".
Diego berichtet, dass sich seine Freunde und er beim Erlernen der Welle gegenseitig geholfen haben (1,16,2). Kai erzählt, dass er von einem anderen Schüler den „Baby Freeze" gelernt hat. Anton erzählt, dass man von den anderen auch sehr coole Moves lernt. Tom erklärt seinem kleinen Bruder Zuhause Breakdance Bewegungen (8,60,5). Marvin berichtet auch von gegenseitiger Hilfe beim Üben der Powermoves (10,69,26; 10,73,10).

Sonstige Wirkungen auf soziale Aspekte der psychosozialen Entwicklung (B.h)
Kai gefällt, dass man sich auf die anderen Teilnehmer der Breakdance Gruppe verlassen kann (2,10,23). Flo gefällt, dass sich die meisten verbessert haben, v. a. beim Solo, da sein Solo mit noch zwei weiteren Schülern als Gruppenleistung erarbeitet wurde (4,38,4). Marvin berichtet, dass ihm das Breakdance hilft, sein Durchhaltevermögen zu stärken: Wenn ein Trick nicht klappt, „dann einfach weitermachen und einfach schauen. Passt schon!" (10,72,6).

3.2.3 Zusammenfassung

<u>Kinderperspektive auf die physische Entwicklung</u>

Im Folgenden wird eine Zusammenfassung der Wirkung und ihrer Begründung von Breakdance bezüglich konditioneller und koordinativer Fähigkeiten aus der Kinderperspektive dargestellt.

Wirkung und Begründung bezüglich konditioneller Fähigkeiten (A.a)
Alle befragten Kinder sind der Meinung, ihre Kraftverhältnisse gesteigert zu haben.

- Fünf Kinder sind der Meinung, mehr Kraft in den Armen bekommen zu haben. Begründet wird dies v. a. durch das Ausführen und Üben der vielen Freezes, Handstände und Powermoves.
- Vier Kinder glauben, mehr Kraft im Rumpfbereich und Körperspannung bekommen zu haben. Begründet wird dies ebenfalls durch das viele Anspannen der Rumpfmuskulatur beim Üben der Freezes (v. a. Baby Freeze) und Powermoves.
- Zwei Schüler sind der Auffassung, mehr Kraft in den Beinen entwickelt zu haben. Begründet wird dies durch die vielen Sprünge die in Vorbereitung der Powermoves ausgeführt werden.

Wirkung und Begründung bezüglich koordinativer Fähigkeiten (A.b)

Sechs Schüler berichten davon, dass sie sich insgesamt geschickter fühlen. Konkretisiert wird dies von vier Schülern:

- Drei Schüler berichten, dass sich ihre Koordination unter Zeitdruck verbessert habe, weil sie nun entweder schneller rennen können oder ihre Beine schneller zur Musik bewegen können. Begründet wird dies zum einen durch das generell viele Üben. Zum anderen durch das viele sich zur Musik Bewegen.
- Ein Schüler berichtet von einer verbesserten Gleichgewichtsfähigkeit. Begründet wird dies durch das viele Üben der verschiedenen Handstandvariationen.

Sonstige Wirkungen (A.c)

Ein Schüler berichtet von einer gesteigerten Fähigkeit, nun seine Arme bewegen zu können. Wahrscheinlich ist hier der Aspekt der „Isolation" gemeint, da dies gezielt für einige Tanzbewegungen geübt wurde.

Zwei Schüler berichten über den Aspekt der allgemeinen Fitness, sowie den hohen Aufforderungscharakter des Akrobatischen Anteils, den Breakdance mit sich bringt.

Kinderperspektive auf die psychosoziale Entwicklung: personale Aspekte

Wirkung in Bezug auf sportartspezifische Selbstwirksamkeit (B.a)

Zehn Schüler sind der Meinung, dass Breakdance eine positive Wirkung auf ihre sportartspezifische Selbstwirksamkeit hat.

Drei Schüler erzählen, dass sie sich nun trauen zu tanzen. In allen drei Fällen werden im privaten Umfeld der Schüler „Tanzbattles" initiiert und durchgeführt. Alle anderen Schüler berichten von Tanzschritten/Kombinationen/Moves, die sie gelernt haben und nun umsetzen können.

Begründung bzgl. der Wirkung auf sportartspezifische Selbstwirksamkeit (B.b)

1. *Unterkategorie:*
   Zehn Schüler begründen ihre gesteigerte sportartspezifische Selbstwirksamkeit damit, dass sie nun in der Lage sind, einige Breakdance-spezifische Bewegungen ausführen können. Überwiegend werden hier die Powermoves „Coffee Mill", „Worm", „Air"- oder „One Hand Freeze" „Air Swipe", die Footworks „Two Step", „Three Step", „Six Step" sowie die Freezes „Baby Freeze" und „Elbow Freeze" genannt. Vereinzelt werden Top Rocks aufgezählt.
2. *Unterkategorie:*
   Vier Schüler begründen ihre gesteigerte Selbstwirksamkeit im Breakdance dadurch, dass sie der Meinung sind, generell besser im Tanzen geworden zu sein.

Wirkung in Bezug auf allgemeine Selbstwirksamkeit (B.c)

Sechs Schüler sind der Meinung, insgesamt selbstbewusster geworden zu sein, seitdem sie Breakdance betreiben. Fünf Schüler erzählen davon, dass ihnen der „Battle" und „Circle" Mut gemacht habe, da sie sich nun in der Lage sehen, sich vor anderen Kindern darzustellen. Ein Schüler berichtet davon, dass er sich darüber hinaus sportlich gesehen nun mehr trauen würde. Er sei nun in der Lage im Schwimmbad vom 3-Meter Turm zu springen.

Begründung bzgl. der Wirkung auf allgemeine Selbstwirksamkeit (B.d)

1. *Unterkategorie:*
   Drei Schüler begründen ihr gesteigertes Selbstbewusstsein dadurch, dass sie sich insgesamt mehr trauen seit sie tanzen. Erklärt wird dies durch das Zurückstecken von Rückschlägen wie misslungene Tricks, dem Tanzen vor dritten oder dem guten Gefühl bei erfolgreichen Tricks und Powermoves.

2. *Unterkategorie:*
   Aus den Aussagen von sechs Kindern lassen sich Rückschlüsse auf die positive Entwicklung der Selbstwirksamkeitserwartung schließen. Diese Kinder sind nämlich der Meinung, dass Breakdance auch für die Entwicklung des Selbstbewusstseins anderer Kinder gut sei.
   Vier Kinder zählen andere Kinder auf, die sich (genau wie sie) vermeintlich nach dem Schulhalbjahr mehr zutrauen würden. Lediglich ein Schüler hat die Meinung, dass Breakdance etwas für mutigere Persönlichkeiten wäre. Ein weiteres Kind beschreibt seine differenzierte Sichtweise bezüglich der Entwicklung der Selbstwirksamkeit: Einfacher sei es Breakdance zu lernen, wenn man schon selbstbewusst ist. Wenn man aber noch nicht selbstbewusst ist, kann man es – seiner Meinung nach – auf jeden Fall durch Breakdance werden. Diese Aussage deckt sich mit dem bisherigen, in 2.1.2.1 beschriebenem Forschungsstand zur Wirkungsforschung.

Sonstige Wirkungen auf personale Aspekte (B.e)

Zwei Kinder äußern sich positiv zum Aspekt (Selbst-)Motivation: Es zeigt sich, dass Breakdance den Kindern hilft, sich zu motivieren, ihren Alltag aktiver zu gestalten und mehr Bewegung in ihre Freizeit zu bringen. Zwei Kinder berichten vom Stolz, den sie verspüren, bestimmte Bewegungen umsetzen zu können, die sie nicht als alltäglich definieren. Alle elf befragten Kinder berichten von einem hohen Maß an Begeisterung, Spaß und Freude, die sie mit dem Medium Breakdance verbinden. Begründet wird dies durch das Gestalten von Auftrittssituationen, dem Schaffen von schlüssigen Übungssituationen, der subjektiv wahrgenommen verbesserten Eigenrealisation, und dem als angenehm empfundenen sozial kooperativen Aspekt der Sportart Breakdance.

Kinderperspektive auf die psychosoziale Entwicklung: soziale Aspekte

Wirkung in Bezug auf die Kooperationsfähigkeit (B.f)

Sieben Kinder sind der Meinung, dass Breakdance förderlich für die eigene Kooperationsfähigkeit sowie für die soziale Verantwortung ist. Den Schülern gefällt sowohl das Tanzen in der Gemeinschaft als auch der individuelle Aspekt, den Breakdance bietet. Die Schüler berichten, dass es ihnen gut gefällt, unabhängig ihres tänzerischen Leistungsvermögens, in die Gruppe integriert zu werden und anderen Kindern dabei zu helfen, indem sie sich gegenseitig bei Lernprozessen unterstützen.

Begründung bzgl. der Wirkung auf die Kooperationsfähigkeit (B.g)
Sieben Kinder begründen die positive Wirkung auf die Kooperationsfähigkeit damit, dass sie sich beim Lernen der Bewegungen gegenseitig unterstützen.

Dies geschieht sowohl in Form von gegenseitigen Hilfestellungen als auch in Form von Diagnostik und Beratung. Vier Kinder berichten, dass sie von anderen Kindern komplette Bewegungen gelernt haben oder anderen Kindern etwas beigebracht haben. Überwiegend lassen sich diese Äußerungen auf das Lernen von Powermoves zurückführen.

Sonstige Wirkungen auf soziale Aspekte (B.h)
Zwei Kinder nennen empathische Aspekte wie Freude für die anderen, als auch Freude über die Verlässlichkeit der anderen Kinder.

3.3 Zusammenfassende Beantwortung der Fragestellungen

Im folgenden Abschnitt erfolgt die Beantwortung der Fragestellung untergliedert nach physischen und psychischen Aspekten. Die Hauptfragestellungen[8] werden, aus Sicht der quantitativen Ergebnisse, und die Nebenfragestellungen[9], aus Sicht der qualitativen Ergebnisse, beantwortet. Der Abschnitt gliedert sich in die Bereiche physische (Abschnitt 3.3.1) und psychosoziale (Abschnitt 3.3.2) Entwicklung. Dabei werden die Ergebnisse – in Anlehnung an Abschnitt 2.2 – in Gegenüberstellung der objektiven bzw. intersubjektiven Perspektive

---

[8] Hauptfragestellungen (vgl. Abschnitt 2.1): Unterscheiden sich Kinder der Unterstufe (5.–7. Klasse), die den Schulsport Breakdance regelmäßig und mindestens ein Schulhalbjahr betreiben (Interventionsgruppe), im zeitlichen Verlauf überzufällig von Kindern, die nicht Breakdance im Schulsport, sondern entweder eine andere Schulsportart regelmäßig und mindestens ein halbes Schuljahr betreiben (Aktiv-Vergleichsgruppe) oder ggf. keinen organisierten Sport regelmäßig ausüben (Null-Kontrollgruppe):

1. im Bereich der *physischen Entwicklung* hinsichtlich:
    - der Koordination bei Präzisionsaufgaben
    - der Koordination unter Zeitdruck
    - der Kraftausdauer im Rumpfbereich
    - der Kraftausdauer in den oberen Extremitäten
    - der Schnellkraft in den Beinen
2. im Bereich der *psychosozialen Entwicklung* hinsichtlich:
    - der sportartbezogenen Selbstwirksamkeit
    - der allgemeinen Selbstwirksamkeit
    - der Kooperationsfähigkeit

[9] Nebenfragestellungen (vgl. Abschnitt 2.1):

1. im Bereich der *physischen Entwicklung*:
    - wie schätzen Kinder die Wirkung von Breakdance auf die physische Entwicklung ein
    - wie begründen Kinder ihre Einschätzungen bezüglich der Wirkung von Breakdance auf die physische Entwicklung
2. im Bereich der *psychosozialen Entwicklung*:
    - wie schätzen Kinder die Wirkung von Breakdance auf die psychosoziale Entwicklung ein
    - wie begründen Kinder ihre Einschätzungen bezüglich der Wirkung von Breakdance auf die psychosoziale Entwicklung

der quantitativen Untersuchung und der subjektiven Perspektive der qualitativen Untersuchung gebracht, und miteinander in Beziehung gesetzt.

3.3.1 Antworten im Bereich der physischen Entwicklung

Wirkung von Breakdance auf konditionelle und koordinative Fähigkeiten:

Beantwortung der Hauptfragestellung
Kinder, die regelmäßig Breakdance betreiben, unterscheiden sich hinsichtlich ihrer Entwicklung der motorischen Leistungsfähigkeit überzufällig von Kindern, die nicht Breakdance im Schulsport betreiben. Die Kinder der Breakdance-AG schneiden bei fast allen Vergleichszeiträumen hinsichtlich der untersuchten Merkmale (Kraftausdauer im Rumpfbereich und den oberen Extremitäten, Schnellkraft in den Beinen, Koordination bei Präzisionsaufgaben und unter Zeitdruck) besser ab, als die Kinder der beiden Vergleichsgruppen Aktiv-Kontrollgruppe und Null-Kontrollgruppe. Signifikante Unterschiede lassen sich

- bei der Koordination unter Präzisionsdruck,
- der Schnellkraft in den Beinen,
- der Kraftausdauer in den oberen Extremitäten zeigen.

Bei der Koordination unter Präzisionsdruck zeigen sich hochsignifikante Interaktionseffekte zwischen Gruppe und Zeit sowie signifikante Zwischengruppenvergleiche zwischen Interventionsgruppe und beiden Kontrollgruppen. Bei der Schnellkraft in den Beinen zeigen sich ebenfalls signifikante Interaktionseffekte, welche untermauert werden durch signifikante Gruppenunterschiede (Post-Hoc-Test) zwischen der Interventionsgruppe und der Aktiv-Kontrollgruppe. Bei der Kraftausdauer in den oberen Extremitäten werden neben den hochsignifikanten Interaktionseffekten signifikante Zwischengruppenvergleiche zwischen Interventionsgruppe und Null-Kontrollgruppe deutlich, jedoch keine signifikanten Unterschiede zwischen der Interventionsgruppe und der Aktiv-Kontrollgruppe.

Lediglich inhaltlich bedeutsame Interaktionseffekte zeigen sich im Zwischengruppenvergleich beim Merkmal Kraftausdauer im Rumpfbereich und der Koordination unter Zeitdruck. Es werden signifikante Interaktionseffekte zwischen Gruppe und Zeit deutlich, der Post-Hoc-Test weist jedoch lediglich inhaltlich bedeutsame Unterschiede zwischen der Interventions- und der Aktiv-Kontrollgruppe bzw. zwischen der Interventions- und der Null-Kontrollgruppe auf.

Beantwortung der Nebenfragestellung
a) Subjektiv empfundene Wirkungen:
Fünf Kinder haben das Empfinden, durch das Breakdance-Training mehr Kraft in den oberen Extremitäten erlangt zu haben. Dieses Ergebnis deckt sich mit der quantitativen Untersuchung. Zwei Kinder fühlen sich schnellkräftiger in den Beinen. Dieses Ergebnis deckt sich mit den objektiv messbaren Ergebnissen der quantitativen Untersuchung. Hier zeigten sich signifikante Unterschiede zwischen Interventions- und Kontrollgruppen. Die Ergebnisse

der qualitativen Untersuchung konvergieren im Bereich der konditionellen Fähigkeiten mit den Ergebnissen der quantitativen Untersuchung, und bieten darüber hinaus einen komplementären Zugang zur Untersuchung.

Bezüglich des Merkmals „Kraftausdauer im Rumpfbereich" sind vier Kinder bei der mündlichen Befragung der Meinung, mehr Kraft im Rumpfbereich bekommen zu haben.

Im Bereich der koordinativen Fähigkeiten konvergieren die Ergebnisse der qualitativen Untersuchung nur vereinzelt mit den Ergebnissen der quantitativen Untersuchung. Lediglich ein Kind berichtet über das Gefühl einer gesteigerten Gleichgewichtsfähigkeit, obwohl das Ergebnis der quantitativen Untersuchung hoch signifikant ist. Allerdings berichten drei Schüler vom Gefühl der gesteigerten Koordination unter Zeitdruck. Die Ergebnisse der quantitativen Untersuchung weisen hier jedoch keine signifikante, sondern lediglich inhaltliche Bedeutsamkeit im Zwischengruppenvergleich zwischen Interventionsgruppe und Null-Kontrollgruppe auf.

b) Subjektive Begründungen:
Begründet wird die gesteigerte Kraftfähigkeit in den Armen mit dem ständigen Ausführen und Üben der „Baby-Freezes", Handstände und Powermoves. Die gesteigerte Kraftfähigkeit im Rumpfbereich wird durch das viele Anspannen der Rumpfmuskulatur, v. a. beim Üben der Freezes und Footworks begründet. Die gesteigerten Kraftfähigkeiten in den Beinen erklären sich die Kinder durch die vielen Sprünge und Hüpfer, die in Vorbereitung der Powermoves ausgeführt werden. Eine Verbesserung der Koordination unter Zeitdruck erklären sich die Kinder durch das Ausführen der vielen isolierten Beinbewegungen, die es gilt, unter Zeitdruck passend zum Beat der Musik, auszuführen. Allerdings divergieren diese Aussagen mit den quantitativen Ergebnissen, da hier lediglich Verbesserungen von inhaltlicher Bedeutsamkeit deutlich wurden. Die verbesserte Gleichgewichtsfähigkeit wird lediglich von einem Schüler durch das viele Üben der Handstandvariationen begründet. Auch hier divergieren die Aussagen mit den quantitativen Ergebnissen, da in dem Merkmal „Koordination unter Präzisionsdruck" Verbesserungen von statistischer Bedeutsamkeit nachweisbar wurden.

c) Sonstige Aspekte
Ein Schüler berichtet über den Aspekt der tänzerischen „Isolations", zwei Schüler erzählen vom Aspekt der „allgemeinen Fitness" sowie des hohen Aufforderungscharakters aufgrund der akrobatischen Anteile beim Breakdance.

3.3.2 Antworten im Bereich der psychischen Entwicklung

Die Beantwortung der Fragestellung wird untergliedert in den Bereich der personalen sowie den Bereich der sozialen Aspekte der psychosozialen Entwicklung.

Die deutlichsten Ergebnisse zeigen sich bei der personalen Entwicklung der psychosozialen Entwicklung. Die Gruppenzugehörigkeit spielt beim Untersuchungsmerkmal „sportartspezifische Selbstwirksamkeit" eine statistisch bedeutsame Rolle.

Personale Aspekte der psychosozialen Entwicklung

Wirkung von Breakdance auf die sportartspezifische Selbstwirksamkeit

1) Beantwortung der Hauptfragestellung
Die Ergebnisse der quantitativen Befragung des Merkmals „sportartspezifische Selbstwirksamkeit" liefern ein eindeutiges Ergebnis: In allen drei Erhebungen spielt die Gruppenzugehörigkeit eine statistisch bedeutsame Rolle. Die Entwicklung der Interventionsgruppe ist von statistischer Bedeutsamkeit im Vergleich zur Aktiv-Kontrollgruppe.

2) Beantwortung der Nebenfragestellung
a) Subjektiv empfundene Wirkung
Die Aussagen der mündlichen Befragung konvergieren mit den quantitativen Ergebnissen: Zehn Schüler sind der Meinung, dass Breakdance eine positive Wirkung auf ihre sportartspezifische Selbstwirksamkeit hat. Die Schüler berichten, dass sie sich nun generell in der Lage sehen, vor Zuschauern zu tanzen.

b) Subjektive Begründung
Zehn Schüler begründen ihre gesteigerte sportartspezifische Selbstwirksamkeit damit, dass sie sich in der Lage sehen, Breakdance-typische und -spezifische Bewegungen ausführen zu können. Überwiegend werden hier ausgewählte Footworks und leichtere Powermoves wie „Two Step", „Three Step", „Coffee Mill", „Baby-Freeze" oder „Elbow Freeze" genannt. Vereinzelt werden auch Top Rocks genannt. Vier Schüler sind der Meinung, über das Medium Breakdance hinaus generell besser im Tanzen geworden zu sein.

Wirkung von Breakdance auf die allgemeine Selbstwirksamkeit

1) Beantwortung der Hauptfragestellung
Die Ergebnisse der quantitativen Untersuchung liefern ein eindeutiges Ergebnis: Zunächst unterscheidet sich die Entwicklung des Untersuchungsmerkmals im t1/t2 Zeitraum lediglich zwischen der Interventions- und der Null-Kontrollgruppe signifikant. Im t2/t3 Zeitraum allerdings unterscheidet sich die Entwicklung im Vergleich mit beiden Kontrollgruppen sehr signifikant bzw. hoch signifikant zugunsten der Interventionsgruppe. Aufgrund des zunächst nicht signifikanten Anstiegs zwischen Interventions- und beiden Kontrollgruppen im t1/t2 Zeitraum, ist das Ergebnis im t1/t2/t3 Untersuchungszeitraum im Zwischengruppenvergleich „Post-Hoc-Test" lediglich zwischen der Interventions- und der Null-Kontrollgruppe hoch signifikant, jedoch nicht signifikant zwischen der Interventions- und der Aktiv-Kontrollgruppe.

2) Beantwortung der Nebenfragestellung
a) Subjektiv empfundene Wirkung
Die Aussagen der mündlichen Befragung konvergieren mit den Aussagen der quantitativen Untersuchung. Sechs Kinder äußern insgesamt selbstbewusster geworden zu sein, seitdem sie Breakdance betreiben. Fünf Kinder erzählen, dass sie sich nun trauen, sich vor anderen darzustellen und auszudrücken.

b) Subjektive Begründung
Drei Kinder begründen ihre gesteigerte Selbstwirksamkeit durch das Zurückstecken von Rückschlägen beim Üben von neuen Moves und Tricks, den Mut, den es bedarf sich zu trauen vor anderen zu tanzen, sowie den Erfolgserlebnissen beim Gelingen von Tricks oder Powermoves. Aus den Aussagen von sechs Kindern über den vermeintlich positiven Einfluss von Breakdance auch auf andere Kinder, lassen sich Rückschlüsse auf die offensichtlich positive Wirkung der Sportart auf die Selbstwirksamkeitserwartung ziehen. Ein Schüler äußert sich differenziert über den wechselseitigen Einfluss von Selbstwirksamkeit und sportlicher Leistung (vgl. Abschnitt 2.1.2.1): Einfacher sei es Breakdance zu lernen, wenn man schon selbstbewusst ist, man kann dies aber auch durch Breakdance werden.

c) Sonstige Aspekte
Zwei Kinder äußern sich positiv zum Aspekt (Selbst-)Motivation. Breakdance hilft diesen Kindern mehr Aktionismus in ihren Alltag zu bringen und ihre Freizeit aktiver zu gestalten. Zwei weitere Kinder berichten vom Aspekt „Stolz", den sie durch ihre Breakdance Fertigkeiten verspüren.

Alle elf befragten Kinder äußern ein hohes Maß an Begeisterung, Spaß und Freude, welches sie mit der Sportart Breakdance verbinden.

Soziale Aspekte der psychosozialen Entwicklung

Wirkung von Breakdance auf die Kooperationsfähigkeit

1) Beantwortung der Hauptfragestellung
Die quantitativen Ergebnisse zeigen, dass Kinder, die den Schulsport Breakdance betreiben, sich mit der Zeit von Kindern, die nicht Breakdance im Schulsport betreiben, hinsichtlich ihrer Kooperationsfähigkeit unterscheiden. Allerdings sind diese Unterschiede nur im t2/t3, t1/t3, t1/t2/t3 Untersuchungszeitraum lediglich zwischen der Interventionsgruppe und der Null-Kontrollgruppe signifikant. Die Entwicklung der Interventionsgruppe zeigt zwar die stärkste Veränderung, allerdings ist dieser Unterschied im Zwischengruppenvergleich zwischen der Interventions- und der Aktiv-Kontrollgruppe nicht von statistischer, jedoch von inhaltlicher Bedeutsamkeit.

2) Beantwortung der Nebenfragestellung
a) Subjektiv empfundene Wirkung
Die Aussagen der qualitativen Untersuchung konvergieren mit den Ergebnissen der quantitativen Untersuchung. So wird der positive Einfluss von Breakdance auf die Kooperationsfähigkeit von den Kindern durch deren Aussagen belegt und fundiert begründet. Sieben Kinder äußern direkt, dass Breakdance ihrer Meinung nach positiv für die Kooperationsfähigkeit sei. Den Kindern gefällt beim Breakdance, dass sie unabhängig ihres Leistungsvermögens in die Gruppe integriert werden.

b) Subjektive Begründungen
Begründet werden die positiven Wirkungen von Breakdance auf die Kooperationsfähigkeit primär durch die gegenseitige Unterstützung und Hilfestellungen sowie Diagnostik und Be-

ratung beim Erwerb der neuen Bewegungsformen. Dies geschieht v. a. beim Erwerb an neuen Powermoves. Vier Kinder erzählen, dass sie komplette Bewegungen von anderen Kindern gelernt bekommen haben, oder selbst anderen Kindern neue Bewegungen gelernt haben.

c) Sonstige Aspekte
Von zwei Kindern werden empathische Aspekte wie Freude für die anderen als auch Freude über die Verlässlichkeit der anderen Kinder in der Gruppe genannt.

4 Diskussion der Ergebnisse

In diesem Kapitel folgt eine Interpretation der Ergebnisse (Abschnitt 4.1) mit anschließender empirischer und theoretischer Einordnung in den Forschungsrahmen (Abschnitt 4.2). Zudem soll eine kritische Bewertung der eigenen empirischen Untersuchung (Abschnitt 4.3) und eine Einschätzung über den Mehrwert der Studie getroffen werden (Abschnitt 4.4).

4.1 Interpretation der Ergebnisse

Interpretation der Ergebnisse: physische Entwicklung

Die Ergebnisse der durchgeführten Studie zeigen, dass der Schulsport Breakdance die Kraftausdauer und die koordinativen Fähigkeiten verbessern kann. Es ist davon auszugehen, dass Breakdance die Koordination überdurchschnittlich verbessern kann. Dies kann aufgrund des signifikanten Ergebnisses im Merkmal Koordination unter Präzisionsdruck belegt werden. Breakdance ist hier als Sportart in besonderer Weise förderlich. Hier zeigen sich im Zwischengruppenvergleich signifikante Verbesserungen zu beiden Kontrollgruppen. Insofern kann dieses Ergebnis auf andere Breakdance AGs übertragen werden. Die Zuwächse im Bereich der Koordination unter Präzisionsdruck zeigen, dass Kinder beim Breakdance mit großer Motivation und hohem Einsatz – gerade im Battle – mit- und gegeneinander tanzen. Hierbei werden ständig Drehungen ausgeführt. Beim Ausführen von Tanzschritten im Stand, den Top Rocks, werden ständig kurze Freeze-Posen und -Haltungen eingenommen, um den Gegner entsprechend zu provozieren und, um sich entsprechend darzustellen. Dies geschieht häufig im Einbeinstand, aber auch im schnellen Wechsel des jeweiligen Standbeines. Hier zeigt sich eine positive Entwicklung, die – wie von Grupe (1975) gefordert – „absichtslos und nebenbei" erfolgt (Grupe, 1975, S. 22). Interessant ist, dass die Kinder diesen Fortschritt, wie sich in deren Äußerungen im Rahmen der qualitativen Untersuchung zeigt, nur vereinzelt wahrnehmen. Es berichtet lediglich ein Schüler von einer gesteigerten Gleichgewichtsfähigkeit, die er auf das viele Üben und Ausführen des „One Hand Freezes", dem einhändigen Armstand zurückführt. Allerdings berichten nahezu alle befragten Kinder vom hohen Spaß, Aufforderungs- und Motivationsgehalt, den das Medium Breakdance mit seinem Teilgehalt der Battles bietet. Diese Battles werden auch von den Kindern in ihrer Freizeit und Zuhause ausgeführt. Genau dies kann als Indiz dienen, dass die Kinder beim Breakdance in diesem Merkmal überdurchschnittlich „absichtslos und nebenbei" lernen, was sich aufgrund der vorherrschenden Signifikanzen zeigt.

Im Merkmal Kraftausdauer in den oberen Extremitäten schnitten Breakdance treibende Kinder im Leistungszuwachs wesentlich besser ab als Kinder beider Kontrollgruppen. Die Interaktionseffekte weisen signifikante Wirkungen nach. Somit kann die Hypothese, Breakdance fördere dies überdurchschnittlich belegt werden. Im Post-Hoc-Test zeigen sich signifikante Verbesserungen im Vergleich mit Kindern, die keinen organisierten Sport in ihrer Freizeit ausführen. Im direkten Vergleich schnitten die Breakdance treibenden Kinder jedoch nicht signifikant besser ab als die Aktiv-Kontrollgruppe, weil Kinder auch in anderen Sportarten einen Zuwachs an Kraftausdauer in den oberen Extremitäten verzeichnen können. Innerhalb der Interventionsgruppe deckt sich sowohl der quantitative und objektiv messbare Fortschritt mit den subjektiv empfundenen Wirkungen der Kinder: Fünf Kinder sind der Meinung, mehr Kraft in den Armen und den oberen Extremitäten bekommen zu haben. Begründet wird dies durch das viele Üben und Ausführen der „Baby Freezes", Handstände und Powermoves. Die Breakdance-Kinder haben zwar einen höheren Leistungszuwachs als die Kinder der Aktiv-Kontrollgruppe, allerdings unterscheiden sich die Werte, wie gerade bereits beschrieben, im Zwischengruppenvergleich „Post-Hoc-Test" nicht signifikant von denen der Aktiv-Kontrollgruppe. Dieses Ergebnis zeigt, dass die Sportart Breakdance zwar dienlich für die Entwicklung der Kraftausdauer in den oberen Extremitäten ist, aber nicht grundlegend dienlicher als andere Sportarten wie die der Aktiv-Kontrollgruppe. Bei den Sportarten Mountainbike und Handball herrscht auch ein Anforderungsprofil, welches eine Leistungssteigerung in diesem Merkmal erwarten lässt. Sowohl durch die Haltekraft im Arm-Schulterbereich beim Befahren von Single Trails mit dem Mountainbike als auch beim Athletik Training zur Steigerung der Wurfkraft im Handball, zeigt sich eine entsprechende physische Belastungsanforderung, wodurch sich die Leistungssteigerung der Aktiv-Kontrollgruppe erklären lässt. Allerdings wurde in der Interventionsgruppe Breakdance kein gezieltes Athletik Training vollzogen, sodass aufgrund der Leistungssteigerung angenommen werden kann, dass die Sportart Breakdance in diesem Merkmal ebenfalls „absichtslos und nebenbei" fördert.

Die Ergebnisse im Bereich der Schnellkraft in den Beinen zeigen, dass die in diesem Merkmal aufgestellte Hypothese belegt werden kann. Im Zwischengruppenvergleich „Post-Hoc-Test" stellen sich signifikante Verbesserungen zwischen der Aktiv-Kontrollgruppe und der Interventionsgruppe dar. Allerdings ergibt sich ein unklares Bild dadurch, dass sich die Kinder der Null-Kontrollgruppe auch entsprechend verbessert haben, sodass – zumindest im Post-Hoc-Test kein signifikanter Unterschied zwischen dieser und der Interventionsgruppe herrscht. Die Ursachen wurden vom Autor vielfach besprochen und eruiert. Festhalten lässt sich, dass eine Ursache in einer zeitlich, örtlich und situativ vorherrschenden Begebenheit liegen kann: Die Leistungserhebungen fanden zur Zeit des Sommerhalbjahres statt. In diesem Zeitraum wurde vom Lehrer der Null-Kontrollgruppe, aufgrund der anstehenden Sommerwettkämpfe und Bundesjugendspiele, sehr viel Athletiktraining durchgeführt, die auch entsprechendes Sprungkrafttraining beinhalteten. Die Kinder der Aktiv-Kontrollgruppe waren nicht in dieser Klasse und schnitten entsprechend schlechter ab als die Kinder der Interventionsgruppe und die Kinder der Null-Kontrollgruppe. Dies zeigt zum einen den großen Einfluss der Lehrkraft auf die Leistungsentwicklung der Schüler, zum anderen aber auch, dass es an der Sportart Breakdance liegen kann, dass sich Kinder überdurchschnittlich in diesem Merkmal entwickeln, da die Sprungkraft nicht explizit und gesondert – wie zeitweise bei der Null-Kontrollgruppe – trainiert wurde.

Auch in den Äußerungen der Kinder zeigen sich in diesem Bereich zudem subjektiv wahrgenommene Verbesserungen. Zwei Kinder sind der Meinung, mehr Kraft in den Beinen entwickelt zu haben und begründen dies mit den vielen Sprüngen und Hoch-Tief-Bewegungen, die in Vorbereitung zur Ausführung der Powermoves ausgeführt werden. Im Bereich „Kraftausdauer im Rumpfbereich" treten Signifikanzen auf, anhand der Mittelwertdifferenzen ist ersichtlich, dass die Interventionsgruppe stets die höchsten Leistungsfortschritte zu verzeichnen hat, auch wenn der Post-Hoc-Test lediglich einen Unterschied von inhaltlicher Bedeutsamkeit zeigt. Sicherlich lassen sich hier Rückschlüsse auf das Anforderungsprofil der Sportart ziehen: Vor allem bei den Footworks („Two Step", „Three Step") geht es darum, eine möglichst hohe Körperspannung zu halten, damit das Gesäß weit vom Boden entfernt ist. Bei allen Arten der Powermoves, in unserem Fall v. a. bei der „Coffee Mill", wird die Rumpfmuskulatur überdurchschnittlich beansprucht. Auch im schnellen Wechsel von Hoch-Tief-Bewegungen, v. a. im Wechsel zwischen Top Rocks und Down Rocks wird ebenfalls ein hohes Maß an Körperspannung benötigt.

Im Merkmal Koordination unter Zeitdruck schnitt die Interventionsgruppe leicht besser ab als die Kontrollgruppen. Statistisch gesehen ist dieser Unterscheid von inhaltlicher Bedeutsamkeit. Im direkten Zwischengruppenvergleich schnitten die Breakdance-Kinder besser ab als die Null-Kontrollgruppe. Dies zeigt, dass Kinder, die Breakdance betreiben, sich zwar in diesem Merkmal weiterentwickeln, allerdings kann dies aufgrund der mangelnden Signifikanz nicht auf andere Gruppen übertragen werden. Es zeigt aber auch, dass sich Breakdance ausübende Kinder, in diesem Merkmal nicht grundlegend anders entwickeln als Kinder, die einen anderen organisierten Sport wie Handball oder Mountainbike mit vergleichbarem Zeitaufwand betreiben. Sowohl Handball spielende als auch Mountainbike fahrende Kinder entwickeln sich in diesem Merkmal – aufgrund des jeweiligen sportartspezifischen Anforderungsprofils – vergleichbar wie die Kinder der Interventionsgruppe.

Allerdings zeigt sich durch die Äußerungen der Kinder auch, dass Breakdance – in der Wahrnehmung der Kinder – förderlich für den allgemeinen Aspekt der körperlichen Fitness ist, da gerade der akrobatische Anteil einen hohen Aufforderungscharakter bietet, was sich in den quantitativen Ergebnissen bestätigen lässt.

Fazit:
Es zeigt sich also, dass die im ersten Kapitel festgelegten Einschätzungen und Hypothesen im Bereich der Koordination unter Präzisionsdruck belegt werden können. Im Bereich Schnellkraft in den Beinen können die Hypothesen ebenfalls belegt werden. Im Bereich Kraftausdauer in den oberen Extremitäten wird die Nachhaltigkeit und Sinnhaftigkeit der Sportart Breakdance, „absichtslos und nebenbei" (Grupe, 1975) zu fördern, belegt. Im Bereich Kraftausdauer im Rumpfbereich zeigen sich lediglich Signifikanzen im Interaktionseffekt zwischen Gruppe und Zeit. Die Ergebnisse im Bereich der Koordination unter Zeitdruck verweisen deskriptiv in Richtung der im ersten Kapitel aufgestellten Hypothesen, allerdings kann die Wirkungsannahme, Breakdance verbessere diese beiden Merkmale überdurchschnittlich, aufgrund mangelnder Signifikanzen, nicht bestätigt werden.

Interpretation der Ergebnisse: psychosoziale Entwicklung
Die Ergebnisse der Untersuchung zur Entwicklung der psychosozialen Ressourcen liefern ein eindeutiges Bild. Diese werden im Folgenden diskutiert.

Personale Aspekte:
Die hoch signifikanten Ergebnisse hinsichtlich der sportartspezifischen Selbstwirksamkeit zeigen, dass Breakdance ein hohes Potential zur Förderung der sportartspezifischen Selbstwirksamkeit besitzt. Breakdance scheint im Setting Schule gute Rahmenbedingungen zu bieten, um die sportartspezifische Selbstwirksamkeit zu steigern. Zurückzuführen ist dieser

starke Leistungsanstieg zwar zum einen auf die Art und Weise des gestalteten Unterrichts, zum anderen aber definitiv auf die Sportart Breakdance, die ein geeignetes Setting bietet, den Unterricht auf entsprechende Weise durchzuführen (wie in Abschnitt 2.6. beschrieben), worauf in Abschnitt 4.2.2 noch genauer eingegangen wird. Dass ein Schulhalbjahr ausreicht, um eine signifikante Steigerung in diesem Merkmal zu erreichen, belegen nicht nur die Ergebnisse der quantitativen Untersuchung, sondern zeigt sich auch in den Äußerungen der Kinder: Alle befragten Kinder sind der Meinung, dass im Rahmen eines Breakdance Unterrichts förderliche Bedingungen existieren. Zehn Kinder berichten, dass sie sich nun in der Lage sehen, vor Zuschauern zu tanzen, und sich in der Lage sehen, sportartspezifische Bewegungen ausführen zu können. Außerdem zeigt sich, aufgrund der von den Kindern getroffenen Aussagen, dass Breakdance Kindern hilft, ihren Alltag aktiver und mit mehr Aktionismus zu gestalten. Auftritte werden als förderlich für die eigene Entwicklung wahrgenommen. Zuvor genannte Bedingungen können als Erklärung für die überdurchschnittliche Entwicklung dienen: Zunächst ist es für Jungen ungewohnt, zu tanzen oder sich vor Zuschauern tänzerisch darzustellen. Aufgrund der schnell zu erlernenden leichteren Powermoves „Coffee Mill", „Three Step" „Caterpillar/Worm" beginnen die Schüler sich zu trauen zu tanzen und sich darzustellen. Der hohe Darstellungsgehalt dieser Sportart ist ein gravierender Unterschied zu anderen Sportarten. Durch den hohen Aufforderungsgehalt sowie die gute Umsetzbarkeit einfacher Powermoves und Down Rocks bietet die Sportart Breakdance – in entsprechender Rahmengestaltung – eine gute Basis die sportartspezifische Selbstwirksamkeit zu verbessern und einen stärkeren Leistungszuwachs zu verzeichnen als dies bei anderen Sportarten möglich ist.

Die Ergebnisse im Merkmal „allgemeine Selbstwirksamkeit zeigen, dass v. a. im zweiten Erhebungsabschnitt eine starke Verbesserung im Bereich der allgemeinen Selbstwirksamkeit erfolgt ist. Da der Leistungsanstieg im zweiten Erhebungsabschnitt signifikant höher ist als der beider Vergleichsgruppen, kann die Aussage getroffen werden, Breakdance ist überdurchschnittlich förderlich für die allgemeine Selbstwirksamkeit. Allerdings muss ergänzend hinzugefügt werden, dass dieser Leistungsanstieg lediglich im t2/t3 Erhebungszeitraum im Vergleich mit beiden Kontrollgruppen signifikant ist. Betrachtet man den t1/t2/t3 Zeitraum, ist das Ergebnis nur zwischen der Interventionsgruppe und der Null-Kontrollgruppe signifikant. Dieses Ergebnis deutet darauf hin, dass es zunächst keinen Unterschied für die Entwicklung der Kinder in diesem Merkmal macht, ob sie Breakdance oder eine andere organisierte Sportart ausführen. Mit der Zeit werden jedoch Breakdance treibende Kinder vermeintlich über den Sport hinaus selbstbewusster als Kinder, die einen anderen Sport betreiben. Dies kann, wie bereits beschrieben wurde, an der darstellenden Komponente des Mediums Breakdance liegen. Kinder trauen sich zunehmend Dinge – nämlich das Tanzen vor Zuschauern – die sie sich vorher nicht zugetraut haben. Vor allem für Jungen ist es keine Alltäglichkeit vor anderen selbstbewusst zu tanzen und sich darzustellen.

Die Ergebnisse der quantitativen Untersuchung decken sich mit den Ergebnissen der mündlichen Befragung. Sechs Kinder erzählen insgesamt selbstbewusster geworden zu sein, seitdem sie Breakdance betreiben. Fünf Kinder erzählen, dass sie sich nun trauen, sich vor anderen darzustellen und auszudrücken. Dies dient als weiterer Beleg, dass das Medium Tanz förderlich für die Entwicklung der personalen Aspekte der psychosozialen Entwicklung ist.

Soziale Aspekte
Die Ergebnisse im Bereich der Kooperationsfähigkeit zeigen, dass Breakdance förderlich für die Entwicklung dieser ist. Dies belegen zum einen die quantitativen Ergebnisse zum anderen aber auch die getroffenen Aussagen der Kinder. Allerdings wird aufgrund des Zwischengruppenvergleichs im Post-Hoc-Test auch deutlich, dass sich die tanzenden Kinder in der Entwicklung ihrer Kooperationsfähigkeit nicht grundlegend von Kindern unterscheiden, die Mountainbiken oder Handball spielen. Dies ist ein nachvollziehbares Ergebnis, da Kinder, die gemeinsam regelmäßig mit dem Mountainbike Ausflüge unternehmen oder z. B. Single Trails befahren, sicherlich auch eine gute Basis haben, dieses Merkmal zu entwickeln. Die handballspielenden Schüler treffen sich ebenfalls regelmäßig zum Training oder für Freizeitaktivitäten, was auf eine positive Entwicklung der Kooperationsfähigkeit schließen lässt, sodass sich in diesem Bereich im Post-Hoc-Test eben keine signifikanten Unterschiede zwischen Interventions- und Aktiv-Kontrollgruppe nachweisen lassen.

4.2 Einordnung der Ergebnisse in den Forschungsrahmen

Im folgenden Abschnitt werden die Ergebnisse dieser Forschungsarbeit mit den Ergebnissen bisheriger Veröffentlichungen zum Thema Tanz und Breakdance abgeglichen.

4.2.1 Vergleich der Ergebnisse mit Resultaten anderer Studien

Übertragbare Studien zum Thema Tanz
Die Ergebnisse der – wie in Abschnitt 1.5 bereits erläutert – noch recht überschaubaren Anzahl an Forschungsarbeiten zum Thema Tanz im Setting Schule zeigen vergleichbare Ergebnisse wie die hier durchgeführte Studie.

Normative Äußerungen zum Thema Tanz wie „Tanzen fördert die motorische Koordination" (Gulden, 2011, S. 9) oder „Ziel von Breakdance ist die Umwandlung von Aggressivität in Kreativität" (Keim, 2002) sowie „Breakdance bietet einen weiteren Weg zur Auseinandersetzung mit Rhythmus, Kraft, Koordination und Beweglichkeit" (ebd.), oder die Aussage Klinges (2011) über das Potential des Mediums Tanz an „räumlichen, zeitlichen und dynamischen Strukturen" (Klinge, 2011, S. 2) können durch die Ergebnisse der vorliegenden Arbeit bestätigt werden. Auch verweisen die Äußerungen der Kinder in Richtung der dem – von Roscher (2017) – Tanz zugesprochenen Bildungspotentiale.

Da es zur Entwicklung der physischen Ressourcen im Bereich Tanz und v. a im Bereich Breakdance noch keine Untersuchungen und empirischen Befunde gibt, wird ein Vergleich dieser Studie mit den Ergebnissen anderer Studien zur Wirkungsforschung im Tanz im psychosozialen Bereich hergestellt. Die Ergebnisse der vorliegenden Studie decken sich weitestgehend mit den Ergebnissen von Reichel (2016), Volk (2014), Pavicic (2011) sowie Rissmann (2015).

Die Studie von Reichel (2016) belegt den positiven Einfluss von Tanz auf die Selbstwirksamkeitserwartung, Selbsterhöhung, Körperkontakt und auf die soziale Akzeptanz in der Gruppe. Die Ergebnisse dieser Studie stimmen somit im Merkmal „allgemeine Selbstwirksamkeit" mit der Studie von Reichel überein. Allerdings konnte Reichel eher moderate Effekte in diesem Merkmal nachweisen, dies deckt sich mit den Ergebnissen im t1/t2/t3 Untersuchungszeitraum der vorliegenden Untersuchung. Die Studie von Reichel wurde über drei Monate durchgeführt, wohingegen vorliegende Intervention sechs Monate andauerte. Eine Untersuchung zur „sportartspezifischen Selbstwirksamkeit" wurde von Reichel nicht durchgeführt. Im Bereich des sozialen Aspekts wurde von Reichel das „Selbstkonzept der sozialen Akzeptanz" untersucht und ein Anstieg in diesem Bereich nachgewiesen. Dies deckt sich mit dem Anstieg des in vorliegender Studie untersuchten Merkmals „Kooperationsfähigkeit". In Reichel (2016) wurden keine Untersuchungen im Bereich der physischen Ressourcen durchgeführt.

Die Ergebnisse von Volk (2014) belegen den positiven Einfluss von Tanz auf die Bildung von Selbstbewusstsein, vor allem durch das Vortanzen in der Gruppe. Ähnliche Ergebnisse liefert die Studie „Macht Breakdance stark?". Wie bereits oben beschrieben wurden positive Effekte im Merkmal „allgemeine Selbstwirksamkeit" sowohl durch die Ergebnisse der quantitativen Untersuchung als auch durch die Äußerungen der Kinder im Rahmen der qualitativen Untersuchung belegt. Allerdings fehlen auch bei Volk Untersuchungen zur physischen Wirksamkeit. Die Intervention der von Volk durchgeführten Studie dauerte ein Schuljahr, wohingegen die Breakdance Intervention lediglich ein halbes Schuljahr andauerte. Ergebnisse im sozialen Bereich liefert Volk in den Äußerungen der Bildung von sozialen Prozessen wie Teamfähigkeit und Zusammenhalt in der Gruppe. Das Merkmal „Kooperationsfähigkeit" wurde nicht explizit untersucht.

Die Ergebnisse von Rissmann (2015) beschreiben den Aspekt der „improvisatorischen Bewegungsgestaltung", und dadurch die Förderung von Selbsterfahrung und die „selbstbewusste Aussage über sich selbst". Auch hier lassen sich weitestgehend vergleichbare Ergebnisse im Bereich „Selbstwirksamkeit" finden. Allerdings gibt es auch hier keine explizite Untersuchung zur „sportartspezifischen Selbstwirksamkeit". Zum sozialen Aspekt liefert Rissmann keinen Beitrag. Der beschriebene Beitrag bezieht sich auf Tanz im Allgemeinen und nicht auf Breakdance.

Pavicic (2007) beschreibt das Medium „Hip-Hop" mit den Begriffen „Originalität", „Individualität", „Authentizität", „Freiheit". Aus den Äußerungen der Kinder im Rahmen der durchgeführten Studie „Macht Breakdance Kinder stark?" zeigen sich Übereinstimmungen zu Pavicic. Viele der befragten Kinder berichten vom Aspekt der „Originalität" und „Individualität".

Studien zum Breakdance

Die von Kauther et al. (2009) durchgeführte Studie beschäftigt sich mit sportmedizinischen Gesichtspunkten. Da die Studie „Macht Breakdance Kinder stark?" keine sportmedizinischen Betrachtungen beinhaltet, kann hier kein Vergleich hergestellt werden.

Die Studie von Senf und Senf (2007) setzt sich mit der Klassifizierung von Schwierigkeitsgraden im Breakdance auseinander. Auch hier kann kein Vergleich zur vorliegenden Studie hergestellt werden.

Die Autoren Kolb und Milleschitz (2015) beschreiben die Nähe des Mediums zu den Begriffen „Tanz", „Style", „hoher Trainingseinsatz", „Battles", „Faszination Powermove". In den Äußerungen der Kinder finden sich hier zahlreiche Übereinstimmungen zu den genannten Begrifflichkeiten. Die befragten Kinder berichten von Ihrem Spaß beim Tanzen sowie von der Faszination, die Powermoves und damit verbundene und durchgeführte „Battles" beinhalten.

Studien zur Wirkungsforschung von zusätzlichem Sportengagement im Rahmen von Sport nach 1

Liebl (2013) zeigt in seiner Studie „Macht Judo Kinder stark" sowohl Wirkungen im physischen als auch im psychosozialen Bereich der Entwicklung. Im Gegensatz zur Studie „Macht Breakdance Kinder stark" zeigen sich hier allerdings signifikante Wirkungen im Merkmal „Kraftausdauer im Rumpfbereich" und Wirkungen eher im sozialen Bereich der psychosozialen Entwicklung im Merkmal „Empathie" im t1/t2/t3 Vergleichszeitraum. Es lassen sich keine signifikanten Veränderungen im personalen Bereich nachweisen. In vorliegender Studie zum Breakdance lassen sich im konditionellen Bereich Wirkungen in den Merkmalen „Kraftausdauer in den oberen Extremitäten" und „Schnellkraft in den Beinen" nachweisen, und im Gegensatz zur Studie Liebl`s (2013) zeigen sich hier Wirkungen im personalen Bereich der psychosozialen Entwicklung. Unter Umständen ist – wie bereits zuvor beschrieben – in vorliegender Studie auch der dem Tanz innewohnende Aspekt der „Individualität" mit verantwortlich für die Entwicklung der Selbstwirksamkeit.

4.2.2 Einordnung der Ergebnisse in den theoretischen Rahmen

In diesem Abschnitt wird dargestellt, inwieweit die Ergebnisse in den zugrundeliegenden theoretischen Rahmen, welcher im ersten Kapitel erörtert wurde, eingeordnet werden können.

Einordnung im Bereich der physischen Entwicklung

Die quantitativen Ergebnisse der empirischen Untersuchung belegen die im ersten Abschnitt formulierte These zur potentiellen Wirkung von Breakdance auf koordinative Fähigkeiten[10], insbesondere auf die Fähigkeit Koordination unter Präzisionsdruck.

Die Aussage eines Schülers untermauert diese These. Aufgrund der geringen Anzahl an Äußerungen in diesem Bereich zeigt sich, dass Breakdance für die Kinder primär ein Sport ist, den sie mit Kraft und Schnellkraftfähigkeiten in Verbindung bringen und weniger mit koordinativen Aspekten. Lediglich ein weiterer Schüler ist der Meinung, sich nun geschickter „im Bereich seiner Arme" bewegen zu können, alle anderen Kinder sind der Meinung, insgesamt kräftiger oder schnellkräftiger geworden zu sein. Im Bereich der Koordination unter Zeitdruck stimmen die Ergebnisse nur bedingt mit den Thesen überein, da hier zwar ein Fortschritt erfolgt ist, allerdings nur im Vergleich mit der Null-Kontrollgruppe und

---

[10] Koordination:
Aufgrund der Notwendigkeit, sich möglichst schnell an sich ständig verändernde Situationen im „Battle", aber auch im Einzel- sowie Gruppentanz anzupassen, fördert Breakdance die Koordination bei Präzisionsaufgaben (insbesondere die Gleichgewichtsfähigkeit). Aufgrund von Prägnanz und expressiven Ausdrucks fördert Breakdance die Koordination unter Zeitdruck (vgl. Abschnitt 1.3).

nicht im Vergleich mit der Aktiv-Kontrollgruppe. Die Ergebnisse im Bereich der konditionellen Fähigkeiten stimmen im Bereich der Kraftausdauer in den oberen Extremitäten und der Schnellkraft in den Beinen[11] überein: Im Merkmal „Schnellkraft in den Beinen" lässt sich aufgrund des signifikanten Ergebnisses im Zwischengruppenvergleich der positive Effekt belegen. Allerdings haben Kinder, die ein explizites Schnellkrafttraining durchgeführt haben, ähnliche Leistungsfortschritte erzielt wie die Interventionsgruppe. Aufgrund des expliziten Trainings der Null-Kontrollgruppe lässt sich also die These, Breakdance fördere „absichtslos und nebenbei", im Merkmal Schnellkraft in den Beinen belegen. Im Merkmal Kraftausdauer im Rumpfbereich belegen – neben den quantitativen Ergebnissen – die Äußerungen der Kinder die in 1.3.3.3 formulierte These. Beim Erlernen von Powermoves wie der Coffee Mill, dem Ausführen eines Air Swipes, sämtlichen Möglichkeiten und Variationen an Handständen (z. B. One Hand Freeze, Two Hand Freeze) sind eine hohe „Ermüdungswiderstandsfähigkeit bei lang andauernden Kraftleistungen" (Frey & Hillenbrandt, 1994, S. 72) notwendig. Fünf Kinder sind der Meinung, mehr Kraft in den Armen bekommen zu haben. Begründet wird dies v. a. durch das Ausführen und Üben der vielen Freezes, Handstände und Powermoves, die im Rahmen des Trainings und der Auftritte durchgeführt wurden.

Im Merkmal Kraftausdauer im Rumpfbereich lassen sich ebenfalls Effekte nachweisen. Hier stimmen die quantitativen Ergebnisse aufgrund des lediglich inhaltlich bedeutsamen Zwischengruppenvergleichs bedingt überein. Die Äußerungen der Kinder über die subjektive Empfindung – und deren Begründung – untermauern allerdings den Leistungsfortschritt in diesem Merkmal. Vier Kinder sind der Meinung durch das viele Anspannen der Rumpfmuskulatur beim Üben der Freezes und Powermoves mehr Kraft im Rumpfbereich erlangt zu haben.

Einordnung im Bereich der psychosozialen Entwicklung: personale Aspekte und soziale Aspekte

Personale Aspekte
Die Ergebnisse der empirischen Untersuchung zu den personalen Aspekten der psychosozialen Entwicklung stimmen mit den genannten Thesen[12] überein. Aufgrund der hohen Signifikanz des Leistungsfortschrittes im Bereich sportartspezifische Selbstwirksamkeit kann

---

[11] Konditionelle Fähigkeiten:
   Breakdance fördert die Kraftausdauer in den oberen Extremitäten und im Rumpfbereich aufgrund des hier geforderten konditionellen Anforderungsprofils einer hohen Ermüdungswiderstandsfähigkeit bei lang andauernden Kraftleistungen, aufgrund der häufigen Belastungswiederholungen. Außerdem fördert Breakdance die Schnellkraft in den Beinen, aufgrund der in dieser Sportart geforderten Ausführungsgeschwindigkeit in den Beinen (vgl. Abschnitt 1.3).

[12] Breakdance kann die sportartbezogene Selbstwirksamkeit positiv wie auch negativ beeinflussen, da es individuell bedeutsame Rückschlüsse über die Wirksamkeit der eigenen Breakdance Fertigkeiten ermöglicht.
   Es ist durch die Grundsätze der Individualität, der Kommunikation, des Tanzes vs. Akrobatik und der damit verbundenen prozessorientierten, alternativen Bewertung eine Relativierung von Misserfolgen beim Lernen und Umsetzen von Powermoves möglich. Diese Grundsätze können daher einen positiven Einfluss auf Rückmeldungen und Ergebnisse für die Schüler haben, die nach ergebnisorientierter Sichtweise eher zu einem Abbau an sportartspezifischer Selbstwirksamkeit führen könnten (vgl. Abschnitt 1.3).

belegt werden, dass Breakdance die sportartspezifische Selbstwirksamkeit signifikant positiv beeinflusst. Aufgrund der von den Kindern getroffenen Aussagen lassen sich die Grundsätze der Individualität, der Kommunikation, des Tanzes vs. Akrobatik wiederfinden, die auch eine Relativierung von Misserfolgen beim Lernverhalten von Kindern mit sich bringt. Aus den Äußerungen der Kinder lässt sich schließen, dass sich die Kinder in der Lage sehen, vor Zuschauern zu tanzen, sich beim Umsetzen von einfacheren Powermoves kompetent fühlen sowie den Aspekt der Individualität beim Breakdance schätzen, da sie nun – in ihren Augen – insgesamt besser beim Tanzen geworden sind. Außerdem bestätigt sich der Aspekt der Kommunikation, da Kinder erzählen, sich gegenseitig bestimmte Bewegungen und Powermoves gelernt zu haben.

Im Bereich der allgemeinen Selbstwirksamkeit zeigt die empirische Untersuchung eine insgesamt moderate positive Entwicklung im t1/t2/t3 Untersuchungszeitraum, jedoch einen signifikanten Anstieg im t2/t3 Untersuchungszeitraum im Vergleich mit beiden Kontrollgruppen. Dies belegt die formulierte These[13] zur allgemeinen Selbstwirksamkeit. Aufgrund der getroffenen Aussagen der Kinder ist zu erkennen, dass sie sich in der Lage sehen, ausdauernd und mit größerer Anstrengung an Problemlösungen zu arbeiten: Kinder erzählen, dass sie sich nun – aufgrund des vielen Übens und Ausprobierens – mehr zutrauen als vorher. Außerdem berichten Kinder aus einer übergeordneten Perspektive heraus, dass es auch für die Entwicklung des Selbstbewusstseins anderer Kinder förderlich wäre, Breakdance zu betreiben. Es kann daher angenommen werden, dass Kinder in der Lage sind, ihre eigenen Leistungen und die Leistungen anderer Kinder einzuschätzen, was unter Umständen förderlich für die Entwicklung der eigenen Selbstwirksamkeit ist. In Abschnitt 1.3.3 wurden Forschungsbeiträge zur Sozialisation beschrieben, die mit dieser Forschungsarbeit einen weiteren Beleg für die Sozialisationswirkung von Sport erhalten. Durch die positive Entwicklung der Selbstwirksamkeit kann das Modell der sportbezogenen Sozialisation begründet werden. Die Ergänzungen Prohls (2018) zur Perspektive „zum" Sport, nämlich die drei Perspektiven „strukturierter Erfahrungsprozess", „freiwillige Zumutung eines Allgemeinen" sowie den „individuellen Wert der erworbenen Bewegungskompetenz für das Bildungssubjekt" (Prohl & Ratzmann, 2018) erfahren im Rahmen der durchgeführten Studie Gültigkeit, ebenso die Perspektive „durch" Sport: Die Ausbildung der Allgemeinbildung im Sinne Klafkis kann durch die positiven Ergebnisse im psychosozialen Bereich innerhalb der Sportart Breakdance als belegt gelten. Die von Koller (2012) beschriebenen „Krisen" können durch die Tanzform „Breakdance" – v. a. beim Erlernen von Powermoves – provoziert werden. Durch die Bewältigung dieser Krise findet beim Schüler eine Veränderung statt, was als bildender Vorgang verstanden werden kann. Nach Grundmann (2009) ist für Sozialisation grundlegend, dass Menschen miteinander interagieren und sich in ihrem Handeln wechselseitig aufeinander beziehen (Grundmann, 2009, S. 63; vgl. Abschnitt 1.3.1.2). Aufgrund der Aussagen der Kinder, gegenseitig voneinander gelernt zu haben, kann eine Sozialisationswirkung von Breakdance angenommen werden. In Abschnitt 1.3.3 wurde beschrieben, dass für eine potentielle Sozialisationswirkung von Breakdance eine ständige Auseinandersetzung zwischen der inneren (z. B. Breakdance-typische Voraussetzungen)

---

[13] Breakdance fördert die allgemeine Selbstwirksamkeit durch die Bereitschaft zur Bewältigung von größerer Anstrengung und Ausdauer durch eine größere strategische Flexibilität bei der Suche nach Problemlösungen sowie eine realistischere Einschätzung der Güte der eigenen Leistung (vgl. Abschnitt 1.3).

und äußeren Realität (z. B. soziale und Breakdance-typische Kontexte) stattfinden muss. Im Folgenden werden die Ergebnisse der Studie auf das Modell der Breakdance-bezogenen Sozialisation bezogen: Durch die Äußerungen der Kinder, gerne zu tanzen und sich zu trauen zu tanzen, kann das (längerfristige) Sportengagement im Bereich „Lebenslagen" als gewährleistet gelten. Im Bereich „Entwicklungsaufgaben" werden die Entwicklung motorischer, personaler und sozialer Komponenten dargestellt. In allen dieser drei Bereiche erfolgten, über die Zeit gesehen, durch die Teilnahme an der Breakdance AG erfreuliche Fortschritte. Der zweite Deutsche Kinder- und Jugendsportbericht rief zu einer differenzierten Kinder- und Jugendsportforschung auf, in der die einzelnen Sportarten berücksichtigt werden sollten (Gerlach & Brettschneider, 2008, S. 205 f.; vgl. Liebl, 2013, S. 29). In früheren Forschungsarbeiten (hier sollen die Forschungsarbeiten zum Tanz ausgeschlossen werden) wurden oftmals moderate bis positive Effekte von Sportengagement auf die Persönlichkeit angenommen (Liebl, 2013). Diese Tatsache kann – zumindest für das Betreiben von Breakdance innerhalb der Schule und für die Dauer eines halben Schuljahres – im personalen Bereich ergänzt werden. In der Studie zum Breadance wurden starke Wirkungen auf die Selbstwirksamkeit nachgewiesen, was sich mit früheren Forschungsarbeiten zum Thema Tanz deckt (vgl. Reichel, 2016; Volk, 2014, Rissmann, 2015) Ein möglicher Erklärungsansatz ist, dass mit Breakdance neben dem Aspekt „Sportengagement" auch der Aspekt „Musikengagement" innerhalb der Kategorie „Elemente der Lebensführung" verknüpft wird. Kinder setzen sich hier aktiv mit dem Thema Musik auseinander: sie entwickeln ein Gespür für Rhythmik, Harmonik und Melodieführung und versuchen diese erfahrene und gefühlte Musik durch ihre neu gelernten Bewegungen auszudrücken und sich in diesem Medium darzustellen. Somit sind sie gezwungen eine Art Musikgeschmack zu entwickeln und aktiv Musik zu hören, auf der Suche nach Beats, Rhythmen und Songs, zu denen sie der Meinung sind gut tanzen zu können. Außerdem gilt zu erwähnen, dass der kreative/gestalterische Aspekt durch die Sportart Breakdance gefördert wird, was sich wiederum sicherlich auf die allgemeine Selbstwirksamkeit positiv auswirken kann.

Soziale Aspekte
Die Ergebnisse der empirischen Untersuchung stimmen mit den in Abschnitt 1.3.3.3 formulierten Thesen[14] überein.

   Breakdance fördert die Kooperationsfähigkeit aufgrund der situativ vorherrschenden Perspektivenübernahme, Kommunikationsfähigkeit und der sozialen Verantwortung. Es hat sich gezeigt, dass Kinder gegenseitig als Hilfslehrer agieren und beim Erstellen einer Gruppenchoreographie miteinander kommunizieren, kooperieren, diskutieren und eine soziale Verantwortung empfinden, bei der Choreographie bzw. dem Auftritt einer Kleingruppe präsent zu sein. Dies belegen die Äußerungen der befragten Kinder: Kindern gefällt es, unabhängig ihres tänzerischen Leistungsvermögens, in die Gruppe integriert zu werden und anderen Kindern dabei zu helfen, indem sie sich gegenseitig bei Lernprozessen unterstützen. Außerdem werden empathische Aspekte wie Freude für die anderen als auch Freude über die Verlässlichkeit der anderen Kinder genannt. Allerdings relativiert das

---

[14] Breakdance fördert die Kooperationsfähigkeit durch die situativ vorherrschende Perspektivenübernahme, Kommunikationsfähigkeit und soziale Verantwortung (vgl. Abschnitt 1.3).

quantitative Ergebnis insofern, da gezeigt wird, dass Kinder, welche aktiv eine andere Sport-art ausüben (Mountainbike oder Handball), ähnlich kooperativ agieren wie Kinder, die Breakdance betreiben. Insofern können die Thesen zwar belegt werden, jedoch gilt es anzu-merken, dass Breakdance nicht signifikant mehr oder weniger förderlich für die Koopera-tionsfähigkeit ist, wie andere Sportarten wie z. B. Mountainbike oder Handball.

Dies mag daran liegen, dass ein Teil der Aktiv-Kontrollgruppe ebenfalls vom Autor der Studie unterrichtet wurde. Nach Reuker (2009) bestimmt die pädagogische Gestaltung das Ausmaß der sozialen Kompetenz (Reuker, 2009; vgl. Hermann, 2012). Dies belegt die Aus-sage Reukers, da sowohl im Breakdance Unterricht als auch im Mountainbike Unterricht v. a. Wert auf positive Rückmeldungen gelegt wurde. Positive Rückmeldungen sind nach Biemann (2005) ein wesentlicher Baustein der „Förderung psychosozialer Ressourcen" (vgl. Abschnitt 1.4.3.2), wodurch sich der positive Leistungsanstieg im Merkmal Kooperations-fähigkeit beider Sportgruppen erklären lässt.

4.3 Methodenkritik

In diesem Abschnitt soll eine kritische Reflexion der empirischen Untersuchung erfolgen.

Zunächst wird auf die Ergebnisse im Bereich der physischen Entwicklung eingegangen: Die Ausgangswerte der Null-Kontrollgruppe waren bei allen Merkmalen signifikant höher.

Ein möglicher Grund hierfür ist, dass sich einige der Schüler der Null-Kontrollgruppe bereits in der 7. Jahrgangsstufe befanden. Ein weiterer Grund ist möglicherweise, dass die Datenerhebung bei dieser Kontrollgruppe am Vormittag[15] stattfand, die Datenerhebung der Interventions- und Aktiv-Kontrollgruppen jedoch am Nachmittag[16] nach einem – möglich-erweise anstrengenden – Schultag.

Wie bereits bei Liebl (2013) beschrieben, ist der Tagesverlauf ein wesentlicher Faktor für die körperliche Leistungsfähigkeit der Kinder. Schläfrigkeit ist vormittags, zwischen 7–11 Uhr, und in den frühen Abendstunden, zwischen 16–20 Uhr, am geringsten. In der Mit-tagszeit, zwischen 13–15 Uhr, ist diese am stärksten ausgeprägt (Krajewski et al., 2011, S. 100; vgl. Liebl, 2013, S. 252).

Ein weiterer Aspekt ist, dass in der Gruppe mit ohnehin schon höheren Ausgangsleis-tungen im Sommerhalbjahr Athletiktraining, im Sinne eines Sprungkrafttrainings durch-geführt wurde. Dies verfremdet das Ergebnis im Merkmal „Schnellkraft in den Beinen", be-gründet den offensichtlich starken Leistungsfortschritt der Null-Kontrollgruppe und er-klärt den nicht signifikanten Zwischengruppenunterschied zwischen Interventions- und Null-Kontrollgruppe.

Gerade auch aus diesem Grund wäre es wünschenswert gewesen, die Untersuchung nicht nur über ein halbes Schuljahr, sondern über ein ganzes oder sogar über zwei Schul-jahre hinweg durchzuführen.

---

[15] Die Motoriktests der Null-Kontrollgruppe fanden am Vormittag im Rahmen des regulären Sportunterrichts zwischen 8:00 Uhr und 12:45 Uhr statt.

[16] Die Motoriktests der Interventions- und Aktiv-Kontrollgruppe fand im Rahmen der jeweiligen AGs zwischen 13:15 Uhr und 14:45 Uhr statt.

Im Merkmal „Balancieren unter Präzisionsdruck" war der Leistungsrückgang der Null-Kontrollgruppe zu beobachten. Möglicherweise liegt dies am recht guten Trainingszustand der Kinder zum Erhebungszeitpunkt t1, da die Erhebung hier unmittelbar vor dem in der 7. Klasse anstehenden Skikurs stattfand, und die Kinder im Sportunterricht hierfür ein entsprechendes Koordinationstraining absolviert hatten.

Im Bereich Kraftausdauer ließen sich signifikante Unterschiede im t2/t3-Untersuchungszeitraum feststellen. Es gilt daher anzunehmen, dass sich die körperlichen Veränderungen in diesem Merkmal erst zu einem späteren Zeitpunkt einstellen als die Veränderungen in den weiteren Untersuchungsmerkmalen. Es bleibt also weiterhin unklar, ob die Veränderungen weiterhin signifikant auftreten, oder sich eine Nivellierung einstellen würde. Ein zusätzlicher Aspekt ist, dass eine genaue Überwachung über vermeintlich nicht abgelegte Trainingseinheiten der Schüler der Null-Kontrollgruppe schwierig ist durchzuführen. Generell freut sich jeder (Sport-)Lehrer über ein Bewegungsengagement der Kinder. Es wurde im Rahmen der schriftlichen Befragung das Freizeitverhalten der Kinder abgefragt (siehe Abschnitt 2.2). Hier zeigten sich keine signifikanten Unterschiede der einzelnen Untersuchungsgruppen. Jedoch ist anzunehmen, dass sich Kinder, gerade in den Sommermonaten, am Nachmittag mehr im Freien bewegen als im Winter/Frühjahr. Daher wäre eine Untersuchung über einen längeren Zeitraum sinnvoll gewesen.

Gegebenenfalls wirkt sich das funktionelle Erwärmen der Interventionsgruppe entsprechend positiv auf das Untersuchungsergebnis aus. Die Kinder führten im Rahmen der spielerischen Erwärmung – wenn auch in überschaubarem Umfang - im Breakdance Unterricht Liegestützen, Kniebeugen und weitere Kräftigungsübungen zur funktionellen Erwärmung aus.

Zusätzlich wird der Einfluss des Lehrers thematisiert. Ziel der Studie war es, die Auswirkungen der Sportart Breakdance auf die Entwicklung der Kinder zu untersuchen und nicht den Einfluss der Art und Weise des gehaltenen Unterrichts auf die Entwicklung der Schüler. Jedoch ist es in der Praxis schwierig, hier eine klare Trennungslinie zu ziehen. Der Lehrer wird – nicht zuletzt durch seine Charakterzüge – Einfluss auf den Entwicklungsfortschritt der Kinder haben. Dies belegt die Untersuchung von Merzyn (2017): für einen guten Lernerfolg der Schüler sind die zwei Hauptmerkmale „unterrichtlich-fachliche Kompetenzen" und „Persönlichkeit, menschliche Eigenschaften und soziales Verhalten des Lehrers" entscheidend. Prohl (2017) beschreibt, dass „durch seine eigenen sozialen Einstellungen, Überzeugungen und sein persönliches Verhalten die Lehrkraft auf indirekte Weise ebenso erzieherisch wirksam werden kann, wie durch die Gestaltung einer Atmosphäre sozialen Wohlbefindens sowie die Auswahl sozialerzieherisch prägnanter Unterrichtsinhalte" (Prohl, 2017, S. 102). Diese Auswahl erfolgte entsprechend gezielt bei der Interventionsgruppe (siehe Abschnitt 2.6), allerdings nicht bei der Null-Kontrollgruppe und nur bedingt und indirekt bei der Aktiv-Kontrollgruppe. Dass der Einfluss der Lehrkraft ein nicht zu unterschätzender Aspekt auf den Lernerfolg, und dadurch auch auf die physische und psychische Entwicklung der Schüler ist, wird durch die Forderung der Kinder an die Sportlehrkraft deutlich. Kuhn (2007) beschreibt die Wünsche der Kinder: „Er soll beobachten, organisieren, vermitteln, helfen und sichern, als Schiedsrichter fungieren und motivieren können." (Kuhn, 2007, S. 468). Ergänzend sei hier erwähnt, dass die Studie von Heemsoth (2014) den direkten Zusammenhang zwischen Klassenführung und Motivation auch im Fach Sport belegt. Haag (2018) nennt die Bedingungsfaktoren „Kommunikation", „Präsenz", „Regulation" und „strukturierende Unterrichtsgestaltung" für eine (gelingende) Klassenführung. Hier können eventuell auch die – in Anlehnung an Schwarzer & Jerusalem (siehe Abschnitt 1.4.1.3) - (Art der) Rückmeldungen zugeordnet werden.

Daher wäre es gut gewesen, wenn die Null-Kontrollgruppe vom selben Lehrer wie die Interventions- als auch die Aktiv-Kontrollgruppe unterrichtet[17] worden wären.

Das Setting der durchgeführten Studie muss strenggenommen als „Setting einer Gruppe Breakdance mit einem bestimmten (Haupt-)Lehrer" beschrieben werden. Krisen beim Schüler, die zu einer Veränderung der physischen und psychosozialen Ressourcen geführt haben, können somit nicht zwangsläufig <u>nur</u> auf die Sportart Breakdance reduziert werden. Weitere krisenauslösende Situationen, die im Falle der Studie zu den Verbesserungen der beschriebenen Merkmale führten, könnten zum einen die (Art der) Aufgabenstellungen des Lehrers gewesen sein als auch die Persönlichkeitsmerkmale des Lehrers.

Ein zweiter Lehrer verbessert sicherlich den Lernfortschritt der Schüler, da differenzierter unterrichtet werden kann. In durchgeführter Intervention wurde vom Autor der Studie ein zweiter Breakdance Lehrer engagiert, welcher bei ca. jeder 2. Trainingseinheit anwesend war. Sicherlich findet auch daher ein motivational höchst ansprechender Unterricht statt, da sowohl der Autor der Studie als auch der 2. Breakdance Lehrer im Falle der Intervention sehr viel Zeit zusätzlich zum regulären Unterricht investiert haben, um so ein maximal positives Resultat zu erzielen. Es wäre für eine noch bessere Vergleichbarkeit und Objektivität der Studie daher wünschenswert, wenn in zukünftigen Forschungsarbeiten kein zweiter Lehrer in eine der Untersuchungsgruppen hinzugezogen werden würde.

4.4 Mehrwert der Studie

Bisher gab es keine Studie, die sich mit dem Schulsport Breakdance, und den resultierenden Auswirkungen beschäftigt hat. Nach Klinge (2014) gibt es bislang erst vereinzelt Abschlussarbeiten, Dokumentationen und Dissertationen, die sich dem Phänomen Tanz im Bereich kultureller Bildung empirisch annähern (Rissmann, 2015, S. 13). Die vorliegende Studie zeigt differenziert und detailliert, dass ein halbes Schuljahr Breakdance, Kinder physisch als auch psychisch positiv beeinflusst. Diese Fortschritte wurden detailliert in Abschnitt 3.3.1 dargestellt. Außerdem wird beschrieben, inwiefern ein Breakdance Unterricht initiiert werden könnte, um entsprechend positive Resultate zu erzielen. Darüber hinaus werden die direkten Zwischengruppenvergleiche mit den Sportarten Mountainbike und Handball hergestellt.

Mehrwert im Bereich der physischen Entwicklung
Zusammengefasst zeigt sich eine durchaus positive Entwicklung in allen Bereichen, die jedoch differenziert dargestellt werden muss. Signifikante Verbesserungen zeigen sich im Bereich Koordination unter Präzisionsdruck. Weitere signifikante Verbesserungen lassen sich

---

[17] Deutlich mehr als die Hälfte der Aktiv-Kontrollgruppe wurde vom gleichen Lehrer unterrichtet wie die Interventionsgruppe. Daher kann hier eine leichtere Vergleichbarkeit, bezogen auf die Sportarten im Besonderen hergestellt werden.

im Interaktionseffekt zwischen Gruppe und Zeit in den Untersuchungsmerkmalen Schnellkraft in den Beinen sowie bei der Kraftausdauer in den oberen Extremitäten nachweisen.
Im Zwischengruppenvergleich zeigen sich Signifikanzen mit jeweils einer der beiden Kontrollgruppen. Im Zwischengruppenvergleich zeigen sich Veränderungen von inhaltlicher
Bedeutsamkeit bei der Koordination unter Zeitdruck im Vergleich mit der Null-Kontrollgruppe und im Bereich Kraftausdauer im Rumpfbereich im Vergleich mit der Aktiv-Kontrollgruppe.

Mehrwert im Bereich der psychosozialen Entwicklung

Ein klares Bild zeigt sich im personalen Bereich der psychosozialen Entwicklung: Die Ergebnisse zeigen, dass die Interventionsgruppe Breakdance – bereits nach einem halben
Schuljahr – signifikant das Merkmal sportartspezifische Selbstwirksamkeit verbessert hat.
Auch die allgemeine Selbstwirksamkeit ist im Vergleich mit der Null-Kontrollgruppe signifikant angestiegen und hat sich im t2/t3-Zeitraum im Vergleich mit beiden Kontrollgruppen signifikant verbessert. Im Bereich der sozialen Entwicklung zeigt die Studie, dass Breakdance treibende Kinder besser kooperieren als Kinder, die keinen aktiven Sport ausüben.
Allerdings ist der Leistungsfortschritt zwar höher als der beider Vergleichsgruppen (auch
als der Fortschritt der Aktiv-Kontrollgruppe), jedoch im Vergleich mit der Aktiv-Kontrollgruppe nicht von signifikanter Bedeutung.

Darüber hinaus zeigt die Studie den Einfluss des Lehrers. Dies wird v. a. bei der psychosozialen Entwicklung deutlich. Bei der Interventionsgruppe wurden Methoden zur Förderung der psychosozialen Ressourcen (siehe Abschnitt 1.4.3) in das Unterrichtskonzept mit-
einbezogen. Vereinzelt wurden diese sicherlich auch – aufgrund der vorherrschenden
Lehrerpersönlichkeit – bei den Mountainbike-fahrenden Kindern der Aktiv-Kontrollgruppe angewendet. Dass insgesamt der Fortschritt der Interventionsgruppe nur von inhaltlicher Bedeutsamkeit ist – im Vergleich zur Aktiv-Kontrollgruppe – deutet darauf hin,
dass unter Umständen verstärkt die Mountainbike-Kinder und vermeintlich weniger die
Handball-spielenden Kinder Fortschritte in diesem Merkmal gemacht haben könnten. Die
Studie zeigt aber auch, dass sich Breakdance eignet, mit einem Konzept zur Förderung der
psychosozialen Ressourcen in Verbindung gebracht zu werden.

An dieser Stelle wird der Querverweis zu den in Abschnitt 1.3.3 dargestellten Beiträgen
zur (Selbst-)Bildung im Sport hergestellt: Wie bereits beschrieben, nehmen Kuhn, Leffler
und Liebl (2018) im Sinne eines relationalen Bildungsverständnisses an, dass „kindliche
Vorstellungen von Bildung ihren sprachlichen Äußerungen entnommen werden können"
(Kuhn et al., 2018, S. 366). Bildung stellt nach Meinung der Autoren eine Möglichkeit des
Sportunterrichts dar, in denen durch z. B. „kluge Arrangements Kindern die Möglichkeit
geboten wird, der Sache Sport und sich selbst in der Auseinandersetzung mit der Sache zu
begegnen und sich in dieser Begegnung zu verändern" (Kuhn et al., 2018, S. 388). Im Rahmen einer völlig neuen Erfahrung mit einer völlig neuen, für Kinder noch ungewohnten
Sportart Breakdance findet sicherlich eine Veränderung in verschiedensten Weisen bei den
Kindern statt. Nach Meinung der Autoren Kuhn et al. (2018) sind in Anlehnung an Koller
(2012) Krisenerfahrungen notwendig, um Bildungsprozesse zu initiieren. Nach Koller kann
im Sinne eines tranformatorischen Verständnisses dann von Bildung gesprochen werden,
„wenn Menschen in der Auseinandersetzung mit neuen Problemlagen neue Dispositionen

der Wahrnehmung, Deutung und Bearbeitung von Problemen hervorbringen, die es ihnen erlauben, diesen Problemen besser als bisher gerecht zu werden" (Koller, 2012, S. 15 f).

Diese krisenhaften Zustände wurden von den Kindern im Rahmen der geführten Interviews beim Erlernen von schwierigen Powermoves beschrieben sowie bei der anfänglichen Überwindung sich vor anderen darzustellen. Dem Standhalten von Rückschlägen beim Erlernen einiger Powermoves verdanken die Kinder ihre gesteigerte Selbstwirksamkeit. Belege für geschaffene Bildungsprozesse liefern weitere Äußerungen der Kinder: Sie berichten vom Aspekt der sozialen Verantwortung, dem gegenseitigen Helfen und Lernen, der positiven Erfahrung des „miteinander Kooperierens", den Aspekten Freude, Empathie, (Selbst-)Motivation, Stolz und Spaß, dem gesteigerten Selbstbewusstsein, der Fertigkeit zu tanzen sowie der gesteigerten Kraft und Koordination, was dem Medium Breakdance innewohnt. Außerdem hilft es ihnen, mehr Aktionismus in ihren Alltag zu bringen. Im Rahmen eines kategorialen Bildungsverständnisses wird von Kuhn und Laging (2018) aufgrund der Ausführungen zum Aspekt der Freiwilligkeit (Klafki, 1975, S. 52) dem Fach Sport ein hoher Bildungsgehalt zugeschrieben. Aufgrund der Äußerungen der Kinder, auf freiwilliger Basis zuhause Breakdance zu üben, können die im Rahmen dieser Studie getroffenen Aussagen die genannten Forschungsbeiträge untermauern. Auch der Aspekt der „Bildung zur Selbsttätigkeit und durch Selbsttätigkeit" (Lin-Klitzing, 2018) wird untermauert.

Der Wissenschaftler Nida-Rümelin sieht Bildung nicht als Gegensatz zur Ausbildung und ihren Sinn im Erwerb von Fertigkeiten. Er sieht im Sinne eines humanistischen Bildungsverständnisses den Menschen als Ganzes, als kognitives, ästhetisches, emotionales und ethisches Wesen. Bildung muss dementsprechend auf das Denken, Fühlen, Urteilen und Handeln gerichtet sein und sollte stets „auch Ausbildung von Vernunft, vernünftiger Überzeugungen, vernünftiger Praxis, vernünftiger Emotionen" sein (Nida-Rümelin, 2013, S. 100; vgl. Kettenis, 2014, S. 261). Die Äußerungen der Kinder über den Stolz, die Motivation, den Aktionismus, die gesteigerte Selbstwirksamkeit als auch über motorische Fähigkeiten deuten darauf hin, dass Breakdance mit den Forderungen eines humanistischen Bildungsverständnisses einhergeht. Der Aspekt der Individualität im Breakdance zeigt den Kindern zum einen, dass sie an einem Medium teilhaben können ohne dieses Medium in Perfektion zu beherrschen, aber dennoch ihre Leistungen durch Anstrengung verbessern und noch gezielter einsetzen können. Gerade durch diesen Aspekt der Individualität steht Breakdance für Toleranz einer weltoffenen Gesellschaft und kann im Sinne ganzheitlicher Bildung verstanden werden.

5 Schlussfolgerungen

In diesem Kapitel werden sowohl Ableitungen für die Praxis als auch Ableitungen für zukünftige Forschungsarbeiten erörtert.

5.1 Ableitungen für die Praxis

Im Folgenden werden auf den Ergebnissen der Studie basierende Empfehlungen für die Praxis dargestellt, untergliedert in die Bereiche physische und psychosoziale Entwicklung.

Empfehlungen zur physischen Entwicklungsförderung

Die Ergebnisse der Studie zeigen, dass Breakdance Kindern einen guten Einstieg bieten kann, sich mit dem Medium Tanz zu beschäftigen. Es zeigte sich, dass sich durch einen gezielten Breakdance Unterricht die konditionellen wie auch die koordinativen Fähigkeiten bei Kindern verbessern können. Der Unterricht sollte (wie in Abschnitt 2.6 beschrieben) stets in spielerischer Art und Weise erfolgen, um dem Anspruch der „Sache an sich" gerecht zu werden. Breakdance hilft Kindern sich, in deren Drang sich zur Musik zu bewegen, auszuleben, um „absichstlos und nebenbei" (Grupe, 1975) zu fördern. Durch Breakdance kann die Gleichgewichtsfähigkeit entsprechend verbessert werden, was einen Bereich widerspiegelt, der im regulären Sportunterricht oftmals vernachlässigt wird. Durch die Verbesserung der Schnellkraft in den Beinen sowie der Kraftausdauer in den oberen Extremitäten, bietet Breakdance eine gute Alternative für die Ausführung eines spielerischen Kräftigungsprogrammes. Wenn auch keine signifikanten Verbesserungen auftraten, so soll trotzdem die Verbesserung auch im Bereich der Koordination unter Zeitdruck und der Kraftausdauer im Rumpfbereich angesprochen werden. Auch hier bietet Breakdance ein gutes Setting, eine gewünschte Steigerung „absichtslos und nebenbei" zu kreieren.

Empfehlungen zur psychischen Entwicklungsförderung: personale Aspekte

Die Ergebnisse im Bereich der personalen Aspekte zeigen, dass Breakdance gute Voraussetzungen als Sportart bietet, die sportartspezifische Selbstwirksamkeit zu fördern. Sicherlich spielt hier die Art und Weise des gehaltenen Unterrichts eine Rolle für die positive Entwicklung. Rückmeldungen, Feedback und Ermutigungen sind wichtige Schlagworte, die im – v. a. für Jungen ungewohnten darstellenden Medium – von hoher Relevanz sind. Sind anfängliche Hemmungen überwunden, bietet Breakdance eine optimale Basis einen Einstieg und Lernerfolg im Bereich ästhetischer Bildung sowie im sportlichen Handlungsfeld „sich körperlich ausdrücken und Bewegungen gestalten/Gymnastik und Tanz" zu schaffen. Dass ein Übertrag auf die allgemeine Selbstwirksamkeit stattfinden kann, belegt das signifikante Ergebnis im t2/t3-Untersuchungszeitraum. Möglicherweise reicht ein halbes Schuljahr aus, um positive Entwicklungen in diesem Bereich nachzuweisen.

Begründungen für den positiven Verlauf liegen gegebenenfalls in dem in Abschnitt 1.4. beschriebenen Förderkonzept in Anlehnung an Sygusch (2007) und Biemann (2005). Es scheinen v. a. die positiven Rückmeldungen sowie Ermutigungen, vor allem nach anfänglichen Lernschwierigkeiten, entscheidend darüber zu sein, ob ein Lernerfolg stattfindet oder nicht. Außerdem hilft dies den Kindern, da der Lernerfolg subjektiv von ihnen bewertet wird. Hier bietet Breakdance einen gewissen Freiraum, da Breakdance Bewegungen bis zu einem bestimmten Schwierigkeitsgrad oft „normfrei" sind, was im Aspekt der „Individualität" verankert ist. Dadurch können Kinder ihre individualisierte Bewegungsform ausführen und durch entsprechende Rückmeldungen in ihrem Selbstwert, aber auch in ihrer Leistungsfreude gefördert werden. Eine weitere wichtige Erkenntnis der Studie für die Praxis ist die Entscheidungsfreiheit bei der Wahl der Musik. Somit sind die Kinder gefordert, Musikgespür zu entwickeln und sich mit dem Medium Musik auseinanderzusetzen.

Als Einstieg in den Lernbereich bieten sich – neben den Standard Top Rocks „India Rock" und „Salsa Rock" – einfachere Powermoves wie „Coffee Mill", „Monkey Flip", „Caterpillar/Worm", sowie Footworks wie der „Two Step", „Three Step", „Six Step" an. Wünschenswert hierfür wäre ein Lehrwerk für den Unterricht an Schulen, insbesondere für männliche Sportlehrer.

Breakdance kann auch als Einstieg in den Sport für Schüler wahrgenommen werden, die unter Umständen noch wenig Bezug zu traditionelleren Sportarten haben. Durch den kreativ/gestalterischen Ansatz der Sportart benötigt es keine überdurchschnittlichen Kraft- oder Koordinationsleistungen, wie es oftmals in anderen Sportarten der Fall ist.

Nach Äußerungen der Kinder gründet sich deren gesteigerte Selbstwirksamkeitserwartung zum einen darin, Rückschläge zu bewältigen, welche beim Erlernen von schwierigen Powermoves auftreten. Zum anderen aber auch durch den Breakdance innewohnenden Aspekt der Individualität, welcher sich dadurch zeigt, dass die Kinder in der Lage sind, sich durch die leicht zu erlernenden Top Rocks oder Footworks bzw. Powermoves (z. B. „Coffee Mill", „Two Step", „Three Step") vor anderen darzustellen und tänzerisch auszudrücken. Auch die im Rahmen der qualitativen Befragung getroffenen Aussagen der Kinder zeigen, dass Breakdance als sinnvolles Medium interpretiert werden kann, um Bildungsprozesse im Sinne eines kategorialen, transformatorischen und relationalen Bildungsverständnisses zu initiieren. Die hierfür von Koller (2012) im Sinne der transformatorischen Bildung geforderten Krisenerfahrungen, werden von den Kindern beim Erlernen von schweren Powermoves beschrieben sowie bei der anfänglichen Überwindung, sich vor anderen darzustellen. Belege für Bildungsprozesse im Sinne eines relationalen Bildungsverständnisses liefern weitere Äußerungen der Kinder: Sie berichten von Aspekten der sozialen Verantwortung, wie dem gegenseitigen Helfen und Lernen, und der positiven Erfahrung des Kooperierens. Außerdem erfahren die Kinder Freude, Empathie, (Selbst-)Motivation, ein gesteigertes Selbstbewusstsein, Stolz und Spaß. Zuletzt verbessern sich ihre Tanzfertigkeiten und ihre Leistungsbereitschaft.

Im Sinne der kategorialen Bildung sollte im Sportunterricht die Förderung von „Selbstbestimmungs-, Mitbestimmungs- und Solidaritätsfähigkeit" sowie „handfester" Kenntnisse, Fähigkeiten und Fertigkeiten erfolgen. Die Äußerungen der Kinder können dem entsprechenden Bildungsverständnis zugeordnet werden. Darüber hinaus werden die Beiträge von Kuhn et al. (2018) über Bildungsprozesse im Sportunterricht im Rahmen der Studie „Macht Breakdance Kinder stark?" untermauert und um die Sportart Breakdance ergänzt: „Kinder lernen, sich selbst und andere einzuschätzen, sie können ihr

Können, ihre Selbstwirksamkeitserwartung, Empathie-, Selbstbestimmungs- und Solidaritätsfähigkeit steigern, die Bereitschaft zur Selbstpräsentation entwickeln und stolz auf ihre im Sportunterricht erworbenen Kompetenzen werden" (Kuhn, Leffler & Liebl, 2018, S. 387).

Sozialer Bereich:
Die Ergebnisse im sozialen Bereich zeigen, dass Breakdance im Merkmal Kooperationsfähigkeit förderlich, jedoch statistisch gesehen nicht grundlegend förderlicher ist als andere Sportarten wie Mountainbike und Handball. Dieses Ergebnis darf dennoch als durchaus positiv bewertet werden. Die vielen Kurzchoreographien, die von den Schülern im Laufe der Trainingseinheiten erstellt werden sollten, sind sicherlich ein Grund für die trotzdem positive Entwicklung der Kooperationsfähigkeit. Kinder lernen hier sich in immer wieder neu zusammengestellten Kleingruppen einzubringen und zu kooperieren. Darüber hinaus ist das „Expertentraining" im Rahmen des Stationsbetriebes als durchaus förderlich anzusehen, da Kinder so explizit voneinander lernen können. Durch die am Stundenende ausgeführten „Battles" im Kreis, lernen Kinder nicht nur sich zu präsentieren, sondern auch die Leistungen der „Gegner" zu respektieren und wertzuschätzen.

5.2 Ableitungen für zukünftige Forschungsarbeiten

Es ergeben sich auf Basis der Studie weiterführende, spezifische Fragestellungen, die im folgenden Abschnitt dargelegt werden. Dieser gliedert sich in die Bereiche physische und psychosoziale Entwicklung.

Fragestellungen im Bereich der physischen Entwicklung
Zunächst soll hier die in Abschnitt 1.3. beschriebene „Pluralität der Sache" besprochen werden. Ob es letztlich alleine an der Tanzform Breakdance liegt, oder am (Gesamt-)Setting „Breakdance + Art der Aufgabenstellungen + Lehrerpersönlichkeit/-verhalten" kann abschließend nicht beantwortet werden. Es ist jedoch davon auszugehen, dass die Veränderungen in der Interventionsgruppe „Breakdance" in der Gesamtheit der zuvor genannten Faktoren begründet liegen.

Betrachtet man die eingetretenen Veränderungen stellt sich die Frage, ab wann und vor allem für wie lange sich diese in der Entwicklung der verschiedenen Gruppen ergeben. Längerfristige Untersuchungen wären hierfür wünschenswert. Im Merkmal „Kraftausdauer im Rumpfbereich" treten Signifikanzen erst im t2/t3-Zeitraum auf. Es entsteht hier die Frage, ob auch nach einem ganzen Schuljahr oder zwei Schuljahren in diesem Merkmal noch Signifikanzen auftreten würden. Unter Umständen würde sich längerfristig gesehen bei den Breakdance Bewegungen auch die Koordination unter Zeitdruck signifikant verbessern. Weitere Untersuchungen im Bereich Kraftausdauer in den oberen Extremitäten wären ebenfalls wünschenswert. Es ist – da die Breakdance Gruppe stets die höchsten Leistungszuwächse zu verzeichnen hat – anzunehmen, dass auch hier Signifikanzen im direkten Zwischengruppenvergleich mit der Aktiv-Kontrollgruppe auftreten würden. Im Merkmal

„Schnellkraft in den Beinen" wäre es interessant zu wissen, ob nach einem weiteren Interventionszeitraum Signifikanzen im Zwischengruppenvergleich mit der Null-Kontrollgruppe auftreten würden.

Ein essentieller Aspekt ist also die Frage der Nachhaltigkeit. Sind die nachgewiesenen Effekte – v. a. im Merkmal „Koordination unter Präzisionsdruck", „Schnellkraft in den Beinen", „Kraftausdauer in den oberen Extremitäten" kurzfristige Effekte, v. a. im direkten Vergleich mit der Null-Kontrollgruppe, und bedingt durch den Reiz des Neuen und Ungewöhnlichen, oder lassen sich Effekte auch mittel- bzw. langfristig nachweisen? Weitere Fragen ergeben sich aus dem Setting der durchgeführten Studie. Wünschenswert für weitere Forschungsvorhaben wäre es, wenn unterschiedliche Lehrer in unterschiedlichen Breakdance Gruppen unterrichten würden. So könnte – zumindest eher – belegt werden, dass die Verbesserungen in den jeweiligen Untersuchungsmerkmalen primär an der Tanzform Breakdance liegen und nicht in der Summe entstehen aus der Tanzform Breakdance, der (Art der) Aufgabenstellungen des Lehrers sowie den Persönlichkeitsmerkmalen des Lehrers.

Fragestellungen im Bereich der psychischen Entwicklung

Personaler Bereich:
Auftretende Fragestellungen betreffen hier die Aspekte der Nachhaltigkeit, und den Zeitpunkt der Datenerhebung. Die Befragung zu t3 fand unmittelbar an einem der nächsten Tage nach einem großen Auftritt statt. Unter Umständen wäre das hoch signifikante Ergebnis im Merkmal „sportartspezifische Selbstwirksamkeit" anders ausgefallen, wenn eine Befragung vor dem Auftritt stattgefunden hätte. Außerdem stellt sich erneut die Frage der Nachhaltigkeit. Begründet das hoch signifikante Ergebnis auf der neuen Erfahrung der tänzerischen Ausdrucksfähigkeit und flacht somit unter Umständen langfristig wieder ab, oder bietet Breakdance auch mittel- bzw. langfristig überdurchschnittliche Leistungszuwächse in diesem Merkmal.

Auch im Bereich der allgemeinen Selbstwirksamkeit wären längerfristige Untersuchungen wünschenswert, da im t2/t3-Zeitraum ein signifikanter Leistungszuwachs erfolgt ist, jedoch noch nicht im t1/t2-Zeitraum. Würde hier eine langfristige Steigerung über den Zeitraum von zwei oder mehr Schuljahren stattfinden, oder eher eine Anpassung? Je länger Breakdance betrieben wird desto schwerer werden die zu erlernenden Powermoves. Es wäre daher auch möglich, dass sich dies langfristig eher negativ auf die sportartspezifische und die allgemeine Selbstwirksamkeit auswirkt. Eine Untersuchung über die Dauer von zwei Schuljahren wäre daher interessant.

Weitere Fragestellungen ergeben sich aus dem zuvor beschriebenen Sachverhalt des Settings der durchgeführten Studie.

Sozialer Bereich:
Weitere Forschungsarbeiten könnten sich ergeben aufgrund einer Variation des Unterrichtskonzeptes: Entstehende Fragestellungen wären der Einfluss der vielen zu erstellenden Kurzchoreographien auf die Entwicklung der Kooperationsfähigkeit oder die vielen initiierten Battles am Ende der Stunde. Diese Fragen sind bisher noch nicht beantwortet, besit-

zen aber aufgrund der empirischen Beantwortung der Fragestellungen zu Breakdance im Schulsport eine hohe Relevanz, da die genannten Faktoren zur Gestaltung eines Settings Breakdance unmittelbare Nähe besitzen. In der Literatur findet man bereits Modelle, die die Voraussetzungen für ein lebenslanges (gesundheitsbezogenes) Sporttreiben beschreiben. Jedoch wird weder im Konzept „Foundational Movement Skills" (Hulteen et.al., 2018), noch im Modell der „Motorischen Basiskompetenzen" (Hermann & Gerlach, 2014) die „Bewegung zur Musik" bisher berücksichtigt. Es wäre also wünschenswert, wenn sowohl in zukünftigen Forschungsarbeiten als auch in zukünftigen Modellen zur Beschreibung der Voraussetzungen für ein lebenslanges, gesundheitsbezogenes Sporttreiben, der Bereich „Bewegung zur Musik" mehr Aufmerksamkeit erfahren würde.

Literatur

Aebli, H. (1997). *Grundlagen des Lehrens. Eine allgemeine Didaktik auf psychologischer Grundlage* (4. Aufl.). Stuttgart: Klett-Cotta.

Alfermann, D. & Strauss, B. (2001). Soziale Prozesse im Sport. In H. Gabler, J. R. Nitsch & R. Singer (Hrsg.), *Einführung in die Sportpsychologie; Teil 2: Anwendungsfelder* (S. 73-108). Schorndorf: Hofmann.

Aykut, A. (2009). *Tanzkurs Volume 10 – Breakdance*. Merenberg: Zyx Music.

Balz, E. (1997). Einführung: Wie pädagogisch soll der Schulsport sein? In E. Baltz & P. Neumann (Hrsg.), *Wie pädagogisch soll der Schulsport sein?* (S. 7-14). Schorndorf: Hofmann.

Balz, E. (2011a). Ansätze einer differenzanalytischen Forschungstheorie in der Sportpädagogik. In B. Gröben, V. Kastrub & A. Müller (Hrsg.), *Sportpädagogik als Erfahrungswissenschaft* (S. 128-132). Hamburg: Czwalina, Feldhaus.

Balz, E. (2011b). Perspektivisch unterrichten: Didaktisch-methodische Anregungen. In E. Baltz & P. Neumann (Hrsg.), *Mehrperspektivischer Sportunterricht. Didaktische Anregungen und praktische Beispiele* (S. 25-36). Schorndorf: Hofmann.

Balz, E. (2011c). Perspektiven als Bildungskategorien. In M. Krüger & N. Neuber (Hrsg.), *Bildung im Sport. Beiträge zu einer zeitgemäßen Bildungsdebatte* (S. 179-186). Wiesbaden: VS, Verlag für Sozialwissenschaften.

Barth, B. & Baartz, R. (2004). *Schwimmen. Modernes Nachwuchstraining*. Aachen: Meyer & Meyer.

Baur, J. & Braun, S. (2000). Über das Pädagogische in einer Jugendarbeit im Sport. *Deutsche Jugend, 48 (9)*, 378-386.

Becker, P (2001). Modelle der Gesundheit – Ansätze der Gesundheitsförderung. In S. Höfling & O. Gieseke (Hrsg.). *Gesundheitsoffensive Prävention als unverzichtbare Bausteine effizienter Gesundheitspolitik* (S. 41-53). München: Redaktion Politische Studien, Hanns-Seidel-Stiftung e.V. Atwerb-Verlag KG.

Beckers, E. (2000). Grundlagen eines erziehenden Sportunterrichts. In H. Aschebrock (Red.) (2000), *Erziehender Schulsport. Pädagogische Grundlagen der Curriculumrevision in Nordrhein-Westfalen* (S. 86-99). Bönen: Kettler.

Benner, D. (1995). *Studien zur Theorie der Erziehung und Bildung*. Weinheim: Beltz.

Benner, D. (2010). *Allgemeine Pädagogik. Eine systematisch-problemgeschichtliche Einführung in die Grundstruktur pädagogischen Denkens und Handelns (6. Aufl.)*. Weinheim, München: Juventa.

Berkemann, S. (2007). *Gestalten, Tanzen, Darstellen in Schule und Verein.* Aachen: Meyer & Meyer

Biemann, A. (2005). *„Ich glaub ich kann es schaffen": Selbstwirksamkeitserwartungen von Grundschülern im Sportunterricht.* Universität Bayreuth: Dissertation.

Bietz, J. (2018). Kategoriale Bildung als Formbildung in bewegungskulturellen Feldern. In P. Kuhn & R. Laging (Hrsg.), *Bildungstheorie und Sportdidaktik: Ein Diskurs zwischen kategorialer und transformatorischer Bildung* (S. 87-110). Wiesbaden: Springer VS.

Blomberg, C. & Neuber, N. (2015). *Männliche Selbstvergewisserung im Sport. Beiträge zur geschlechtssensiblen Förderung von Jungen.* Wiesbaden: Springer.

Blomberg, C. & Neuber, N. (2015). Darum Jungen! In C. Blomberg & N. Neuber (Hrsg.), *Männliche Selbstvergewisserung im Sport.* (S. 145-164). Wiesbaden: Springer.

Bös, K. (1999). Kinder und Jugendliche brauchen Sport! In N. Fessler, V. Scheid, G. Trosien, J. Simen & F. Brückel (Hrsg.), *Gemeinsam etwas bewegen! Sportverein und Schule – Schule und Sportverein in Kooperation* (S. 68-83). Schorndorf: Hofmann.

Bös, K. (2005). Motorische Kompetenzen – unverzichtbar für die Entwicklung von Kindern und Jugendlichen. *Haltung und Bewegung, 25* (4), 7-15.

Bös, K. (2006). Motorische Leistungsfähigkeit von Kindern und Jugendlichen. In W. Schmidt, I. Hartmann-Tews & Wolf-Dietrich Brettschneider (Hrsg.), *Erster Deutscher Kinder- und Jugendsportbericht* (2. Aufl., S. 85-108). Schorndorf: Hofmann.

Bös, K., Hänsel, F. & Schott, N. (2004). *Empirische Untersuchungen in der Sportwissenschaft. Planung – Auswertung - Statistik (2. Aufl.).* Hamburg: Czwalina.

Bös, K., Schlenker, L., Büsch, D., Lämmle, L., Müller, H., Oberger, J., Seidel, I. & Tittlbach, S. (2009a). *Deutscher Motorik Test 6-18 (DMT 6-18).* Hamburg: Czwalina.

Bös, K., Schlenker, L., Büsch, D., Lämmle, L., Müller, H., Oberger, J., Seidel, I. & Tittlbach, S. (2009b). *Beschreibung der Testaufgaben.* Zugriff am 14.01.2018 unter https://www.sport.kit.edu/dmt/downloads/Beschreibung_Testaufgaben2.pdf

Bös, K. (1999). Gesundheitsorientierte Sportprogramme im Verein. Analysen und Hilfen zum Qualitätsmanagement. Expertise im Auftrag des Deutschen Sportbundes. *Dvs-Informationen, 14 (2),* 34-38

Bortz, J. (2005). *Statistik für Human- und Sozialwissenschaftler* (6. Aufl.). Heidelberg: Springer.

Bortz, J. & Döring, N. (2006). *Forschungsmethoden und Evaluation.* Heidelberg: Springer.

Brettschneider, W.-D. & Gerlach, E. (2004). *Sportliches Engagement und Entwicklung im Kindesalter. Eine Evaluation zum Paderborner Talentmodell.* Aachen: Meyer & Meyer.

Brezinka, W. (1990). *Grundbegriffe der Erziehungswissenschaft. Analyse, Kritik, Vorschläge.* München: Reinhardt.

Brinkhoff, K.-P. & Sack, H.-G. (1996). *Einführung in die Kindheitsforschung.* Weinheim: Beltz.

Brinkhoff, K.-P. & Sack, H.-G. (1999). *Sport und Gesundheit im Kindesalter. Der Sportverein im Bewegungsleben der Kinder.* Weinheim: Juventa.

Bründel, H. & Hurrelmann, K. (1996). *Einführung in die Kindheitsforschung.* Weinheim, Basel: Beltz.

Büchner, P. & Fuhs, B. (1999). Zur Sozialisationswirkung und biographischen Bedeutung der Kindersportkultur. In W. Kleine & N. Schulz (Hrsg.), *Modernisierte Kindheit – sportliche Kindheit?* (S. 58-86). St. Augustin: Academia.

Bund, A. (2001). *Selbstvertrauen und Bewegungslernen: Studien zur Bedeutung selbstbezogener Kognitionen für das Erlernen (sport-)motorischer Fertigkeiten*: Schorndorf: Hofmann.

Burrmann, U. (2008). Sozialisationsforschung in der Sportwissenschaft. Bilanzierung und Perspektiven. In S. Nagel, T. Schlesinger, Y. Weigert-Schlesinger & R. Roschmann (Hrsg.), *Sozialisation und Sport im Lebensverlauf. Jahrestagung der dvs-Sektion Sportsoziologie in Kooperation mit der dvs Sektion Sportpädagogik vom 17.-19. September 2008 in Chemnitz (S. 23-30).* Hamburg: Czwalina.

Conzelmann, A., Schmidt, M., Valkanover, S. (2011). *Persönlichkeitsentwicklung durch Schulsport: Theorie, Empirie und Praxisbausteine der Berner Interventionsstudie Schulsport.* Bern: Hogrefe.

Ehni, H. (1977). *Sport und Schulsport. Didaktische Analysen und Beispiele aus der schulischen Praxis.* Schorndorf: Hofmann.

Elflein, P. (2018). Kategoriale Bildung. In P. Kuhn & R. Laging (Hrsg.), *Bildungstheorie und Sportdidaktik: Ein Diskurs zwischen kategorialer und transformatorischer Bildung* (S. 61-86). Wiesbaden: Springer VS.

Flammer, A. (1995). Developmental analysis of control beliefs. In A. Bandura (Ed.), *Self-efficacy in a changing society* (pp. 69-113), New York: Cambridge University Press.

Flick, U. (2008). *Triangulation. Eine Einführung* (2. Aufl.). Wiesbaden: Verlag für Sozialwissenschaften.

Fong Yan, A., Cobley, S., Chan, C. et al. (2018). The Effectiveness of Dance Interventions on Physical Health Outcomes Compared to Other Forms of Physical Activity: A Systematic Review and Meta-Analysis. *Sports Medicine, 48,* 933-951. https://doi.org/10.1007/s40279-017-0853-5

Gabler, H. (2000). Motivationale Aspekte sportlicher Handlungen. In H. Gabler, J.R. Nitsch, R. Singer, J. Munzert (Hrsg.), *Einführung in die Sportpsychologie* (S. 197-246). Schorndorf: Hofmann.

Gerlach, E. (2004). *Selbstwirksamkeitserwartungen im Fußball – Entwicklung eines neuen Messinstruments. Nachwuchsförderung im Kinder und Jugendfußball in Europa* (S. 212-227). Aachen: Meyer & Meyer.

Gerlach, E. & Brettschneider, W.-D. (2008). Sportengagement, Persönlichkeit und Selbstkonzeptentwicklung im Kindesalter. In W. Schmidt (Hrsg.), *Zweiter Deutscher Kinder und Jugendsportbericht. Schwerpunkt: Kindheit* (S. 193-206). Schorndorf: Hofmann.

Grundmann, M. (2009) Sozialisation – Erziehung – Bildung: Eine kritische Begriffsbestimmung. In R. Becker (Hrsg.), *Lehrbuch der Bildungssoziologie* (S. 61-83). Wiesbaden: Springer VS.

Grupe, O. (1975). *Grundlagen der Sportpädagogik.* Schorndorf: Hofmann.

Gruschka, A. (2018). Über die unerledigte kategoriale Bildung. In P. Kuhn & R. Laging (Hrsg.), *Bildungstheorie und Sportdidaktik: Ein Diskurs zwischen kategorialer und transformatorischer Bildung* (S. 49-60). Wiesbaden: Springer VS.

Gulden, E. (2016). *Tanzen mit Grundschulkindern.* Wiebelsheim: Limpert.

Haag, L. (2018). *Kernkompetenz Klassenführung.* Bad Heilbrunn: Klinkhardt.

Hagemann, N. Tietjens, M. & Strauss, B. (2007). Psychologie der sportlichen Höchstleistung. Grundlagen und Anwendungen der Expertiseforschung im Sport. *Sportpsychologie, 21* (3), 63-73

Hapke, J. (2017). Die Konsens-Position: Erziehender Sportunterricht. In J. Hapke, Erziehender Sportunterricht zwischen Anspruch und Wirklichkeit - eine differenzanalytische Untersuchung zur Umsetzung pädagogischer Perspektiven. Dissertation zur Erlangung des Doktorgrades (Dr. phil.). Zugriff unter https://nbn-resolving.org/urn:nbn:de:bvb:29-opus4-86465

Hartinger, A., & Lange, K. (2014). *Fachdidaktik für die Grundschule.* Berlin: Cornelsen.

Hartmann, B., & Methner, B. (2015). *Leipziger Kompetenzscreening für die Schule.* München: Reinhard.

Heitmeyer, W. & Hurrelmann, K. (1988). Sozialisations- und Handlungstheoretische Ansätze in der Jugendforschung. In H.-H. Krüger (Hrsg.), *Handbuch der Jugendforschung* (S. 47-70). Opladen: Leske + Budrich.

Heemsoth, T. (2014). Unterrichtsklima als Mediator des Zusammenhangs von Klassenführung und Motivation im Sportunterricht. *Psychologie in Erziehung und Unterricht, 61 (3)*, 203-215.

Hermann, C. (2012). Interventionsstudie PRimus - Psychosoziale Ressourcen im Jugendsport: Methoden und Ergebnisse der Evaluation der Programmdurchführung und Programmwirksamkeit. Dissertation zur Erlangung des akademischen Grades doctor philosophiae (Dr. phil.). Zugriff unter: https://nbn-resolving.org/urn:nbn:de: gbv:27-20120524-110010-4

Herrmann, C. & Gerlach, E., (2014). Motorische Basiskompetenzen. Zugriff am 04.03.2020 unter http://mobak.info

Hermann, C. & Sygusch, R. (2013). *PRimus - Psychosoziale Ressourcen im Kinder- und Jugendsport.* Hamburg: Feldhaus-Verlag.

Herrmann, T. (1976). *Die Psychologie und ihre Forschungsprogramme.* Göttingen: Hogrefe

Huelst, D. (2000). Ist das wissenschaftlich kontrollierte Verstehen von Kindern möglich? In F. Heinzel (Hrsg.), *Methoden der Kindheitsforschung. Ein Überblick über Forschungszugänge zur kindlichen Perspektive* (S. 37-58). Weinheim: Juventa.

Hulteen, R., Morgan, P.J.., Barnett, L.M., Stodden, D.F., Lubans, D.R. (2018). Development of Foundational Movement Skills: A Conceptual Model for Physical Activity Across the Lifespan. *Sports Medicine*, 48, 1533-1540. Zugriff unter https://doi.org/10.1007/ s40279-018-0892-6

Humboldt, W. von (1960). *Werke in fünf Bänden I, Schriften zur Anthropologie und Geschichte* (Hrsg. V.A. Flitner und K. Giel). Stuttgart: Cotta.

Hurrelmann, K. (1986). *Eine Einführung in die Sozialisationstheorie. Über den Zusammenhang von Sozialstruktur und Persönlichkeit.* Weinheim, Basel: Beltz.

Hurrelmann, K. (2002). *Einführung in die Sozialisationstheorie.* (8. Aufl.). Weinheim: Beltz.

Hurrelmann, K. (2006). Sozialisation. In D. H. Rost (Hrsg.), *Handwörterbuch Pädagogische Psychologie.* (3. Aufl. S. 729-740). Weinheim: Beltz.

Hurrelmann, K. & Bründel, H. (2002). *Einführung in die Kindheitsforschung (2. vollst. überarb. Aufl.).* Weinheim: Beltz.

ISB (2017). *Lehrplan Plus. Bayern.* Staatsinstitut für Schulqualität und Bildungsforschung München. Zugriff am 09.01.2018 unter http://www.lehrplanplus.bayern.de/uebergreifende-ziele/realschule

Kaufmann, N. (2015). Praxisprojekt „Jungenförderung durch Bewegung Spiel und Sport". In C. Blomberg & N. Neuber (Hrsg.), *Männliche Selbstvergewisserung im Sport.* (S. 145-164). Wiesbaden: Springer.

Kauther, M. D.; Wedemeyer, C.; Kauther, K.M.; Weidle, P.A.; Wegner, A.; Knoch, M. von. (2009). Breakdancer`s Headspin Hole. *Sportverletzung, Sportschaden, 23,* 52-53.

Keim, V. (2002). Breakdance – Vom Kampf zum Tanz. *Mobile, 4,* 24-25.

Kessler, S. & Jacot, B. (2005). *Break it.* Bundesamt für Sport: Mediathek.

Kettenis, L. (2014). *Sportlehrerkompetenzen – Status Quo und Handlungstheoretische Betrachtung.* Dissertation zur Erlangung des akademischen Grades doctor philosophiae (Dr. phil.). Zugriff unter https://nbn-resolving.org/urn:nbn:de:bsz:291-scidok-58139

Kibele, A. (2017). Wie werden sportliche Bewegungen erlernt? In V. Scheid & R. Prohl (Hrsg.). *Bewegungslehre.* (S. 43-78). Wiebelsheim: Limpert.

Kimminich, E. (2003). Tanzstile der HipHop Kultur. Bewegungskult und Körperkommunikation. Begleittext von 3Sat zu einer DVD. Zugriff am 17.09.2017 unter https://www.3sat.de/nano/cstuecke/51986/dvd.pdf

Klafki, W. (1951/2013). *Kategoriale Bildung. Konzeption und Praxis reformpädagogischer Schularbeit zwischen 1948 und 1952.* Bad Heilbrunn: Klinkhardt.

Klafki, W. (1992). Gedanken zu Grundfragen der Sportdidaktik. In R. Erdmann (Hrsg.), *Alte Fragen neu gestellt. Anmerkungen zu einer zeitgemäßen Sportdidaktik* (S. 11-25). Schorndorf: Hofmann.

Klafki, W. (2005). Bewegungskompetenz als Bildungsdimension. In R. Laging & R. Prohl (Hrsg.), *Bewegungskompetenz als Bildungsdimension.* Reprint ausgewählter Beiträge aus den dvs Bänden 104 und 120 (S. 15-24). Hamburg: Czwalina.

Klafki, W. & Braun, K.-H. (2007). *Wege pädagogischen Denkens. Ein autobiografischer und erziehungswissenschaftlicher Diskurs.* München, Basel: Ernst Reinhardt.

Klafki, W. (2013). *Kategoriale Bildung. Konzeption und Praxis reformpädagogischer Schularbeit zwischen 1948 und 1952. Herausgegeben und mit einer Einführung versehen von Christian Ritzi und Heinz Stübig.* Bad Heilbrunn: Klinkhardt.

Kleining, G. (1982). Umriss zu einer Methodologie qualitativer Sozialforschung. *Kölner Zeitschrift für Soziologie und Sozialpsychologie, 34 (2),* 224-253.

Klein-Heßling, J. & Drössler, S. (2003). Selbstwirksamkeitserwartung Teamfähigkeit. In M. Jerusalem, S. Drössler, J. Klein-Heßling & B. Röder (Hrsg.), *Skalendokumentation des Projektes "Förderung von Selbstwirksamkeit und Selbstbestimmung in der Schule (FoSS)"* (S. 20). Humboldt-Universität zu Berlin: unveröffentlichtes Manuskript.

Klieme, E. & Hartig, J. (2007). Kompetenzkonzepte in den Sozialwissenschaften und im erziehungswissenschaftlichen Diskurs. *Zeitschrift für Erziehungswissenschaft 10, Sonderheft 8*, 11-29.

Klinge, A. (2011). Kulturelle Bildung und Tanz. Zugriff am 15.02.2018 unter http://www.bpb.de/gesellschaft/kultur/kulturellebildung/60254/tanz?p=all# footnodeid9-9

Klöpper, V. & Lippert, L. (2014). *HipHop. Für Lehrer und Trainer ohne Tanzerfahrung.* Schorndorf: Hofmann.

Körner, S. (2012). Empirie als Sedativum. Sportpädagogische Vergewisserungen. In S. Körner & P. Frei (Hrsg.), *Die Möglichkeit des Sports. Kontingenz im Brennpunkt sportwissenschaftlicher Analysen* (S. 255-279). Bielefeld: Transcript.

Kokemohr, R. (2007). Bildung als Selbst- und Weltentwurf im Anspruch des Fremden. Eine theoretisch-empirische Annäherung an eine Bildungstheorie. In H.-Ch. Koller, W. Marotzki & O. Sanders (Hrsg.), *Bildungsprozesse* (S. 13-68). Bielefeld: transcript.

Kolb, M. & Milleschitz, C. (2015). Freestyle Bewegungskulturen. In J. Erhorn & J. Schwier (Hrsg.), *Die Eroberung urbaner Bewegungsräume: Sportbündnisse für Kinder und Jugendliche* (S. 31-46). Bielefeld: transcript.

Koller, H.-Ch. (2012). Einleitung: Der Grundgedanke einer Theorie transformatorischer Bildungsprozesse und deren Ort in der bildungstheoretischen Tradition. In ders., *Bildung anders denken. Einführung in die Theorie transformatorischer Bildungsprozesse* (S. 9-20). Stuttgart: Kohlhammer.

Krajewski, J., Mühlenbrock, I., Schnieder, S. & Seiler, K. (2011). Wege aus der müden (Arbeits-) Gesellschaft. *Zeitschrift für Arbeitswissenschaft, 65 (2)*, 97-115.

Krieger, C. (2008). Leitfaden-Interviews. In W.-D. Miethling & M. Schierz (Hrsg.), *Qualitative Forschungsansätze in der Sportpädagogik* (S. 45-64). Schorndorf: Hofmann.

Kuckartz, U. (2016). *Qualitative Inhaltsanalyse: Methoden, Praxis, Computerunterstützung.* Weinheim & Basel: Beltz Juventa.

Kuhn, P. (2007). *Was Kinder bewegt.* Berlin: Lit Verlag.

Kuhn, P. & Laging, R. (2017). *Bildungstheorie und Sportdidaktik: Ein Diskurs zwischen kategorialer und transformatorischer Bildung.* Wiesbaden: Springer VS.

Kuhn, P., Liebl, P., Leffler, T. (2018) Bildung im Sportunterricht aus der Kinderperspektive. In R. Laging & P. Kuhn (Hrsg.), *Bildungstheorie und Sportdidaktik* (S. 361-392). Wiesbaden: Springer.

Kunter, M., Schümer, G., Artelt, C., Baumert, J., Klieme, E., Neubrand, M., Prenzel, M., Schiefele, U., Schneider, W., Stanat, P., Tilmann, K.-J. & Weiß, M. (2003). *PISA 2000. Dokumentation der Erhebungsinstrumente.* Zugriff am 17.05.2010 unter http://e-doc.mpg.de/14414.

Kurz, D. (1992). Sport mehrperspektivisch unterrichten - warum und wie? In K. Zieschang & W. Buchmaier (Hrsg.), *Handbuch Schulsport* (S. 15-18). Schorndorf: Hofmann.

Kurz, D. (2000). Die pädagogische Grundlegung des Schulsports in Nordrhein-Westfalen. In Landesinstitut für Schule und Weiterbildung (Hrsg.), *Erziehender Schulsport. Pädagogische Grundlagen der Curriculumrevision in Nordrhein-Westfalen* (S. 9-55). Bönen: Kettler.

Kurz, D. (2009). Der Auftrag des Schulsports. In P. Brandl-Bredenbeck & M. Stefani (Hrsg.), *Schulen in Bewegung - Schulsport in Bewegung* (S. 36-51). Hamburg: Czwalina.

Kurz, D. (2010). Von der Vielfalt sportlichen Sinns zu den pädagogischen Perspektiven im Schulsport. In P. Neumann & E. Baltz (Hrsg.), *Mehrperspektivischer Sportunterricht. Orientierungen und Beispiele.* (S. 57-70). Schorndorf: Hofmann.

Laging, R. (2013). Bewegung als Kategorie der Bildung im Sportunterricht. In H. Aschebrock & G. Stibbe (Hrsg.), *Didaktische Konzepte für den Schulsport* (S. 197-219). Aachen: Meyer & Meyer.

Laging, R. (2018). Basiskonzepte des Sich-Bewegens als didaktische Strukturierung des Gegenstands im Sportunterricht. In R. Laging & P. Kuhn (Hrsg.), *Bildungstheorie und Sportdidaktik.* (S. 343-361). Wiebaden: Springer.

Laging, R. & Kuhn, P. (2018). Bildungstheorie und Sportdidaktik. Eine Einführung. In R. Laging & P. Kuhn (Hrsg.), *Bildungstheorie und Sportdidaktik.* (S. 1-28). Wiebaden: Springer.

Laspo (2006). Sport nach 1 in Schule und Verein. Das Bayerische Kooperationsmodell der Landesstelle für den Schulsport (laspo). Zugriff am 30.03.2018 unter http://www.sportnach1.de/broschuere

Leffler, T. (2017). *Wie sich Kinder das Kämpfen im Sportunterricht vorstellen. Qualitative Untersuchung zur Schülerperspektive zum Thema Kämpfen im Sportunterricht.* Baltmannsweiler: Schneider Verlag Hohengehren.

Legewie, H. (1987). Interpretation und Validierung biographischer Interviews. In Gerd Jüttemann & Hans Thomae (Hrsg.), *Biographie und Psychologie* (S. 138-150). Berlin: Springer.

Liebl, S. (2013). *Macht Judo Kinder stark. Wirkungen von Kämpfen im Schulsport auf physische und psychosoziale Ressourcen.* Aachen: Meyer & Meyer.

Liebl, S. & Kuhn, P. (2013). Macht Judo Kinder stark? Eine empirische Untersuchung zum Kämpfen im Schulsport. *Sportunterricht, 62 (10),* 305-311.

Lin-Klitzing, S. (2018). Prinzipien schülerorientierten und schüleraktivierenden Unterrichts in der kategorialen und kritisch-konstruktiven Bildungstheorie von Wolfgang Klafki. In R. Laging & P. Kuhn (Hrsg.), *Bildungstheorie und Sportdidaktik.* (S. 111-132). Wiebaden: Springer.

Lohaus, A. & Nussbeck, F. (2016). *Fragebogen zu Ressourcen im Kindes und Jugendalter.* Hamburg: Hogrefe.

Loosch, E. (1999). *Allgemeine Bewegungslehre.* Wiebelsheim: Limpert.

Mayring, P. (2010). *Qualitative Inhaltsanalyse. Grundlagen und Techniken. (11. akt. und überarb. Auflage).* Basel: Beltz Verlag.

Meinel, K. & Schnabel, G. (2015). *Bewegungslehre Sportmotorik. Abriss einer Theorie der sportlichen Motorik unter pädagogischem Aspekt. Aachen: Meyer & Meyer.*

Merzyn, G. (2017). Merkmale guter Lehrer in Physik, Chemie, Biologie. *Physik und Didaktik in Schule und Hochschule. PhysikD 1/16,* (S. 67-80).

Miethling, W.-D. & Schierz, M. (2008). *Qualitative Forschungsmethoden in der Sportpädagogik.* Schorndorf: Hofmann.

Moritz, S.E., Feltz, D.I., Fahrbach, K. R. & Mack, D.E. (2000). The relationship of self-efficacy measures to sport performance: A meta-analytic review. *Research Quarterly for Exercise an Sport, 71,* 280-294.

Neuber, N. (2015). Jungenförderung im Sport – Von der Jungenarbeit im Sportunterricht zum Variablenmodell im Sport. In C. Blomberg & N. Neuber (Hrsg.), *Männliche Selbstvergewisserung im Sport.* (S. 145-164). Wiesbaden: Springer.

Neumann, P. & Balz, E. (2011). *Mehrperspektivischer Sportunterricht. Didaktische Anregungen und praktische Beispiele.* Schorndorf: Hofmann.

Nida-Rümelin, J. (2013). *Philosophie einer humanen Bildung.* Hamburg: edition Körber-Stiftung.

Obst-Kitzmüller, F. (2002). *Akzeptanz und Wirkung zusätzlicher Sportstunden in der Grundschule.* Berlin: dissertation.de.

Olivier, N. & Rockmann, U. (2003). *Grundlagen der Bewegungswissenschaft und -lehre.* Schorndorf: Hofmann.

Pagett, M. (2010). *Dance Moves: von Breakdance bis Moonwalk.* Hamburg: Edel.

Pavicic, C. (2011). Leben mit Hip-Hop – Das Potential des Tanzes für die Persönlichkeits-entwicklung. In T. Bindel (Hrsg.), *Feldforschung und ethnographische Zugänge in der Sportpädagogik* (S. 157-173). Aachen: Shaker.

Prohl, R. (2008). Erziehung mit dem Ziel der Bildung. Der Doppelauftrag des Sportunter-richts. In H. Lange & S. Sinning (Hrsg.), *Handbuch Sportdidaktik* (S. 40-53). Balin-gen: Spitta.

Prohl, R. & Gröben, B. (2017). Was ist eine Sportliche Bewegung. In V. Scheid & R. Prohl (Hrsg.). *Bewegungslehre*. (S. 11-41). Wiebelsheim: Limpert.

Prohl, R. (2010). *Grundriss der Sportpädagogik. (3. Korrigierte Auflage)*. Wiebelsheim: Lim-pert.

Prohl, R. (2012a). Der Doppelauftrag des Erziehenden Sportunterrichts. In V. Scheid & R. Prohl (Hrsg.), *Sportdidaktik. Grundlagen, Vermittlungsformen, Bewegungsfelder* (S. 70-91). Wiebelsheim: Limpert.

Prohl, R. (2012b). Vermittlungsformen im Erziehenden Sportunterricht. In V. Scheid & R. Prohl (Hrsg.), *Sportdidaktik. Grundlagen, Vermittlungsformen, Bewegungsfelder* (S. 70-91). Wiebelsheim: Limpert.

Prohl, R. (2017). Vermittlungsformen im Erziehenden Sportunterricht. In V. Scheid & R. Prohl (Hrsg.), *Sportdidaktik. Grundlagen, Vermittlungsformen, Bewegungsfelder* (S. 85-103). Wiebelsheim: Limpert.

Prohl, R. & Ratzmann, A. (2018). Bewegungsbildung im Horizont allgemeiner Bildung. In R. Laging & P. Kuhn (Hrsg.), *Bildungstheorie und Sportdidaktik*. (S. 133-155). Wies-baden: Springer.

Prohl, R. & Scheid, V. (2012). Bewegungskultur als Bildungsmedium. In V. Scheid. & R. Prohl (Hrsg.), *Sportdidaktik. Grundlagen – Vermittlung – Bewegungsfelder*. (S. 18-34). Wiebelsheim: Limpert.

Prohl, R. & Seewald, J. (1998). Offene Bewegungserziehung in Kindergärten. Bericht über ein kombiniertes Fortbildungs- und Forschungsprojekt in Thüringen. *Motorik, 21 (2)*, 58-68.

Rasch, B., Friese, M., Hofmann, W.J., Naumann, E. (2010). *Quantitative Methoden*. Band 2 (3. Auflage). Heidelberg: Springer.

Reichel, I. (2012). Persönlichkeitsentwicklung durch Tanz. Dokumentation zum 2. Tanzpädagogische Forschungstag 2012, 11-14. Zugriff am 09.02.2017 unter http://www.bv-tanzinschulen.de/fileadmin/user_upload/contentverband/BV_ Doku__Forschungstag_28032012.pdf

Reichel, I. (2016). *Persönlichkeitsentwicklung durch Tanz. Pädagogische Postulate und Ihre Bedeutung für die Unterrichtspraxis.* Inauguraldissertation zur Erlangung der Doktorwürde. Zugriff am 15.02.2018 unter http://biblio.unibe.ch/download/eldiss/ 16reichel_ic.pdf

Reuker, S. (2009). Sozialerzieherische Wirkungen schulischer Bewegungsangebote. Eine empirische Studie zu erlebnispädagogischen Schulfahrten. *Sportwissenschaft, 39 (4),* 330-338.

Reuter, T. (2010). *Der Rhythmus in Sport und Musik: Theoretische Grundlagen und didaktisch-methodische Konturen eines verbindenden Ansatzes zur Rhythmusvermittlung.* Baltmannsweiler: Schneider Hohengehren.

Richartz, A. & Brettschneider, W.-D. (1996). *Weltmeister werden und die Schule schaffen: zur Doppelbelastung von Schule und Leistungstraining* (1. Aufl.). Schorndorf: Hofmann.

Rissmann, M. (2015) „...und das bin ich...". Idendidätsförderung und Ausprägung des Körperbewusstseins im Kontext von tänzerischer Bewegungsgestaltung und pädagogischen Bewegungstechniken. Zugriff am 15.02.2018. unter http://nbn-resolving. org/urn:nbn:de:0111-pedocs-102981

Robitzky, N. (2000). *Von Swipe zu Storm – Breakdance in Deutschland.* Backspin: Hamburg.

Rode, Dorit. (2016). *Breaking. Popping. Locking. Tanzformen der HipHop-Kultur.* Marburg: Tectum.

Roscher, M (2017). Bewegung Gestalten – Gymnastik und Tanz. In V. Scheid & R. Prohl (Hrsg.), *Sportdidaktik. Grundlagen-Vermittlungsformen-Bewegungsfelder.* (S. 238-253). Wiebelsheim: Limpert.

Rost, D. H. (2007). *Interpretation und Bewertung pädagogisch-psychologischer Studien* (2. Aufl.). Weinheim: Beltz.

Scheid, V.& Prohl, R. (2017). *Bewegungslehre.* Wiebelsheim: Limpert.

Scheid, V. (2017). Wie entwicklelt sich die menschliche Bewegung im Kindes- und Jugendalter? In V. Scheid & R. Prohl (Hrsg.). *Bewegungslehre.* (S. 81-122). Wiebelsheim: Limpert.

Scherler, K. (2008). Die Instrumentalisierungsdebatte in der Sportpädagogik. In D. Kuhlmann & E. Balz (Hrsg.), *Sportpädagogik. Ein Arbeitstextbuch.* (Sportwissenschaft und Sportpraxis, 152, S. 84-96). Hamburg: Czwalina.

Schneider, K. (2006). *Alle Kinder tanzen gern.* Weinheim: Beltz.

Schwarzer, R. & Jerusalem, M. (2002). Das Konzept der Selbstwirksamkeit. In M. Jerusalem & D. Hopf (Hrsg.), *Selbstwirksamkeit und Motivationsprozesse in Bildungsinstitutionen* (S. 28-53). Weinheim (u. a.): Beltz.

Sedlmeyer, P. & Renkewitz, F. (2008). *Forschungsmethoden und Statistik in der Psychologie*. München: Pearson.

Senf, D. & Senf, M. (2007). Klassifikation und Schwierigkeitseinordnung von Powermoves im Breakdance. *Leipziger sportwissenschaftliche Beiträge, 48* (1), 141-146.

Starker, A., Lampert, T., Worth, A., Oberberger, J., Kahl, H. & Bös, K. (2007). *Motorische Leistungsfähigkeit. Ergebnisse des Kinder- und Jugendgesundheitssurveys*. Zugriff am 18.08.2018 unter http://www.kinderumweltgesundheit.de/index2/pdf/gbe/ 6204_1. pdf

Strobel-Eisele, G. (2015). Verzögerte soziale Anpassung von Jungen. In C. Blomberg & N. Neuber (Hrsg.), *Männliche Selbstvergewisserung im Sport*. (S. 145-164). Wiesbaden: Springer.

Strzoda, C. & Zinnecker, J. (1996). Interessen, Hobbies und deren institutioneller Kontext. In J. Zinnecker & R.K. Silbereisen (Hrsg.), *Kindheit in Deutschland* (S. 41-80). Weinheim: Juventa.

Stübig, F. & Stübig, H. (2018) kategoriale Bildung und Kompetenzorientierung. In P. Kuhn & R. Laging (Hrsg.), *Bildungstheorie und Sportdidaktik: Ein Diskurs zwischen kategorialer und transformatorischer Bildung* (S. 87-110). Wiesbaden: Springer VS.

Sygusch, R. (2007). *Psychosoziale Ressourcen im Sport*. Schorndorf: Hofmann.

Sygusch, R. & Herrmann, C. (2013). *Primus – Psychosoziale Ressourcen im Kinder- und Jugendsport: Evaluation der Programmdurchführung und Programmwirksamkeit*. Hamburg: Feldhaus.

Sygusch, R. & Kotissek, T. (2005). *Psychosoziale Ressourcen im Kinder- und Jugendsport. Methodenbericht*. Bayreuth: unveröffentlichtes Manuskript.

Volk, S. (2014). Kulturelle Bildung durch Tanz – Eine Untersuchung persönlichkeitsbildender und sozialer Lernprozesse in einem Tanzprojekt. In C. Behrens & C. Rosenberg (Hrsg.), *Tanzzeit – Lebenszeit* (S. 35-54). Leipzig: Henschel.

Weineck, J. (2004). *Optimales Training. Leistungsphysiologische Trainingslehre unter besonderer Berücksichtigung des Kinder- und Jugendtrainings*. Balingen: Spitta-Verlag.

Wilhelm, A. (2001). *Im Team zum Erfolg. Ein sozial-motivationales Verhaltensmodell zur Mannschaftsleistung*. Lengerich: Pabst.

Winter, R. & Hartmann, C. (2015). Die motorische Entwicklung des Menschen von der Geburt bis ins hohe Alter. In K. Meinel, G. Schnabel & J. Krug (Hrsg.), *Bewegungslehre - Sportmotorik. Abriss einer Theorie der sportlichen Motorik unter pädagogischem Aspekt* (12. Auflage, S. 243-373). Aachen: Meyer & Meyer.

Wollny, R. (2010). *Bewegungswissenschaft. Ein Lehrbuch in 12 Lektionen*. Aachen: Meyer & Meyer.

ZeeRay, C. (2012). *HipHop*. Aachen: Meyer & Meyer.

Abbildungsverzeichnis

Tabellenverzeichnis

Danksagung

An dieser Stelle möchte ich mich bei all denen bedanken, die in irgendeiner Form zum Gelingen dieser Dissertation beigetragen haben. Mein besonderer Dank gebührt dabei

- meiner Frau Kathrin und meiner Tochter Pauline für die Zuneigung und Unterstützung, die ich täglich erfahre. Mit Euch war und ist dieser Weg ein sehr, sehr schöner!

- meinem Doktorvater Herrn Prof. Dr. Peter Kuhn, der mich nicht nur motiviert, sondern mir auch wesentliche Schritte des wissenschaftlichen Arbeitens vermittelt hat. Er war eine große Hilfe beim gesamten Prozess der Arbeit, von der Themenfindung bis zur Fertigstellung der Arbeit. Durch seine offene und menschliche Art schaffte er es mich für diese Arbeit zu begeistern und half mir durch seine ständige Diskussionsbereitschaft Hürden zu überwinden.

- meinem zweiten Betreuer Herrn Prof. Dr. Olaf Hoos für die Bereitschaft mich in meinem Vorhaben zu unterstützen, für seine kompetente Hilfe, für die tolle Betreuung und seine offene und wertschätzende Art.

- Herrn Reinhard Roth, der es mir ermöglichte, an der Universität arbeiten zu können, Herrn Dr. Dominik Reim, Herrn Sebastian Kaufmann, Frau Lilian Haut und Herrn Dr. Mathias Zimlich für ihre Unterstützung und kompetente Hilfe.

- den Schulleitern für die gute Zusammenarbeit und Förderung dieses Projektes.

- Michelin für das großartige Lektorat und ihre unermüdliche Hilfe.

- meinen Freunden Martin, Mad, Volle, Jens, Dodo, und den Studienkollegen der „Kommune Wue", die mir mit viel Nachsicht die mir nur wenig verbliebene Zeit für sie nicht übelgenommen haben; außerdem Flo und Lui für den „Lese-Support".

- Baggi für den tänzerischen Support.

- meinen Eltern für die bisherige Unterstützung.